道德经新解

唐汉 著

北京联合出版公司
Beijing United Publishing Co.,Ltd.

图书在版编目（CIP）数据

道德经新解 / 唐汉著. -- 北京：北京联合出版公司，2016.9（2024.8重印）

ISBN 978-7-5502-8044-1

Ⅰ.①道… Ⅱ.①唐… Ⅲ.①道家 ②《道德经》—研究 Ⅳ.① B223.15

中国版本图书馆 CIP 数据核字 (2016) 第 148081 号

道德经新解

作　　者：唐　汉
出 品 人：赵红仕
责任编辑：李　征
封面设计：王　鑫

北京联合出版公司出版
（北京市西城区德外大街83号楼9层 100088）
北京新华先锋出版科技有限公司发行
涿州汇美亿浓印刷有限公司印刷　新华书店经销
字数248千字　787毫米×1092毫米　1/16　25印张
2016年9月第1版　2024年8月第6次印刷
ISBN 978-7-5502-8044-1
定价：79.00元

版权所有，侵权必究

未经书面许可，不得以任何方式转载、复制、翻印本书部分或全部内容。
本书若有质量问题，请与本社图书销售中心联系调换。电话：（010）88876681-8026

目录

前言 01
我注老子与老子注我

导读一 10
老子其人其事其学说

导读二 29
道之先验自在及玄之又玄

凡例 48

【上】德部

003 帛书校勘本 德部一
016 帛书校勘本 德部二
026 帛书校勘本 德部三
034 帛书校勘本 德部四
038 帛书校勘本 德部五
045 帛书校勘本 德部六
048 帛书校勘本 德部七
051 帛书校勘本 德部八
056 帛书校勘本 德部九
060 帛书校勘本 德部十
063 帛书校勘本 德部十一
066 帛书校勘本 德部十二
070 帛书校勘本 德部十三
076 帛书校勘本 德部十四

081	帛书校勘本 德部十五
088	帛书校勘本 德部十六
093	帛书校勘本 德部十七
098	帛书校勘本 德部十八
104	帛书校勘本 德部十九
108	帛书校勘本 德部二十
113	帛书校勘本 德部二十一
119	帛书校勘本 德部二十二
123	帛书校勘本 德部二十三
127	帛书校勘本 德部二十四
131	帛书校勘本 德部二十五
135	帛书校勘本 德部二十六
139	帛书校勘本 德部二十七
144	帛书校勘本 德部二十八
148	帛书校勘本 德部二十九
152	帛书校勘本 德部三十
156	帛书校勘本 德部三十一
159	帛书校勘本 德部三十二
164	帛书校勘本 德部三十三
167	帛书校勘本 德部三十四
171	帛书校勘本 德部三十五
174	帛书校勘本 德部三十六
176	帛书校勘本 德部三十七
179	帛书校勘本 德部三十八
183	帛书校勘本 德部三十九
187	帛书校勘本 德部四十
191	帛书校勘本 德部四十一
194	帛书校勘本 德部四十二
198	帛书校勘本 德部四十三
201	帛书校勘本 德部四十四

【下】道部

207　帛书校勘本　道部一
212　帛书校勘本　道部二
218　帛书校勘本　道部三
221　帛书校勘本　道部四
224　帛书校勘本　道部五
228　帛书校勘本　道部六
230　帛书校勘本　道部七
233　帛书校勘本　道部八
237　帛书校勘本　道部九
240　帛书校勘本　道部十
245　帛书校勘本　道部十一
249　帛书校勘本　道部十二

帛书校勘本 道部十三 253
帛书校勘本 道部十四 257
帛书校勘本 道部十五 263
帛书校勘本 道部十六 268
帛书校勘本 道部十七 271
帛书校勘本 道部十八 274
帛书校勘本 道部十九 276
帛书校勘本 道部二十 279
帛书校勘本 道部二十一 285
帛书校勘本 道部二十二 289
帛书校勘本 道部二十三 292
帛书校勘本 道部二十四 296
帛书校勘本 道部二十五 299
帛书校勘本 道部二十六 304
帛书校勘本 道部二十七 307
帛书校勘本 道部二十八 312
帛书校勘本 道部二十九 317
帛书校勘本 道部三十 320
帛书校勘本 道部三十一 323
帛书校勘本 道部三十二 327
帛书校勘本 道部三十三 331
帛书校勘本 道部三十四 333
帛书校勘本 道部三十五 336
帛书校勘本 道部三十六 339
帛书校勘本 道部三十七 342

◎ 前言

我注老子与老子注我

《仿佛汲老子》一书中有这样的一段话:"我打了一遍《道德经》,除了虚词以外,最多的一个字是不,共224个;第二个是为,105个;第三个是无,98个;可见'无'非常重要,不讲清楚不行。然后就是天,一共出现了89处;再后面就是有,共有86个;然后就是人,81个;下面的下,77个;道76个;是65个;知56个。这几个字在老子五千言占了957个字,将近1000字,占了全文的20%。"

十个字占了全文的百分之二十,可见这十个字十分关键。肯定会有人问:如果将上述某个字全部错识,或者解读错了,是否影响到对整部书的理解?如果这个字恰是《老子》一书最基本、最核心、最重要的概念情况又会怎样呢?完全错释后,其结论会不会南辕北辙,满纸荒唐呢?

下面便让我们看一看,《老子》一书中字频数最高的"不"字,以及概念性最强的"为"字是如何被错释的:

"为"字在《老子》一书中共出现105次,"无为,无以为,有以为",以及"为

之"和"无不为"等词语每每扼据老子思脉的咽喉之地。"为"字该怎么解？以往的解读是对还是错？

东汉学者许慎在《说文解字》一书中，认为"为"字是象形字，乃是画了一只母猴："为，母猴也。其为禽好爪。爪，母猴象也，下腹为母猴形。古文为，象两母猴相对形。"这一解读显然是大错特错，错得离谱。许慎之错在于他没有见过甲骨文和金文字体，只能凭借他所见过的隶书和小篆字体来瞎蒙（《说文》一书将"禺"字也错释为母猴）。

1898年，埋藏地下三千年的甲骨文骨片重见天日。罗振玉先生依据甲骨文字判定："为"字是一个由爪由象合体的会意字。认定这是"人手牵象"，词义是"役象以助劳"。

罗振玉只说对了一半：为字从爪从象，是一个会意字。这一点罗说对了。但他依据古书所载"殷人服象"，并参照南亚人驯服大象拖拉木头而认定"为"字的本义是劳作或作为，这个判定则是错的。

从甲骨文字体分析，"为"字是会意字，它的构字字根有二：一是爪；一是象。"为"字的结构特点是，"爪"形画在大象鼻子上方，而不是画在大象的右下方，不像甲骨文的"驭"字那样，将手形画在马的右下方。先民为什么要这般创设"为"字？答案只有一个："为"字的构意不是大象劳作，而是说大象的鼻子像人手一般可抓拿东西，"为"字的本义不是作、做，而是仿效！引申后，又有担任、充当义，再引申后，又有变成、成为义。最后，才引申出"为"字的作为义。

我们有三条证据，可以证明"为"字的本义是仿效：

其一，"为"做声义旁，可构建"㩵、伪"二字。在新创设的文字中，作为声义旁的"为"不仅表声也表仿效义：伪是仿效他人行为之人。《道部十八》的"故大道废，安有仁义；知慧出，安有大伪……"；直译便是：因此，大道废弃，于是便有对仁义的追求；智慧显现，于是便有了对仿效学习的追求。显然，在"为"字左旁增添一只手的㩵（为中已有一个爪）的词义是仿效他人用手抓拿，即《说文解字序》中的"以见指㩵"。

其二，汉代"文景之治"时代推行的大政方针是"无为而治，与民休养"。所谓"无为而治"不是不去作为，而是不要去仿效秦国的苛捐峻法，更不要仿效秦代的官吏制度和文牍制度。萧规曹随，曹参执行汉初萧何制订的"约法三章"，秉持黄老哲学以醉酒之举推托他人想要制订法规的故事，实质上就是"无为"。"无为而治"绝不是不去作为，而是不要去仿效！

其三，《老子》一书中的"无为"，词义是不要仿效或没有仿效；"无以为"是不要或不去凭借仿效（来的东西）："无"表示不要或没有，"以"表示凭借或借助。"有以为"的词义则是"需要凭借仿效"。只要把"为"字释为"仿效"，我们便可以十分通畅地解读下列文句：

"上德无为而无以为也。上仁为之而无以为也。上义为之而有以为也。上礼为之而莫之应也，则攘臂而乃之。"（《德部一》）

"吾是以知无为之有益也。"（《德部六》）

"败之又败，以至于无为。无为而无以为。"（《德部十一》）

"我无为而民自化；我好静而民自正。"（《德部二十》）

"为无为，事无事，味无未。大小多少，报怨以德。"（《德部二十六》）

"为之乎，其未有也；治之乎，其未乱也……为之者败之，执者失之。是以圣人无为也，故无败也；无执也，故无失也。"（《德部二十七》）

"百生（姓）之不治也，以其上之有以为也。"（《德部四十》）

"是以圣人居无为之事，行不言之教。"（《道部二》）

……

《老子》一书多处出现"有以为"和"无以为"，古今释家莫衷一是：河上公将"有以为"与"无以为"释为是否为自己"取名号"。王弼释为是否"有所偏为"。韩非释为是否"求其报"。高亨译为是否"有所考虑"。陈鼓应译为是否"出于有意……"张松如译为是否"有

03

所作为"。严敏译为是否"故意人为……"李先耕译为是否"有其动机"。董京泉译为是否"出于私图"、是否"求其报答"……

众说纷纭、东拉西扯的原因,乃是缺失了对"为"字形、音、义由来的分析。或者说,《说文解字》关于"为"字的解读,把众人导入了迷障之中。

如果我们把"为"字的释读作一拨乱反正,那么,从古自今所有的《老子》释解本在"为"字的诠析上都是不及格的。

那么,作为字数排名第一的"不"字(计224个),古今学者们又是如何解读的呢?这个字是否只有"否定性"一项词义?

《老子·德部一》开宗明义便讲道:"上德不德,是以有德;下德不失德,是以无德。"什么是"不德"?什么是"不失德"。由于古往今来的训诂学者,不知晓甲骨文的"不"字构形源自女性经血来临时的不要或不可以(性交)。在"不"下增添一个口,便是"否"字,继承不字的否定义。在"不"下增添一横便创设出指事字"丕"。"丕"字以女子经血不再如期来临表示受孕怀胎。"丕"的胚胎义由转注后的"胚"字所继承,"丕"则表示引申而出的孕育义或彰显义(女人肚子大了)。例如,魏文帝曹丕的"丕"字,便是彰显义。《老子》书中的"不德"应作"丕德"讲,乃是"丕德"一词的习惯写法。"不失德"即"丕失德",词义为彰显失去(又仿效回来)的德行。

《老子·道部三十》、《老子·德部十八》两章均有:"物壮而老,胃之不道,不道蚤已。"这里的"不道"乃是"丕道"一词的习惯写法,即彰显而出的道。将这几句话直译过来便是:万物壮大便会走向衰老,这就叫作"彰显而出的道",彰显之道早已存在。

《老子·道部十五》云:"葆此道不欲盈……是以能褩而不成。"这里的"不成"乃是"丕成",即彰显而出的成就。

《老子·德部十五》云:"启其垗,齐其事,冬身不棘"。这里的

"冬身不棘"即"终身丕棘"。乃是说，一辈子都呈现出（背负）荆棘在身。

如果将文句中的"不"解读为今天人们所理解的"不"，结论会怎样呢？有兴趣的读者可以查阅，看一看古往今来的学者如何滑天下之大稽，是如何曲解《老子》的"不德"及"不道"思想的。

除了文字解读之外，《老子》一书更需要重新勘定每一个古文字、解读每一个词语背后的生活场景。只有把我们的思绪回落到老子们所处的时代，才能知晓《老子》这句话为什么这么说，《老子》凭什么这么说？知其然，然后知其所以然。

例如："天地不仁，以万物为刍狗；圣人不仁，以百姓为刍狗。"什么是刍狗？汉代学者已不知"雏"为什么指从蛋中孵化而出，趴在草窝中的幼鸟，只好望文生义，认为刍狗便是草扎的狗（结刍为狗，巫祝用之）。后世学者吠影吠声，依附前人而不知有所抉择，没有人敢于提出质疑。

事实上，"刍狗"指的是从母狗身边抱走，离开母狗关爱的小狗——这是一只趴在草窝中的小狗，任其自生自灭。没有母爱，没有刻意的怜惜，只好死生由命，自然而然。《庄子·天运篇》因而说，"夫刍狗之未陈也，盛以箧衍，巾以文绣，尸祝斋戒以将之。及其已陈也，行者践其首脊，苏者取而爨之而已。"小狗未陈列时，盛放筐笼中，覆盖绣有纹路的方巾。巫祝斋戒后将小狗摆放出来。然后让大家排着队用脚踩在小狗的身上，最后，将半死不活的小狗焚烧。如此而已。古人用小狗驱傩，最后焚烧小狗，让臭味直达天庭。

老子的"不仁"观，表面上是反对孔孟之道中的仁爱观，即失道而后德，失德而句仁，失仁而句义的渐次而下。但从骨子里散发出的是"道法自然"，秉承的是"无为"，反对的是"有为"。

真狗处处有，得之易如反掌，先民为什么刻意"有为"，要用草扎一只狗？难道他们心存仁爱，不忍用真狗驱傩祭祀？如果是草扎的狗，何以要"盛以箧衍，巾以文绣"？我们不得不问，上古时代的墓葬中为什么都用的是真狗殉葬，谁见过古代的墓葬或祭祀坑中埋过草扎的"刍狗"？

古代学者未见过甲金文字，不知"陵"字的构形源自安装了一条木腿的刖足者（陵字因而有凌迟义）。"陵行不辟兕虎，入军不被兵革；兕无所揣其角，虎无所昔其蚤（爪），兵无所容其刃。夫何故也，以其无死地焉。"遭遇兕虎，或者遭遇两军对阵厮杀，一条腿的陵行者为什么不逃跑？因为他只有一条腿，想跑也跑不掉。所以不跑，只好听天由命直面前行，这便叫作"以其无死地焉"，这就叫"道法自然"。

甲骨文　金文　小篆　楷体

《老子·德部四》曰："反也者，道之动也；弱也者，道之用也。天下之物生于有，有生于无。"现当代的诸多《老子》注家认为："反"乃返的简写，词义为归返。"弱"的词义是柔弱的。因而，这一节言说"道"的周流归返。字数虽少，但集中了古代辩证法的要义。

事实上，甲骨文的"反"字是一个会意字，从又从反转字根厂，构意源自一个人的手被扳到身后。反的本义由转注后的"扳"字所继承（增加一只与又相通的手为类旁）。反则表示引申后的反向、反面义。"反"在文句中指给复合反曲弓挂上弓弦，将其扳扯过来。又指向后边拉扯弓弦，即张弓搭箭，把箭射出。

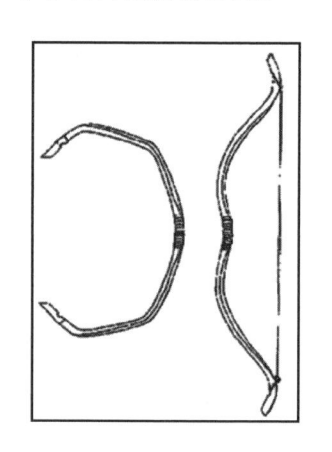

"弱"字则是一个同体会意字，由两个"弓"的并列，表示弓弦松弛后的弓。弓是象形字，构形源自一把弓弦松弛的弓。

古代复合反曲弓

"反"与"弱"在相同句式中位置相当。"反也者，道之动也；弱也者，道之用也。"字面意义是：向后扳扯（搭箭拉开）弓弦，便有了道的起动；弓弦松弛后（箭被射出），便实现了道的功用。这句话与"卅楅共一毂，当其无，有车之用；燃埴而为器，当其无，有埴器之用也"意义相当，都讲"有之以为利，无之以为用"。

当注家不识"反、弱"二字的形、音、义由来时，因缺失生活，不知古代的复合反曲弓时，他们望文生义的解读必然成了膝盖上钉掌——离蹄（题）太远。

所谓的"天下之物生于有，有生于无"，原本不是什么阴阳辩证法，只是对"道生一，一生二，二生三，三生万物"创世说的另一种表述：道生出混沌的壹（或太一），太一生出天地二者，天地二者又生出植物、动物和人物三者，植物、动物、人物三者又（分化）生出了万物。所以，作为天下之物的动物、植物和人物则由天地所生，而天地所由出的"壹"（或太一）则生于"无"，即无状无象无名之"道"。"道"就是"无"！

这里的"有"与"无"都有确定的所指，作为无的道生出了作为有的天地万物。除此之外，没有任何其他的"无中生有"，更没有形而上的无中生有。形而上学者舍弃了根植于时代的"具象"，给知性插上翅膀，便坠入了谬误的深渊。

《老子》一书的最大特点，便是使用比喻来说明道理。例如，用"玄牝之门"来比喻道的产门，"道"因而是"天地母"（《德部十五》），"万物之母"（《道部一》），"天下母"（《德部十五》）。这里的"玄"字，构形源自初生胎儿肚子上的脐带，与"午"为同源分化字。"牝"字从牛从匕，本义指母牛，引申泛指雌性动物（其中的"匕"为象形字，构形源自男女（或动物）后位性交时，趴在下边的雌性。"匕"因而是妣、老、牝、鸨等字的构字字根）。这便是"天下之交也，牝恒以静朕（胜）牡，为其静也，故宜为下也"，即"守雌持静"思想的物象由来（在两性交合中，趴在下边的母比趴在上面的公更持久。只见公的败下阵来，没见母的不行了）。

"玄牝"的字面词义则指由脐带延伸向上的母体产门。这一物象源自胎儿生下后，由脐带牵连的胎盘在几分钟或十几分钟后也降了下来。由一根接一根的脐带，便可以上溯到我们的女性始祖，即中华民族的"帝"（殷商民族的简狄，西周民族的周娰）。

"玄牝"一词与"谷神"一词对举。后世书生不识"谷"字的由来，只好臆测。有人认为，"谷"字河上公本作"浴"，"浴字当读为穀"。谷神即穀神（俞樾语）。又有人认为，"谷"是两山之间的河谷，具有陷下和虚空的特点，谷神是强调道以虚为体（李零语）。

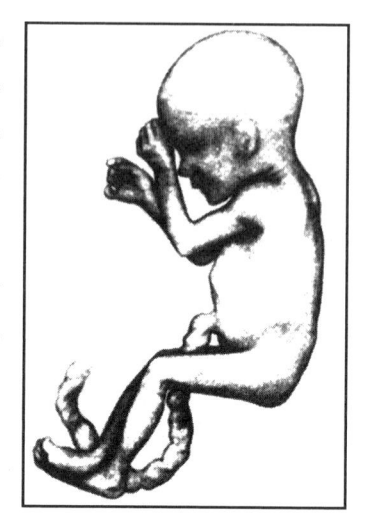

事实上，"谷"是会意字，从八从入从口，构意源自口中吃下食物后又呕吐出来这一现象。"谷"的本义由转注后的"欲"字所继承——增添一个与口相通的欠（欠的构形源自张口打哈欠的人）。谷的本义为呕吐，又由想要呕吐时的止不住及内心所愿引申出欲望义。"谷神"即欲神，就是欲望之神，也就是情欲之神。这便是玄牝与谷神对举的原因，这便是"谷（欲）神不死，是谓玄牝"。玄牝之门，是为"天地之根"一语后边的物象场景。

需要强调的是，这里的"欲"指的是雌性或母体的情欲，即按照自然时钟，定时发作的交配之欲，"欲"与雄性无关。在老子眼中，欲神发动乃是道法自然即"不（丕）道蚤己"的体现。

《老子·道部三十一》讲："君子居则贵左，用兵则贵右。"你不要认为这里隐藏着深奥的哲理。事实上，这是古代生活的日常图景：君子们看书读竹简，需要左手执拿，所以崇尚左边。士兵和刽子手使用兵器则需用右手，所以器重右边。

诸如此类，由一个文字的形、音、义到这个字的物象场景，再到古人视域中的情景以及老子的晓喻，还有许多。读者在读《老子》一书时自然会碰到。这也是这本《老子》与以往注译本的不同之处，也是本人以文字学为根基注释帛书本《老子》的初衷。

王国维说过一段话，大体上是：一个研究小学（即文字学）的人，说历史怎么样时，大体上是可信的。一个研究历史的人，当他述说诸子百家或思想史上的某件事时，大体上也是可信服的。若用《老子》的"正言若反"作注脚，王国维的话中话是说：一个研究思想史的人，在他述说历史时，大体上是胡说。一个研究历史的人，述说某一个字的形、音、义时，大体上也是胡说。希望我辈谨以王说为戒，希望我辈牢记读经当从识字始，牢记"尽信书不如无书"。

最后要说的是，老子（不论一个人或是多个人）也是人，老子不是神。老子所说的话来自他的生活和视域。古代《老子》要说的道理相比于今日的科学理论，要相对浅显而直朴许多。因为古代的生活比今日的简单得多。正因为如此，他让那些脱离了生活，关在书斋里想入非非的训诂学者们佩服不已，惊叹不已。更让那些读不懂牛顿定律，理解不了康德哲学，只好把《老子》当作稻粱谋的学者们的解读令大跌眼镜——生活之树常青，理论永远是灰色的。

◎导读一

老子其人其事其学说

捧读《老子》一书,读者们想知晓:老子是谁?《老子》一书是怎样写成的,这本书究竟在讲些什么?《老子》所讲对今日的我们有什么用途?探究深者,还想知晓《老子》对中国历史(或中国思想史)进程起过哪些作用,《老子》一书究竟是"国之德",抑或是"国之贼"也?

将上述问题像剥洋葱一般剥开给大家看,以为导读。

一、老子其人,其犹龙邪

司马迁的《史记》中,有一篇《老子韩非列传》,叙述了老子其人其事迹:"老子者,楚苦县厉乡曲仁里人也,姓李氏,名耳,字聃,周守藏室之史也。孔子适周,将问礼于老子。老子曰:'子所言者,其人与骨皆已朽矣,独其言在耳。且君子得其时则驾,不得其时则蓬累而行。吾闻之,良贾深藏若虚,君子盛德容貌若愚。去子之骄气与多欲,态色与淫志,是皆无益于子之身。吾所以告子,若是而已。'孔子去,谓弟子曰：'鸟，吾知其能飞；鱼，吾知其能游；兽，吾知其能走。走者可以为罔，游者可以为纶，飞者可以为矰。至于龙，吾不能知其乘风云而上天。吾今日见老子，其犹龙邪！'老子修道德，其学以自隐无名为务。居周久之，见周之衰，乃遂去。至关，关令尹喜曰：'子将隐矣，强为我著书。'于是老子遂著书上下篇，言道德之意五千余言，而去，莫知所终。或曰：老莱子亦楚人也，著书十五篇，言道家之用，与孔子同时云。盖老子百有六十余岁，或言二百岁，以其修道而养寿也。自孔子死之后百二十九年，而史记周太史儋见秦献公曰：'始秦与周合，合五百岁而离，离七十岁而霸王者出焉。'曰儋即老子，或曰非也，世莫知其然否。老子，隐君子也。老子之子名宗，宗为魏将，封于段干。宗子注，注子宫，宫玄孙假仕于汉孝文帝。而假之子解为胶西王卬太傅，因家于齐焉。世之学老子者则绌儒学，儒学亦绌老子。'道不同不相为谋'，岂谓是邪？李耳无为自化，清静自正。"

司马迁认为老子的真名是李耳，曾经作过"周守藏室之史"。又认为老子可能是楚人老莱子，活了160岁或者200多岁。司马迁又说老子应该是与秦献公同时的太史儋，或是不知名姓的一位隐君子，他的子孙有名有姓仍然活在当代。概言之，老子有四个化身，其中一个还不知姓名。

在《史记·孔子世家》中，司马迁对孔子向老子问礼一事也有记叙："鲁南宫敬叔言鲁君曰：'请与孔子适周。'鲁君与之一乘车，两马，一竖子，俱。适周问礼，盖见老子云。辞去，而老子送之曰：'吾闻富贵者送人以财，仁人者送人以言。吾不能富贵，窃仁人之号，送子以言。曰：'聪明深察而近于死者，好议人者也；博辩广大危其身者，发人之恶者也。为人子者毋以有己，有人臣者毋以有己。'孔子自周反于鲁，弟子稍益进焉。"

有学者认为：司马迁对孔子师事老子是深信不疑的，否则，他不会两次记述同一件事。但又有学者考证，《史记》中关于孔子向老子问礼之事，乃是司马迁抄自《庄子》一书。在《庄子·天运篇》中有这样的记载:"孔子行年五十有一而不闻道,乃南之沛,见老聃……孔子见老聃归,三日不谈。弟子问曰,夫子见老聃,亦将何规哉?孔子曰:'吾乃今于是乎见龙。龙,合而成体,散而成章,乘云气而养乎阴阳,予口张而不能合,予又何规老聃哉?'"庄子笔下的孔子,是一个比老子差了许多的普通俗人,已经51岁了,还未"闻道"。老子则近乎于神龙。

有学者考证,沛在当时为宋地,与"孔子适周"的地点不同(周在河南洛阳)。《孔子世家》记载此事发生在孔子十七岁至三十岁之间,而不是"五十有一"。孔子问礼中的老子形象是一个拘谨守"礼"的儒生,与《道德经》一书中那个把"礼"看做下流伎俩的老子根本不是一回事。因此,《庄子》中的老子原本是一个寓言人物,所述之事也为寓言,根本不能当真。《史记》因之成说,只是为了增加故事性和可读性,否则,司马迁不会另行举出老莱子、太史儋和隐君子。

也有人指出:司马迁列举《老子》一书的作者,用的是否定法,即先提出一种假设,然后将其否定掉。司马迁心中认定的老子是最后那个无姓无名无字无籍贯无事迹的隐君子。

又有人问道,既然是一个隐君子,司马迁又何以知晓"老子之子名宗,宗为魏将,封于段干,宗子注,注子宫,宫玄孙假……"

司马迁生当汉初,离孔子、老子的时代并不是太远,何以将老子描绘得神龙见首不见尾?研究《老子》的学者们,大多数认为老子的身世在当时已是"世莫知其然否"。司马迁只是本着"信以传信,疑以传疑"的宗旨撰写了老子的列传,至于老子的身世为什么"世莫知其然否",司马迁没有正面回答。

二、胡梁交锋,宗教信仰乎

1919年,28岁的胡适出版了《中国哲学史大纲》上册。在这本书中,胡适认为,"老子事迹,已不可考",只能以《史记》所录为本:

"老子是楚国人，名耳，字聃，姓李氏。他曾做周室守藏室之史。"胡适依据先生一定比学生年龄大，推断出"老子比孔子至多不过大二十岁"。老子应当生于"周灵王初年，当西历前750年左右"，"老子即享高寿，至多不过活了九十多岁"。对孔子问礼于老子，胡适确信有此事，只是"这事已不知在何年"。

胡适1910年赴美留学，当时年仅19岁。他先就读于康乃尔大学，后转入哥伦比亚大学，师从实用主义哲学大家杜威，深受其实验主义理论的影响。胡适1917年回国，任北京大学教授，并成为五四新文化运动中很有影响力的人物。平心而论，时年28岁，在国外生活多年的胡适，训诂和考据之学并非其所长，对于哲学也很难说已经完全搞懂。在《中国哲学史大纲》中，胡适将老子打造成中国哲学始祖，排在孔子之前。与其说他的目的是在解读老子思想，不如说是在张扬自己学到手的实用主义哲学或实验主义方法。这是一起典型的"六经注我"的案例。胡适笔下的老子"比孔子大二十岁，至多活了九十多岁"等，只是凭"想当然"拼凑出来的。

1958年，时年67岁的胡适重版此书时，在《台北版自记》中讲道："有一天，我忽然大觉大悟了！我忽然明白，这个老子年代的问题，原来不是一个考证方法的问题，原来只是一个宗教信仰的问题，像冯友兰先生一类的学者，他们诚心相信，中国哲学史当然要认孔子是开山老祖……在这个诚心的信仰里，当然不能承认有一个跟着老聃学礼助葬的孔子。"

追寻老子的年代身世，从而探讨中国哲学史的发端，在胡适眼中竟然成了"信仰"问题。这种立论自然从一开始便要遭到多数学者的批判。

梁启超首开批判胡适的先河，那是在北京大学的一次演讲会上。讲稿后来被整理成《评胡适之中国哲学史大纲》一文。梁启超提出六点质疑，对胡适的说法，进行了批驳：

1.把老子世系与孔子世系作一比较，年长的老子的八世孙怎么和年纪较小的孔子的十三世孙一同活在汉朝的景、武时代?

2.孔子喜欢褒奖他人,既叹"老子犹龙",为什么别的书却没有提及?墨子、孟子都极好批评,为什么对《道德经》的作者只字未提?

3.即使有孔子向老子问礼之事,按照《礼记·曾子问》的叙述,老子是一个"拘谨守礼"的人,与五千言所呈现出的精神背道而驰。

4.《史记》中的传说故事大体上是依据庄子《天道篇》《天运篇》《外物篇》三篇杂糅而成。而庄子书是一本寓言故事书,不能当作信史。

5.老子思脉充斥着批判性,如"民多利器,国家滋昏,法令滋章,盗贼多有""六亲不合有孝慈,国家昏乱有忠臣"等等。这些文句不是春秋时代的话语,在《论语》《墨子》等书中均未见类似思想。

6.在文字用语上,《老子》一书有五处使用"王侯、侯王、王公、万乘之君"等词语,用"取天下"者凡三处,这些词语春秋时代不可能具有。"师之所处,荆棘生焉,大兵之后,必有凶年"等话是春秋时代的人说不出来的。"偏将军居左,上将军居右"这些官名,战国时代始有。

梁启超依据上述六点质疑,认为我们所见到的《老子》一书,应当是战国晚期之作。

胡、梁之争很快引发了一场大辩论。高亨、张岱年、马叙伦、郭沫若、张煦、顾颉刚、钱穆、张寿林、唐兰、罗根泽等一大批学者纷纷发表文章,各抒己见。有赞成胡说者,也有反驳胡说者。

针对胡适之说,冯友兰在1931年出版了《中国哲学史》。他认为,"在中国哲学史上,孔子实占开山之地位"。冯友兰将老子其人的生卒时间,放在了孟子和杨朱之后:

"《老子》一书……系战国时人所作。关于此说之证据,前人已详举(参看崔东壁《朱泗考信录》,汪中《老子考异》,梁启超《评胡适之〈中国哲学史大纲〉》),兹不赘述。就本书中所述关于上古时代学术界之大概情形观之,亦可见《老子》为战国时之作品。盖则孔子之前，无私人著述之事，故《老子》不能早于《论语》；二则《老子》之文体，非问答体，故应在《论语》《孟子》之后；三则《老子》之文为简明之"经"体，可见其为战国时之作品。"

冯著出版当年，胡适写了《与冯友兰先生论〈老子〉问题书》，对其所举"三端"及梁启超的六点疑问进行了逐条反驳。随后，胡适又写了《评论近人考据〈老子〉年代的方法》一文。他在此文的结束语中说："我至今还不曾寻得老子这个人或《老子》这部书有必须移到战国或战国后期的充分证据。在寻得这种证据之前，我们只能延长侦查的时期，展缓判决的日子。怀疑的态度是值得提倡的，但在证据不充分时，肯展缓判断（suspension of judgement）的气度是更值得提倡的。"

从胡适之说的抛出到抗战前夕，《古史辨》第四册和第六册收录了当时论辩双方的主要文章。这两册的主编是罗根泽，他列举了古今学者对老子其人其书的29种意见：

1.陈师道：老子在关尹、杨朱之后，墨子、荀子之间。

2.叶适：著书之老子，非孔子问礼之老子。

3.黄震：《老子》作于隐士嫉乱世而思无事者。

4.宋佚名：同于叶适。

5.吴子良：著书之老子，即孔子问礼之老子。（以上为宋代学者）

6.毕沅：孔子问礼之老子，即太史儋。

7.汪中：老子即太史儋，在孔子后。

8.崔述：春秋时有老聃，但孔子并没有向他问礼。《老子》一书是杨朱之徒的伪托。

9.毕廷相：老子在周称伯阳父，在春秋时称老聃，至战国称太史儋。《老子》书作于战国。

10.康有为：《老子》书在孔子后。（以上为清代学者）

11.梁启超：《老子》当作于战国之末。

12.张煦：《老子》书无产于战国嫌疑。

13.唐兰：老聃确长于孔子。《老子》书是老聃的遗言，撰成在

《墨》《孟》撰成时期。

14. 刘汝霖：教孔子者是老聃，辑聃格言为《老子》书者是（战国时期的）李耳。

15. 张寿林：《老子》著作的时代在孟子前后。

16. 钱穆：《老子》成书于宋钘、公孙龙同时或稍后，作者大概是儋何。至孔子问礼的老子是老莱子，即荷丈人。

17. 张西堂：《老子》成书于《庄子》内篇后。

18. 黄方刚：老子长于孔子，《老子》书成于孔子时。

19. 冯友兰：老聃与李耳非一人，《老子》在孔、墨之后。

20. 张岱年：《老子》书是战国初期的产品，老子思想在孔、墨之后，杨朱、慎到、申不害、孟子、庄子之前。老子有是太史儋的可能。

21. 顾颉刚：老聃是杨朱、宋钘以后人，《老子》书成于《吕氏春秋》与《淮南子》之间。

22. 胡适：孔子确曾向老子问礼，《老子》书确是老子所作。

23. 马叙伦：《老子》非战国后期作品。

24. 张季善：同于胡适之先生。

25. 高晋生：同于胡适之先生。

26. 叶青：同于胡适之先生。

27. 郭沫若：老聃确是孔子之师，《老子》书是关尹即环渊所记老聃语录。

28. 谭戒甫：孔子问礼之老子为老莱子，即老彭；著作之老子为老聃，即太史儋。

29. 罗根泽：老聃即太史儋，《老子》书为太史儋所作。

上述29人的见解，在三个问题上分歧为二：

一、问礼之老子与著述《老子》的作者是同一人，或不是同一人。

二、《老子》成书于春秋时期、战国时期（此论又分为战国前期、战国中期、战国后期），或成书于秦汉之际（此为顾颉刚观点）。

三、《老子》一书是作者亲自著述，或是后学编纂老子其人的遗言、语录。

上述29人的见解有一个共同点，学者们基本上都以司马迁《史记·老子韩非列传》作为争辩的论据和起点，从传世的文献典籍中寻找佐证。这就像高考生在做选择题一般，非此即彼，没有人能够跳出司马迁的窠臼。

大家为什么都跳不出《史记·老子韩非列传》设置的迷宫？答案只有一个：典籍文献上的材料不足以让老子其人其书走出迷宫。证据不足，无法形成确定性结论。大家只好公说公有理，婆说婆有理。

三、简帛出土，二重证据乎

将《论语》与《老子》相比对，将老子其人与孔子其人相比对，任何人都不难发现二者之间的巨大差异：

孔子秉持"有教无类"，开馆授徒，弟子三千，贤者七十二人，师承家学薪火相传，遂有后学弟子（子思、有若、曾参、子夏等人）著录先师遗言、语录，辑成《论语》。孔子及其后人身世清楚，孔学有明确的世系传承，《论语》一书乃儒学授徒的第一教科书。

《老子》与《论语》截然不同，《老子》一书乃个人著述，因其强烈的批判时政言辞，只能私下传抄（没有公开的延师授课）。在后学辗转传抄过程中，有好事者多加增添拼凑，甚至裁剪其他著作，或亲自著述一段充塞其中，最终累积为五千余言。汉初，又被好事者断分为八十一章。东汉以后，又被后学裁削为整整五千字。相比于《论语》，《老子》一书乃是地底下的暗流。

关于道家学统的师承。有人说，杨朱是老聃的弟子，并且是著述《老子》的作者。有人认为，关尹（即环渊）才是《老子》一书的作者，是他记述了老子的语录。《庄子·天下篇》则说田骈学于彭蒙，再推彭蒙之师则不知了了。这些推断只是一种臆测，没有坚实的证据可以证明。事实上，即便是发展《老子》学说的庄周，也无从考究其师承传统。

梁启超说："《史记·老子韩非列传》迷离惝恍，老子一人而有三化身。一为孔子问礼之老聃，二为老莱子，三为太史儋。"当然，这还不算无姓无名无事迹的那位"隐君子"。老子一人而有三化身，或者多至四人，透露出的实质问题是：《老子》非一人所作，非一时之作。《老子》一书中有非战国人士不能写就的内容，根源在于有一位编纂者生活在战国之末，从版权上讲，《老子》一书由不同时代的多人合作著述。

这一推论的合理性在楚墓竹简本《老子》出土之后得到证实。

继1973年湖南长沙马王堆汉墓出土了帛书《老子》甲、乙本之后。1993年，湖北荆门郭店出土了竹简本《老子》。竹简本《老子》一书的文字是典型的楚国文字，具有三个显著的特点：

1.这部竹书《老子》由三组竹简组成，各组竹简的长度和编线位置各异，由此可知它们是各自成册的。三组竹简上的字体各异，显然是三位不同抄者在不同时期所抄录。

2.竹书中的甲组、乙组的文句和内容与通行本《老子》相同，只是句序不同。但是，丙组文字有近一半不见于《老子》，整理者认为这是一部名叫"太一生水"的书的内容。而且，丙组与甲组中互有一段基本相同的文字（参见《导读二·道之先验自在及玄之又玄》）。

3.甲、乙、丙三组竹简上的《老子》文字合起来只有2016字，约为今本《老子》的五分之二。

有学者认为，郭店竹简本《老子》是摘抄本，而不是《老子》的全本。以郭沂为代表的另一部分研究者则认为，竹简本《老子》已是一个完整的抄本，后来的各种传本，包括长沙马王堆出土的帛书和各种世传本，是在简本的基础上经过改造、重编、增订而成的。简本《老子》的作者是老聃，今本《老子》是太史儋在简本的基础上增订而成（郭沂：《从郭店竹简〈老子〉看老子其人其书》，见《老子研究》1998年第七期)。

有学者认为,《老子》一书的原始本向郭店简本、马王堆帛书本及各种世传本发展,有一个汇集的过程:"帛书《老子》的构成虽然可能不止源于一个本子,但其中必须以郭店简本为来源者。""从简书到帛书甲本,从帛甲到帛乙有着明显的递变痕迹可循。但从帛书乙到以后诸通行本之间却似有文本递嬗变化上的断裂。帛乙《老子》只分篇不分章,完全符合司马迁所言'著书上下篇'的例子,而诸通行本则在分篇成书的基础上却有着完整的八十一章分章系统,其间当有一段文本演变的历程需要走过。"(丁四新:《郭店楚墓竹简思想研究》,东方出版社)

如果此论当真,那么《老子》一书的作者当不是一人,而应是多个人。《老子》一书也不是一时之作,而是跨越了多个时期的一部汇集性作品。

学者们将竹简本《老子》与帛书本以及传世本相比对,发现它们之间有很大的差异性。例如:传世本十九章讲"绝圣弃智,民利百倍;绝仁弃义,民复孝兹;绝巧弃利,盗贼无有"。帛书本与之相同,但竹简本作"断智弃辩,民利百倍;断巧弃利,盗贼无有;断伪弃诈,民复孝慈"。同样是"民复孝慈",但一个前因是"断伪弃诈",另一个的前因是"绝仁弃义"。把"仁义"作为批判对象,乃是黜儒学者的篡改。竹简本上也未见"失德而句礼,失仁而句义,失义而句礼。夫礼者,忠信之泊也,而乱之首也"这样激烈的贬黜儒家学说之辞。有可能的是,贬黜儒学的内容来自竹简本写定后的另一位"老子",这些内容乃是这位"后老子"增添所为。

与楚简《老子》丙组缀连为一册的《太一生水》段落中有如下文句:"大一生水,水反辅大一,是以成天;天反辅大一,是以成地……天地者,大一之所生也。是故大一藏于水,行于时,周[而或始,是已]为万物母。一缺一盈,是已为万物经。此天之所不能杀,地之所不能埋,阴阳之所不能成。君子知此之谓道……下,土也,而谓之地;上,气也,而谓之天。道也,其字也,请问其名……天道贵弱，削成者以益生者。"

郭沫若在《先秦道观之进展》一文中，认为传世本《老子》二十五章"吾不知其名，字之曰道，强为之名曰大"句中"大"字后边脱"一"字，当作"大一"。并认为所谓"大一"便是太一，太一便是道。一个是其名，另一个是它的字。

郭沫若的推测是正确的。"字之曰道，强为之名曰大"，应是"强为之名曰大一"的脱字句。对照"道生一，一生二，二生三，三生万物。万物负阴而抱阳，冲气以为和"一章，我们可以认定，这一章源自《太一生水》。"道生一，一生二"原文应是"道生太一、太一生二"。《老子·德部二》："昔之得一者：天得一以清；地得一以宁；神得一以霝；浴得以一盈；侯王得一以为天下正。"其中的"得一"应是"得太一"。《老子·德部三十五》："执大象，天下往。"应是"执太一象，天下往。"

《太一生水》说，太一"成天"。太一"成地"。"君子知此之谓道"。"道也，其字也……天道贵弱，削成者以益生者"。参照《庄子·天下篇》："关尹老聃闻其风而悦之，建之以常无有，主之以太一。"《吕氏春秋·太乐篇》："道也者，至精也，不可为形，不可为名，强为之名，谓之太一""太一出两仪，两仪出阴阳。阴阳变化，一上一下、合而成章"，"万物所出，造于太一，化于阴阳"等章句。两相比对，可证《老子》一书中的这一部分内容源自《太一生水》或其他"太一"类著述。如果《老子》的部分内容源自《太一生水》类的著作，那么《老子》一书必不是一人所著，必不是一时所作。

郭店楚简本及帛书本《老子》的出土，使我们能够跳出司马迁《史记》中的老子迷宫。《老子》一书的形成经历了为时不短的过程，《老子》一书非一人一时所著，其内容可能来自不同的文本传统。这就像浩瀚的长江，既有源头，也有其他水系汇入。

另外，从出土的帛书本的词语、结构或内容来讲，《老子》一书大体上可以分为几部分。例如，传世本二十九章、三十三章、三十六章，三十章及三十一章的部分内容应为一人所写。此人承袭"将欲取天下而为之"这一思脉，宣扬"夫天下神器也，非可为者也"。此人可称之为"兵家老子"。

传世本十五章"豫兮，若冬涉川"到"孰能安以久，动之徐生"以及传世本二十章"荒兮，其未央哉"到"众皆有以，而我独顽以鄙"一节，整体上是一首楚辞。这一部分在文体上与《老子》的经体不合，应是后人掺入。这位老子应称之为"楚辞老子"。现将这首楚辞整理如下：

"与呵，其若冬涉水；

犹呵，其若畏四吡；

严呵，其若客；

涣呵，其若凌泽；

沌呵，其若朴；

湷呵，其若浊；

湆呵，其若浴；

其不上谬，其下不忽；

寻寻呵不可命也，复归于无物。

是胃无状之妆，无物之象，是胃沕望；

隋而不见其后，迎而不见其首。

塱呵，其未央才！

众人熙熙和园，若乡于大牢而春登台。

我博焉未垗；若婴儿未咳。

纍呵，似无所归。

众人皆又余，我独遗。

我愚人之心也！渾渾呵。

鬻人昭昭，我独若呵。

鬻人察察，我独閭閭呵。

汹呵，其若海。

望呵，若无所止。

汤呵，望呵，中又象呵；

望呵，汤呵，中有物呵。

幼呵冥呵，其中有请呵；

其请甚真，其中有信。

自今及古，其名不去，以顺众父。

吾何以知众父之然也？以此。"

除了与《太一生水》有关的"太一老子"外，还应该列出一个把《老子》一书断分为八十一章的"章句老子"。甚至有必要列出一个专一批判儒学的"黜儒老子"。《老子·德部一》的"上德不德，是以有德；下德不失德，是以无德"，《老子·德部七》的"名与身孰亲"？《老子·道部十三》的"吾所以有大患者，为吾有身也"。等语句应该是"黜儒老子"所作。

尽管《老子》一书经过后人的多次增删斧正，可谓求善求美几达极致。但由于该书非一人所著，所以仍然存在着思想上和文句上的自相矛盾。例如，"以知知国，国之贼也；以不知知国，国之德也""绝圣弃智""将以愚之也"。与之相矛盾的文句有"故善人，善人之师""知不知，尚矣；不知知，病矣""明白四达，能毋以知乎？""爱民栝国，能毋以知乎？"尊智和反智之间的矛盾显而易见。

再例如《德部二十一》的"天之道，利而不害；人之道，为而弗争"中的人之道指圣人之道。《德部四十二》的"天之道，敓有馀而益不足。人之道，敓不足而奉有馀。"此章的"人之道"只能译作人间的法则，或译作当世俗人之道。两相比对，与天之道对应的"人之道"究竟是圣人之道，还是俗人之道？

对比帛书本《老子》"谷神不死，是胃玄牝""罪莫大于可欲，咎莫僭于欲得""夫大邦者不过欲兼畜人，小邦者不过欲入事人""浴得一以盈。谷母已盈将恐渴""江海所以能为百浴王者"等辞句，其中的"谷、欲、浴"三字的活用，仍保留了不同时期的文字风格，显然非一人贯通而书。

总而言之,《老子》一书的原初形态,可能来自多人的多个著述,非源自一种思想传承。在向郭店楚简本、马王堆帛书本以及各种世传本演变的过程中,不同的传抄者(司马迁称之为隐君子)对之实施了续貂、汇纂和整合,有意识或无意识地打造《老子》一书,使之更完整、更致密,成为名副其实的道学思想,这是一个完善化、合理化的过程。《老子》一书不仅有薪火传承,更是众人拾柴火焰高——世上有《老子》一书,更有诸老子的合作和接力。

这就是隔世不远的司马迁何以要用四个老子来编排《老子韩非列传》,用否定法来撰写老子身世的内在原因。

四、老子思脉,批判现实乎

无论是世传本和帛书本《老子》,它们给人的第一印象,便是它所具有的强烈的批判性。其一,便是对当世侯王政治的批判;其二,是对儒家治国理念的批判;其三,便是对君王们生活作风和行为准则的批判。可以说,《老子》一书的最大特色,便是它的革命性和批判性。《老子》思脉整体上是那个时代的反动:

"民之饥,以其上食税之多,是以饥;民之难治,以其上之有为,是以难治。"

"其政闷闷,其民屯屯;其政察察,其民缺缺。""不上贤,使民不争;不贵难得之货,使民不为盗;不见可欲,使民不乱。"

"朝甚除,田甚芜。服文采,带利剑,厌食而齎财有余,是胃盗夸。""罪莫大于可欲,祸莫大于不知足,咎莫憯于欲得。"

批判的矛头直指"其上"。《老子》认为,有国者或当权者的"有为""有欲""不知足"乃是社会动乱的根由。老百姓吃不饱饭,是因为不种田的"脱产干部"太多。

"天下多忌讳，而民弥贫；民多利器，国家滋昏；人多伎巧，奇物滋起；法令滋章，盗贼多有。"

"大道废，安有仁义；知慧出，安有大伪；六亲又和，安有孝兹；国家闷乱，安有贞臣。"

"民不畏死，奈何以死惧之。""民之轻死，以其求生之厚，是以轻死。"

在"老子"眼中，面前的这个社会已是民弥贫国昏乱，盗贼多有不见忠臣，仁义装扮已成大伪；百姓已经到了束手安分也是死，造反作乱也是死的地步。生逢乱世，百姓只好铤而走险乱中求生，死中求活了。

"以知知国，国之贼也；以不知知国，国之德也。"

"天地不仁，以万物为刍狗；圣人不仁，以百姓为刍狗。"

"天下有道，却走马以粪；天下无道，戎马生于郊。"

如此犀利的话，不仅在当时是惊世骇俗之语，放在改革开放后的今天，仍是惊世骇俗之语。胡适在《中国哲学史》中说："老子反对有为的政治，主张无事的政治，是当时政治的反动。"胡适封老子为"革命家"，认为"老子对于那种时势发生激烈的反响，创为一种革命的政治哲学"。这些话语极有见地。

上述话语，如果放到康乾盛世，言说宣传者恐怕会被流放杀头。春秋战国乃至秦汉时代的人说出这样的话语，即便不被杀头，也很难活得舒坦。这样的"老子"极有可能会像"少正卯"那样被孔子们杀掉。

这便是《老子》一书只能私下传抄，而不能公开宣讲，开馆授徒的原因之一。

《老子》的另一特点，便是对当时已成显学的儒学的批判。例如，帛书《老子·德部一》开宗明义地对儒学进行整体性批判："失德而句仁，失仁而句义，失义而句礼。夫礼者，忠信之泊，而乱之首也。"儒学宣讲的"仁、义、礼"，不过是等而下之的政治伎俩。

针对孔子的"以德报德""以直报怨"，《老子》一书提出更具有宗教色彩的"以德报怨"观点——孔子出身贫寒（吾少也贱，多能鄙事），靠个人奋斗而出人头地，自然要以德报德，以怨报怨，爱憎分明。但这种秉持义理的处世方法，不符合老子的"不争"和"无为"，也与《老子》所关爱所教导的对象，即"侯王"们的地位不匹配，因此老子要站在"反动"的立场上，给予批判。

针对儒学的有教无类及学而不厌、诲人不倦，《老子》提出"绝学弃智""绝仁弃义"。认为"古之为道者，非以明民也，将以愚之也，夫民之难治也，以其知也"。甚至搬出历史来作定断："古之为道者，非以明民也，将以愚之也。"儒家的所作所为，在《老子》的笔下成了"国之贼也"，而不是"国之德"。老子自认为，他们与儒学的区别便在于："为学者日益，为道者日敛（损）。敛之又敛，以至于无为，无为而无以为。"

《老子》认为，现今是即将覆灭的"乱世"，根源在于侯王们的"有欲"和"不知足"。但侯王们的有欲和不知足乃是因为受到儒学的蛊惑。司马迁在《史记》一书中因而说："世之学老子者则绌儒学，儒学亦绌老子。道不同不相为谋，岂谓是邪？"

如果老子其人在孔子之前，先生的老子又怎能批判作为后学的孔子？难道世上真有一个活了160岁或200岁的老子？

五、小国寡民，理想王国乎

《老子》对现实极端不满，对人们"为学者日益"更为不满。认为如此这般不知"无为"和"无以为"，则会"彊梁者不得其死"。那么，老子心目中的理想社会和理想人又是什么样呢？

《老子》一书的作者们生活在农耕畜力时代，视域所限，只能站在厚古薄今的立场，用鲁迅先生笔下的"九斤老太"式思维，感慨今不如昔，杜撰出一个原始的质朴的荒古时代王国。《老子·德部三十》对之描绘如下：

"小国寡民，使有十百人器而勿用；使民重死而远徙。又（有）周车无所乘之，有甲兵无所陈之。使民复结绳而用之。甘其食，美其服，乐其俗，安其居。叱（邻）国相望，鸡犬之声相闻，民至老死不相往来"。

《老子·道部三》对其进一步描绘如下："不上贤，使民不争；不贵难得之货，使民不为盗；不见（现）可欲，使民不乱。是以圣人之治也，虚其心，实其腹，弱其志，强其骨。恒使民无知、无欲也。使夫知（智）者不敢为、弗为而已，则无不治矣。"

《老子·道部十九》则倡导："绝圣弃知，而民利百倍。绝仁弃义，而复孝兹。绝巧弃利，盗贼无有。"

晋人鲍叔言在《无君论》中进一步描述了这个太古之世的理想王国："日出而作，日入而息，泛然不系，恢尔自得，不竞不荣……势力不萌，祸乱不作，干戈不用，城池不设，万物玄同，相忘于道。疫痫不流，民获考终。纯自在胸，机心不生。含脯而熙，鼓腹而游，其言不华，其行不饰。"

按照《老子》的设想，生活在荒古理想之国的人，应该是一些堪比婴儿的赤子，纯朴憨厚，无知无欲到了极点。

"含德之厚者，比于赤子。"

"贵德不离，复归于婴儿。"

"我独泊兮其未兆。沌沌兮，如婴儿之未咳。"

"专气致柔，能婴儿乎。"

《老子》认为，要让婴儿般的赤子们生活在不相往来的小国之中。愚民的目的便是要大家都做"赤子"，便是杀掉有思想有学识的人（即杀畸），便是制造出一个个没有知识，没有真理分辨能力的道学信徒，实现道学统治下的"天下皆知美之为美，斯恶矣；皆知善之为善，斯不善矣"的理想社会。《老子》认为，这样的人才能"长生久视"。拥有这些"理想"赤子的社会才能长治久安。

六、圣人之道，有国者谋乎

如何实现《老子》的理想王国，制造理想社会的"赤子"？老子提出了圣人治国的诸般法则：

一是愚民："古之善为道者，非以明民，将以愚之""以知知国，国之见贼也；以不知知国，国之德也"。

二是杀畸："使民恒且畏死，而为畸者，吾得而杀之，夫孰敢矣。若民恒且必畏死，则恒有可杀者"，让他们知晓勇于敢则杀，"勇于不敢则栝（活）"。

三是自敛："不上贤使民不争，不贵难得之货，使民不为盗，不见（现）可欲，使民不乱"。

四是不敢为天下先：《老子》认为"治人事天，莫若啬""莫知其极，可以有国"。

五是施展谋略：《老子》认为，谋略如同国之利器，不仅要藏而不露，更要"将欲擒之，必古（故）张之；将欲弱之，必古（故）强之；将欲去之，必古（故）与之；将欲夺之，必古（故）予之，是胃微明"。

愚民、杀畸、施展谋略，再加上自敛和不敢为天下先。《老子》的政治观就是法家韩非的政治观。这就是司马迁将老子和韩非合在一起编写《老子·韩非列传》的原因。这就是《老子》乃历代帝王之师的原因所在。

当《老子》描绘出一个诱导人们前往的理想王国时，当《老子》提出圣人治国的五条法则时，又描绘出了一整套"正言若反"的圣人之道。

《老子》的圣人之道归结起来，则有三条基本法则：

一是无为，即不去仿效他人。圣人必须遵循"为学者日益，闻道者日损,损之又损,以至于无为,无为则无以为"这条法则。

二是柔弱。"水之胜刚也,弱之胜强也,天下莫弗知也,而莫之能行也""故曰,坚强死之徒也,柔弱生之徒也"。知晓"物壮则老"。"彊梁者不得其死"。

三是守朴。《老子》提出了"见素抱朴,少私寡欲,绝学无忧"的主张。圣人要"去甚、去大、去奢"。

人们要问,为什么要这样做?这不就是在装傻、装痴、装呆吗?为此,《老子》必须说出一个非这样做而不可的理由来。老子的理由是"人法地,地法天,天法道,道法自然"。道就是这样效法自己而不效法其他的。所以,归根结底,人要效法自然。圣人之道不外乎是"尊道贵德"之道。

社会发展的命定论者,大多都言之凿凿地推演出一套社会发展的必然轨迹。他们都要宣讲先有什么社会,后有什么社会,未来的理想社会又是什么样。《老子》的思脉基本相同。《老子》一书中不仅有赤子,有甘其食、美其服、乐其俗、安其居的理想王国。更有秉持愚民、杀畸、施展谋略的治国圣人——是那个在天地之先,在天帝之先,无名以为天地始,有名以为天地母,无名无状无象的"道",让你这般去做!是那个"道法自然"的道让圣人如此行事的!正是在"道法自然"的大旗下,《老子》一书大力张扬反文化(文而化之)、反进步、反仁爱的三反主义。正是在"道法自然"的旗帜,《老子》教授给历代君王一套拿不到台面上,却行之有效的治国牧民之道。

为此,《老子》巧妙地设定了一个先验自在的专有概念"道"。至于什么是道?道是如何创设的,道与太一的关系,道与天帝的关系,请参阅本书导读二《道之先验自在及玄之又玄》一文。

◎导读二

道之先验自在及玄之又玄

"道"是《老子》一书最根本最独特的专有概念，也是《老子》一书中的"天地母"及万物本原。甚至可以说，"道"是《老子》一书的金刚罩。破不了这层金刚罩，你就不可能真正认识老子。因此，解读《老子》者必须回答那个先验自在"玄之又玄"的道是如何创设出来的？道究竟是个什么玩意儿？

一、道字的由来

"道"字的甲骨文字体迄今未见到，最早的文字例证出自金文，即青铜器上的铭文。

金文的"道"字有两款，一款写作"𧗟"，从行从止从首；另一款写作"𨓚"，从彳从止从首。行与彳都是源自道路的象形字根："行"来自十字交叉的道路路口；"彳"则是行的省形，通常表示端直向前的一条道路。从造字构意上讲，行与彳在"道"字中的表义完全相同，都表示人们行走的道路；"道"中的"止"则以脚趾之形表示人的迈步行走（构形源自行走者留下的脚印）；"首"则是一个源自人的脑袋（首级）的象形字根（上边是头发，下边是人的鼻子）。"道"字以"彳、止、首"三个字根会意，表示可以看清对面来人面孔（首级）的宽广、直通大路。《说文解字》一书释为："道，所行道也，从辵从首，一达谓之道。"《说文解字》一书将"彳、止"合为一个部首。道，便是一通到底，可直达目的地的大路。

郭店楚简本《老子》一书中的"道"字写作"道"，从行从人，意谓人在其中行走的大路。

从造字者的诉求来看，道与路字的词义有所不同：道是修筑出来的，路是走出来的。因此，"路"字从足从各：足表腿足，各表一个一个的人分头回到家中（即各个不同的人）。正如鲁迅所说，世上本无路，走得多了，便形成了路。道则是在路的基础上，裁弯取直，扩充路宽而修筑出的人工大道。

史书上记载的最早的"道"，出现于西周时期。那是一条由周人修筑，由宗周镐京通达成周洛阳的人工大道。这条道路连接了西周时期的两个首都。《诗·小雅·大东》曰："周道如砥，其直如矢。"东周之后，由人工修筑的这类大道便多了起来，如青铜器《曾伯簠》上所记述的"金道锡行"，即由长江铜腰带地区，经由楚地隋国向中原运输铜和锡的大道。

《史记·秦始皇本纪》载，秦始皇二十七年（前220年），下令在全国"治驰道"，汉人贾山《至言》说："（秦）为驰道于天下，东穷燕齐，南极吴楚，江湖之上，滨海之观毕至。道广十五步，三丈而树，厚筑其外，隐以金椎，树以青松。为驰道之丽至于此"。

甲骨文没有"道"字，"道"在西周以后的金文中才出现，因为人工修筑的大道西周以后才有。

"道"字的本义为人工修筑的大道，如"康庄大道"及"道听途说"一词；又由人的行走引申出方向、途径以及主张、学说义，如"志同道合"一词；又引申出方法技术义，如"门道、医道"；又特指道教和道家，如"道观"一词。"得道多助，失道寡助"一词中的道则是

"天之道"的缩略。

从汉字发声原理上讲，道字的发声应归之为物象指代音："道"与"到、刀、岛"等字同一音系，都含有"至达"的意象。

二、《论语》一书中的"道"字

《论语》一书中有多个"道"字。举例概述如下：

1.在儒学经典《论语》一书中，"道"字的第一词义，便是用作道路、路途。如：

《阳货篇》："道听而途说，德之弃也。"

《泰伯篇》："士不可以不弘毅，任重而道远。"

《雍也篇》："力不足者，中道而废""谁能出不由户，何莫由斯道也？"

《子罕篇》："且予纵不得大葬，予死于道路乎？"——孔子对子路发脾气说："我纵然得不到隆重的葬礼，也不至于死在道路上吧！"

2.由一个人主张走哪一条道路，引申出"道"字的主张义，并由此引申出途径、学说、道理义。这一词义在《论语》一书中也有多处：

《卫灵公篇》："道不同，不相为谋。"

《学而篇》："父在观其志，父没观其行。三年无改父之道，可谓孝矣。"父之道，即父亲的主张。

《学而篇》："礼之用，和为贵。先王之道，斯为美，小大由之。"先王之道，即已死先王的政治主张和作法。

《里仁篇》："吾道一以贯之。"孔子所宣扬的"道"，即孔子的主张或学说，是以孝弟、仁爱、进取、忠恕、德怨分明及有教无类等普世价值为基本内容的儒家思想。

《里仁篇》："夫子之道，忠恕而已矣。"

《学而篇》："君子务本，本立而道生。孝弟也者，其为仁之本欤。"孔子认为，孝弟（悌）是立身之本，立国之本。有了孝弟，整个学说（主张）的基础便有了。

《卫灵公篇》："君子谋道不谋食。耕也，馁在其中矣；学也，禄在其中矣。"君子与农人谋求的东西（主张）不同，君子谋求的是一种学说或思想。

《里仁篇》："朝闻道，夕死可矣。""志于道，据于德，依于仁，游于艺。"这里的"道"表面是指正确的道路，实际上指的是具有真理性质的学说和思想。

《学而篇》："子曰：君子食无求饱，居无求安，敏于事而慎于言，就有道而正焉，可谓好学也已。""就有道而正焉"是说，俯就（求教）于有思想有主张的人而校正自我。

《里仁篇》："富与贵，是人之所欲也，不以其道得之也，不处也。贫与贱，是人之所恶也，不以其道得之，不去也。"这里的"道"可译为正确的途径。

3.《论语》一书，多处使用了"天下有道，天下无道""邦有道，邦无道"等词句。如：

《卫灵公篇》："邦有道则仕，邦无道则可卷而怀之。"

《公冶长篇》："子谓南容：邦有道，不废；邦无道，免于刑戮。"

《公冶长篇》："子曰：甯武子，邦有道则知（智），邦无道则愚。"这是说，国家政治清明，便显露出自己的聪明才智；国家政治昏庸时，则装出一副蠢笨的样子。

《季氏篇》："天下有道，则礼乐征伐自天子出，天下无道，则礼乐征伐自诸侯出……天下有道则政不在大夫，天下有道则庶人不议。"

《泰伯篇》："子曰：笃信好学，守死善道。危邦不入，乱邦不居。天下有道则见（现），天下无道则隐。邦有道，贫且贱，耻也；邦无道，富且贵焉，耻也。"

邦有道或无道，天下有道或无道，表面上指有没有可供行走的道路，实际上指是否有一条政通令行，政治清明的大道。这个"道"字已含有正确（的方向）义。

4.由一个人主张行哪一条道路，又引申出"道"字的叙述、说道义，这一词义在《论语》中也有使用。

《季氏篇》："乐节礼乐，乐道人善，乐多贤友，益矣。"乐道人善，即喜欢讲他人的好话。

《孟子》一书中，则有"仲尼之徒，无道桓文之事者"。这是说，孔子（仲尼）的后学弟子中，没有言说齐桓公、晋文公事迹的人。

5.由一个人给他人指正走哪条道，引申出"道"字的引导、教导义。此义后来由从寸道声的"導"字所继承。但在《论语》著录之时，"導"字尚未创设，通常沿用"道"字。

《为政篇》："道之以政，齐之以刑，民免而耻；道之以德，齐之以礼，有耻且格。"朱熹《集注》："道音導。道，犹引导，谓先之也。"

《颜渊篇》："子贡问友。子曰：忠告而善道之，不可则止，毋自辱焉。""善道之"即友好地教导他。

《子张篇》："夫子之得邦家者，所谓立之斯立，道之斯行，绥之斯来，动之斯和。"

《学而篇》："道千乘之国，教事而信，节用而爱人，使民以时。""道千乘之国"即引导有千乘马车的大国君王。"千乘之国"后边省略了"国君"一词。

6.《论语》一书中，又有"天道"一词。此乃"天之道"的缩略词。

《公冶长篇》："子贡曰，夫子之文章，可得而闻也。夫子之言性与天道，不可得而闻也。"

文中的"性"指"性相近，习相远"之性，即人的天性。"天道"即天的主张，这一用例乃"天之道"的省略，天之道乃是"天帝之道"的省略，可对译为天帝的主张、意志。孔子一生（或《论语》一书）

多讲天命，讲天道仅此一处（旨在言说孔子不说性和天道）。例如，"君子有三畏，畏天命，畏大人，畏圣人之言"。再如，"五十而知天命"。

归结起来，"道"字在《论语》一书中，共有四个词项：一是直通大道；二是主张、学说和思想；三是言说、说道；四是引导、教导。"天道"乃天帝之道的缩略语。其中的"道"仍指主张，也可对译为"运作的规则"。

三、《老子》一书中的"道"字

"道"这个字，在《老子》一书中前后共用了七十三次。传世本《老子》共八十一章，其中三十四章有"道"字，接近一半。具体使用如下：

1.用为道路，大道。

《德部十六》："使我介有知，行于大道，唯他是畏。大道甚夷，民甚好解。"

《德部三》："是以建言有之曰：明道如费，进道如退，夷道如类。"

《德部九》："天下有道，卻走马以粪。无道，戎马生于郊。"此言可以对译为：天下有了人工修筑的大道时，却任由驾车的马匹在上边抛撒粪便。当天下没有人工修筑的大道时，互相搏击的野马自生自灭于郊野。

2.用为主张或法则。

《德部三十一》："故天之道，利而不害；人之道，为而弗争。"这是说，上天的主张（或法则）是有利于人而不祸害，圣人的法则是有所作为而不争。

《德部三十八》："天之道，不单（战）而善朕（胜），不言而善应,弗召而自来。"

《德部四十二》:"天之道,犹张弓与。高者印之,下者举之;有馀者敚之,不足者补之。故天之道,敚有馀而益不足,人之道,敚不足而奉有馀。"此处"人之道"指人间的世俗法则。不同于《德部三十一》的圣人之间。

《道部九》:"功遂身退,天之道也。"

"天之道"一词,《老子》一书又省为"天道",见于多处。

《德部十》:"不觊(窥)于牖,以知天道。"

《德部四十四》:"夫天道无亲,恒与善人。"此语意同"天命无常,唯德是辅"。

《德部二十二》:"是谓深根固氐,长生久视之道也。"长生久视之道的"道"字可译为法则,即长生久存的法则。

3.用为《老子》一书的专有概念:一个先验自在之物,在天地之先,可以为天地母;无狀无象无名,在帝之先。

《道部二十五》:"有物昆成,先天地生……可以为天地母。吾未知其名也,字之曰道。吾强为之名曰大。"

《德部五》:"道生一,一生二,二生三,三生万物。万物负阴而抱阳,冲气以为和。"

《道部三十七》:"道恒无名。侯王若能守之,万物将自化。"

《道部一》:"道,可道也,非恒道也。"此句可译为"道这个字,可以指称道路,不是恒久之道(即先验之道)"。三个道字,各有一个词项:第一个道,说的是道这个字;第二道,说的是道路之道;第三个道说的是恒久之道,即《老子》的自在先验之物。

《道部二十五》:"道大,天大,地大,王亦大。国中有四大,而王居其一焉。人法地,地法天,天法道,道法自然。"

《德部三》:"上士闻道,堇能行之;中士闻道,若存若亡;下士闻道,大笑之。弗笑,不足以为道……道襃无名。夫唯道,善始且善成。"

《德部十四》:"道生之,德畜之,物刑之而器成之。是以万物尊道而贵德。道之尊也，德之贵也。"

《道部二十五》："道者，万物之注也，善人之保也，不善人之所保也。"

《德部二十三》："以道立天下，其鬼不神。"

作为先验自在的"道"这一概念，在《老子》一书中还有许多。如："天乃道，道乃久""道冲而用之或不盈""故几于道""执古之道""是谓道纪""保此道者不欲盈""大道废，安有仁义""道者同于道，同于道者，道亦乐得之""是胃不道，不道蚤已"，等等。

综上所述，"道"在《老子》一书中共有三个词项：一是大道；二是主张、法则（用为天之道、人之道、长生久视之道）；三是《老子》一书专用的先验自在的"道"。《老子》一书中缺少了《论语》中的教导（導）义。

四、道是如何创生的

"老子"为什么要创设"道"这个专有玩意儿？即那个在天地之先，在帝之先，无状无象无名的道。《老子》一书的作者又是凭借什么来创设"道"这个先验之物的？

前一个问题，本书《导言》部分已给予解答。《老子》一书的主旨是"道佑侯王"，为"有国者"指点迷津。为了在《老子》所描述的理想王国，即小国寡民、绝学弃智、民若赤子的天堂与世风日下、为学日益的社会现实之间找到一条通道，《老子》为侯王们设定了一条柔弱处下、守朴持静、不敢为天下先的"圣人之道"。因此，老子必须回答，圣人之道由何而来？凭什么以及为什么要这般作为？

两千多年前的老子，依据当时的社会认识，只能作出两种回答：或者说神（天帝）让你们这样做；或者说，在天帝之先的那个"道"要求你这般自然无为……《老子》不可能说，这是我让你们这样做的。若是这样解说。人们不听，还会把自以为是的说者打趴在地上。《老子》只能搬出一尊神来。这与道士请来钟馗捉鬼的道理是一样的。

如果说是天帝所要求的，人们会拿圣贤之言，如周公、文王等人的言论来反驳：周公、文王或其他圣贤都说，天帝要人们积极进取，要人们爱人，要人们革新……老子不能让自己陷入这个圣贤之说的泥潭中，只好另辟蹊径，创造出一个比天帝还要大，还要早，还要玄，还要神通广大的"道"来，把所有的主张和责任推到"道"的身上。这就是老子不得不创设出"道"这个玩意儿的苦衷。

那么，老子又是凭借什么来创造这个"无状无象无名，先天地生，在帝之先"的"道"呢？这事还得从中国人有记载的神祇说起（不是后人编造的神话传说或历史道统）。

商代先民是汉字的创造者，20世纪出土的十万片甲骨给我们留下了真实的宝贵史料，其中不乏与信仰和神祇有关的史料：

从对甲骨文字的判读中，我们得知，商人的神祇主要是祖先神，即由甲乙丙丁戊己庚辛壬癸十个氏族轮番接替而产生的神王：他们生前是"卡里斯玛"人物，死后则成为佑护子孙后代的神祇。由于神王死后被埋在亚字型大墓中，通常被称之为亚祖（即活在第二个世界的男性神王）。后代在祭祀或占卜时，通常直呼其王号，如，上甲、大乙、卜丙、武丁、盘庚……生育了一代神王的那个女人，死后也陪享在先王之侧，称之为司（后）母，或冠之与死日一致的谥号，如妣癸、妣壬、妣庚、妣辛……再就是由死后的英雄人物演化出来的神祇，如伊尹。

商代先民还有一个抽象的神祇，即帝。从文字学的角度溯源，我们得知，帝的构意源自女生女上溯的本氏族最早的女性始祖（帝是会意字，从女阴字根▽从穿通字根├┤和向上字根木），商代人的"帝"的原型便是吞吃燕卵，生下商民族先祖契的简狄。陈梦家考察甲骨卜辞后说"大量记载帝活动的卜辞，其威力无穷，可降祸福，可令风、令雨、令雷。"张光直则认为："殷人的帝很可能是先祖的统称或是先祖观念的一个抽象"。

商代先民认为，他们的祖先神通广大，不仅可以佑护征战、狩猎的成功，甚至可以调遣云雨风雷，让河水涸竭泛滥。帝（后）还可以操纵后代的生男生女，是难产还是顺产。这种祖先神高于（或大于）自然神的信仰方式，乃是华夏民族信仰的一大特征。如：

"丁未卜，贞，王宾大丁，彡亡尤（前1、4、5）

乙亥卜，行贞，王宾小乙，彡亡尤，在十一月（粹279）

今二月，帝不令雨（《卜辞通纂》三六五片）

王封邑，帝若（《卜辞通纂》三七三片）

甲辰卜，争贞，我伐马方，帝受我祐（《殷墟文字乙编》5408）"

其中的先王和帝都有操控自然和人事的神力。

盘庚迁殷后，商王朝的王位在乙、丁、辛三个强势氏族集团中循环轮替。武丁死后，关系相对紧密的乙（甲）集团和丁（丙）集团，把原先只用于女性始祖的"帝"字，用在了男王的谥号中。构意源自女性始祖简狄的"帝"，成了男性神王的尊称，这便是"帝丁"及帝甲谥号的由来（有兴趣的读者可参阅张光直先生《商代文明》一书之《商王朝及其统治机构》）。随后，在商民族乙丁集团狂热的神祇信仰中，帝的性别进一步淡化，神力则进一步强化。

商末，姬姓文王集团在商王帝辛的欺压下，不得不"西征"逃窜，迁徙到陕西周原，与姜姓武王集团结成部族联盟王国。联合起来的姬姜两姓联盟进行了一场意识形态革命，拥立抽象的"帝"为两大集团的共同神祇。他们将帝庭建立在了天上。《国语·周语》曰："古者，先王即有天下，又崇立上帝，明神而敬事。"王国维因此说："中国政治与文明之变革，莫剧于殷商之际"（《殷周制度论》）。

出土的西周青铜器铭文显示，西周时期，周人不仅有上帝，还有下帝。上帝为姬姜两姓共同拥立抽象的最高神祇，下帝则是死后埋在地下的先王们，如《邢侯簋》："克奔走上下帝，无冬（终）令于有周。"西周《兴钟》则曰："上帝降懿德大粤。"后来，随着上帝神通的扩大，下帝神通的逐渐消退，下帝被称之为百神。如周剌（厉）王铸造的

《豁钟》:"惟皇上帝百神。""百神"即百位祖先神。

由于上帝的居所在天上,所以又被称之为"上帝""天帝",或者简称为天。如西周早期《天亡簋》:"王祀于天室,降。天亡又王,衣祀于丕显考文王,事喜上帝。"如西周晚期的《逨盘》:"夹诏文王武王,达殷应受天鲁命,匍有四方。并宅久蕫疆土,用配上帝。"

周人坚信并四处宣扬:"天命无常,唯德是辅。"天帝之所以剥夺商民族的统治权,将统治天下的权力授予周人,乃是因为周人具有商人所失去了的德性。"皇天即付中国民越厥疆土于先王"。周人将通过战争夺取的统治权纳入"君权帝授"的道统之中。从此,武装夺取政权有了一个神圣的理由。

周人对"天帝"极其虔诚,多加赞颂。如《诗·大雅·皇矣》:"皇矣上帝。"《诗·大雅·荡荡》:"荡荡上帝,下民之辟。"

一个有意志且神通广大的天帝(或天)由此成为中国人的最高神祇。时至大清王朝,"奉天承运"还一直是皇权道统的依据。秦始皇及汉武帝到泰山封禅,所谓的"禅",从示单声,便是单个的一个人在离天最近处(陆地最高端)接受天帝的私相授受。这就是王权一统下的"天人合一"。地上时王的所作所为乃是"替天行道"。

由殷商民众的祖先神崇拜到周人的天帝崇拜,中国人的信仰词典中,便有了"上帝、下帝、天帝、天庭、帝庭、天命(天帝的命令)、天、老天爷"等诸多概念。高高在上,广垠无边的天和来自祖先神祇的帝的组合成为华夏民族信仰的基本特征。

"天之道"和"天道"一词最早出现于《左传》和《国语》一书中。如《左传·庄公四年》:"盈而荡,天之道也。"《左传·昭公十八年》:"天道远,人道迩,非所及也,何以知之。"据统计,"天之道"在《左传》中凡九见,在《国语》中凡七见。《论语》一书中也有:"夫子言性与天道,不可得而闻之也。"

文献中的"天之道"或"天道",通常可译为天帝的主张,或天帝的法则,是一个在语感上比"天命"稍微弱化的词语。在晚出的《易经》一书中则同时提出了"天道、人道、地道"的概念，曰"易之为书也，广为悉备，有天道焉，有人道焉，有地道焉。兼三材两之，故齐"。天道，即天帝法则；地道，即地祇的法则。人道乃圣人之道的简省，即圣人的法则或主张。

《老子》一书，一方面全面继承了春秋战国时代的天道、地道、人道概念。因而有"道大、天大、地大、王大，国中有四大，王居一焉""人法地、地法天、天法道、道法自然"之说。另一方面，则集合或概括"天道、地道、人道"为一整体，在天道、地道、人道之上归纳集合出或形而上出一个先验自在的更大的"道"。故而有"吾不知其名也，字之曰道，吾强为之名曰大"之说。

细究《老子》一书，你会发现其中有一个无法自圆的矛盾：一方面，先验自在的"道"凌驾在天道、地道、人道之上，不仅在帝之先，而且先天地而生。也就是说，道在天地之先，道是天地之母，天地由"道"所生（或由道的另一别称太一所生）。显然，道与天之道应是两码事。另一方面，《老子》一书的"道"又与"天之道"混淆等同，处处可见天之道如何如何。天之道与先验自在的统括的"道"成了一个可以随意置换的概念。例如《德部二》的"上士闻道，堇能行之；中士闻道，若存若亡；下士闻道，大笑之。弗笑，不足以为道……道褒无名。夫唯道，善始善成。"完全可以把其中的六个"道"字，全部换成"天之道"而使释义不变。再例如《德部三十一》的"故天之道利而不害。"《德部三十八》的"天之道，不单而善朕。"《德部四十二》的"天之道，犹张弓与……故天之道赽有馀而益不足"，等等。均可将"天之道"置换为单一的"道"字。再例如《德部三十一》的"天之道利而不害，人之道为而弗争"中的人之道指圣人之道。《德部四十二》的"天之道赽有馀而益不足，人之道赽不足而奉有馀"中的人之道则指人间的世俗法则。两个"人之道"词义显然不同，甚至相互抵牾。再例如《道部五》的"天地不仁，以万物为刍狗"，究竟是天地不仁，还是"道"不仁？此处天地与道是什么关系？

总之，在《老子》一书中，道与天道以及道与天的关系成了说不清、理不顺的矛盾之处。甚至有人认为，《老子》的"道"就是由来已久的天之道，"道"就是天帝，道在"帝之先""先天地而生"只是随口说一说而已（老子要把道和太一等同起来，只好借用了太一生天地、太一在帝之先这些概念）。《老子》无法回答"道"是如何生出天地的，也无法回答道为什么在天帝之先，更不愿意回答"道"是从哪里产生的。甚至，不仅是老子，包括今天所有的中国学者都无法讲清先有天之道，还是先有道？天与道是什么关系？

五、道与太一的关系

郭沫若先生在《先秦天道之进展》一文中指出，《老子·道部二十五》的"吾不知其名，字之曰道，强为之名曰大。""大"字后脱"一"字，当作"大一"，并认为，"所谓大一便是太一，是道"。郭沫若所依据的典籍有《吕氏春秋》："道也者，至精也，不可为形，不可为名，强为之名，谓之太一。"《庄子·天下篇》："关尹老聃闻其风而悦之，建之以常无有，主之以太一。以濡弱兼下为表，以空虚不毁万物为实。"

《老子》的后世注释家，大多视而不见或避而不谈道与"太一"之间的关系。他们像驼鸟一般，将脑袋钻进沙堆中，只好一味抵赖说，《老子》书中没有"太一"这个词，《吕氏春秋》与《庄子》所言说的"道即太一"与《老子》无关，乃是战国时代太一神教出现后，一些好事者或编造者的杜撰。

郭店楚简《老子》出土，考古工作者们发现，与《老子》丙组竹简简制及字体相同，并且系联在一起的《太一生水》，原本是完整的一本著作。或者说，《老子》丙组的文句原本是《太一生水》这篇文章中的一部分。此将《太一生水》抄录如下："大一生水，水反辅大一，是以成天；天反辅大一，是以成地；天地复[相辅也]，是以成神明；神明复相辅也，是以成阴阳；阴阳复相辅也，是以成四时；四时复相辅也，是以成沧热；沧热复相辅也，是以成湿燥；湿燥复相辅也，成岁而止。故岁者，湿燥之所生也，湿燥者，沧热之所生也；沧热者，四时之所生也，四时者，阴阳之所生也，阴阳者，神明之所生也，神明者，天地之所生也，天地者，大一之所生也，是故，大一藏于水，行于时，周而或[始，以己为]万物母；一缺一盈，以己为万物经，此天之所不能杀，地之所不能厘，阴阳之所不能成，君子知此之谓[道]。

下，土也，而谓之地；上，气也，而谓之天；道也，其字也，（青）请（昏）问其名？以道从事者必托其名，故事成而身长；圣人之从事也，亦托其名，故功成而身不伤。天地名字并立，故过其方，不思相当，天不足于西北，其下高以强；地不足于东南，其上低以弱，不足于上者有余于下，不足于下者有余于上。

天道贵弱，削成者以益生者；伐于强，责于坚，以辅柔弱。"

《太一生水》一文中，明确指出："天地者大一之所生也""君子知此之谓道""道也，其字也"。也就是说，道是太一的字，太一是道的名。道就是太一，太一就是道。

"太一"原本为楚地神祇之名（等同于华夏文化的天帝）。屈原《九歌》所祀第一尊神，便是东皇太一。宋玉《高唐赋》中有："进纯牺，祷璇室醮诸神，礼太一"。王逸《楚辞章句》注曰："太一，星名，天之尊神，祠在楚东，以配东帝，故曰东皇。"所谓"天之尊神"，即天上最尊贵的神祇。太者，大上一点，取其最最大之意；一者，数之始，壹者，体之全。所谓太一便是空间上的最大，时间上的最先。"太一"作为星名，则指众星之轴的北极星，乃是东皇的居所或化身。李零先生指出，太一有三种含义，作为哲学上的终极概念，它是"道"的正名；作为天文学上的星官，它是天极所在；作为祭祀信仰的对象，它是天神中的至尊（《读郭店楚简"太一生水"》）。

在先秦典籍中"大一"与"太一"相通，《史记》则将"太一"

写作"泰一"。《史记·封禅书》云:"亳人谬忌奏祠泰一方。曰:天神贵者泰一,泰一佐曰五帝。古者天子以春秋祭泰一东南郊,用太牢七日,为坛,开八方之鬼道"。于是天子令太祝立其祠长安城东郊,常奉祠如忌方"。其后有人上书言"古有天子三年壹用太牢祠神三一:天一、地一、太一"。白帝、青帝、黄帝、赤帝、黑帝竟被屈尊于太一之下,成为太一的佐臣。《汉书·郊祀志》云:"称天神曰皇天上帝泰一,兆曰泰畤。"这时候的皇天、上帝和泰一合三为一了。

"太一"神祇在《庄子》《吕氏春秋》《史记》等书中均有言说。出土的楚简《太一生水》认为:"太一藏于水,行于时,周而或始,以己为万物母……君子知此之谓道。下,土也,而谓之地,上,气也,而谓之天。道也,其字也。"认为"太一"与"道"乃同一事物的名、字之别。这一论述与《老子·道部二十五章》"吾不知其名,强字之曰道,强为之名曰大(一)"完全相同。郭沫若的论断是完全正确的。

"太一"是正名,"道"是太一的字。"此两者同出而异名,同胃(谓)之玄,玄之又玄,众妙之门。"显而易见的是,《老子》一书抄袭了战国时代楚地"太一"之说,故而又将道凌驾在太一之上(或让二者并驾齐驱),所以有"道生(太)一,(太)一生二,二生三,三生万物。万物负阴以抱阳,冲气以为和"之说。有了"昔者得(太)一者,天得(大)一以清,地得(太)一以宁,神得(太)一以需,浴得(太)一以盈,侯王得(太)一以为天下正"之说。有了"执大(一)象,天下往。往而不害,安平太"。因此有了"圣人执(太)一以为天下牧"等有明显抄袭痕迹的语句。由此观之,《老子》书中的"道大"说抄袭自太一神教的教喻。《老子》一书巧妙地割掉"大"字或削掉"一"字,便有了阉割宗教为哲学的伟大创举。便有了"道在天地先,道在帝之先,无名以为天地始,有名以为天地母"等诸多说项。这就是楚简《老子》所宣扬的"以道从事者必托其名,故事成而身长。圣人之从事也,亦托其名,故功成而身不伤"。也就是《老子》为"有国者"谋,而不得不借助钟馗的原因所在。

《老子》的道由华夏文化的"天之道"与荆楚文化的"太一神祇"拼合而出。"道"的创造与中国古史道统运动中的"旧鬼小、新鬼大"不谋而合。道大，所以道的创设在天之道和太一的创设之后。

　　总而言之，《老子》的"道学"不能无中生有，也不可能无中生有。老子其人只能依托前人的思想和著述，或变通改造，或抄袭延用。先验自在之"道"离不开"天帝之道"这个内核，更离不开太一神教创生天地创生阴阳诸般教喻。

　　太一生天，太一生地。太一是最大最原始的神。这是楚人之说；天帝创生万物，天之道主宰一切，天命可畏，这是华夏之说。把二者拼合起来，不就可以拼装出一个新的统一的道统了吗？如果说，天帝和天之道根植于华夏文化的土壤之中，太一神祇则根植于荆楚文化之中。也就是说，北方人信天、信帝、信天之道；南方人信仰的最高神祇是太一。那么，《老子》的"道"便是两种文化交合后生出的一匹"骡子"。这种新文化的创立有一个前提，那就是南蛮楚人入主华夏地区，楚人北上成为天下共主。

　　当我们明白了"道"字的词义嬗变，知晓了"道"的内涵的形而上途径，"道，可道，非常道——名，可名，非常名"便可迎刃而解了。

六、道之唯心与唯物

　　20世纪50年代，百废待举的中国大陆开始了一场为《老子》哲学定性的大讨论。当时的学者和政治家们，用当时所理解的历史唯物主义和辩证唯物主义的理论，意图会诊并判定《老子》的"道"究竟是唯物主义，还是唯心主义。当时的学界一致认为，如果不对这个问题做出结论，中国哲学史以及先秦哲学史便无法写下去。

　　这场讨论一直延续至今。认为老子之道是唯物主义者，主要依据《老子》传世本第二十五章："有物混成，先天地生，寂兮寥兮，独立不改，周行而不殆，可以为天地母。"认为"道"是一个客观存在之物，是天地创生之前的混沌。所以，老子其人是中国第一个唯物主义者。

认为老子之道是唯心主义者，则依据《老子》传世本第十四章："视之不见，名曰夷；听之不闻，名曰希；搏之不得，名曰微……绳绳不可名，复归于无物，是谓无状之状，无物之象，是谓惚恍……"认为"道"是主观规定的抽象之物，不具备实体属性。因而，老子其人是一个唯心主义者，充其量是一个客观唯心主义者。

唯物、唯心之争，一直没有一个结论。曾担任中国哲学史学会会长的任继愈先生在《我对老子认识的转变》一文中说："解放后关于《老子》的争论，我也是参加者之一……我一向认为老子哲学思想比孔子、孟子都丰富，对后来的许多哲学流派影响也深远，总期望把它弄清楚。1963年出版的《中国哲学史》教科书认为老子是中国第一个唯物主义者；1973年出版的《中国哲学史简编》（是四卷本的缩写本），则认为老子属于唯心主义。主张前说时，没有充分的证据把主张老子属唯心主义者的观点驳倒；主张后说时（《简编》的观点），也没有充分的证据把主张老子属于唯物主义者的观点驳倒。好像攻一个坚城，从正面攻，背面攻，都没有攻下来，这就迫使我停下来考虑这个作法对不对。"

任继愈先生将问题简化为逻辑学的真假选择：形成悖论的两个命题（结论），只能同假，却不能同真。也就是说，老子是唯心主义抑或是唯物主义这个问题，如果一方不能绝对驳倒另一方，形成真理性结论。那么，这个命题自身便必然是假的（类同伽利略对自由落体定律的判定）：或者唯物、唯心的律条本身是假的；或者老子的"道"自身就不是一个哲学问题。

中国道教协会会长任法融先生对这场争论的评价是："在现代，一些人根据西方哲学概念，把道解释成了'物质''精神'或'规律'，这些解释都不符合《老子》本义。道既不是有形的'物质'，也不是思虑的'精神'，更不是理性的'规律'，而是造成这一切的无形无象，至虚至灵的宇宙根本。"

任法融先生的言外之意是说，老子的"道学"与西方哲学压根不是一股道上的玩意儿。老子的"道"（或者称之为玄学）乃是一个信仰系统。你不能因为西方有古希腊哲学，从而站在西方有我们一定也有的阿Q立场上，编造出或仿效出老子哲学。不能因为要编纂中国哲学史而将老子化装成一个哲学家（《老子》一书中含有哲学问题的因子，则是另一回事）。

西方哲学（尤其是自然哲学这一支）以及由西方哲学孕育出的科学系统，大体上都遵循逻辑实证主义的三原则：其一，一元因果追溯是导向真理的唯一途径。也就是说，必须在一果一因的前提下回答一连串的"为什么"，直达逻辑原点。再由不证自明的公理演绎出整个理论系统。其二，实践（实证）是检验真理的唯一方式。也就是说，必须用实证（事实）来证明命题或结论的"真"以及它的普适性。其三，哲学或科学真理是一条由诸多自洽、他洽、续洽所衔接的链条，具备真理性质的学说必是这链条上的一环。所谓自洽，乃是说，具备真理性质的结论或命题，必须是一个自足系统，且不能自相矛盾；所谓他洽，乃是说，具备真理性质的结论或命题，必须建立在前人学说的基础之上，经由批判扬弃，将前人学说中的真理因子吸收到自己的学说中，对前人学说中的错谬给予批判否定；所谓续洽，乃是说，具备真理性质的结论或命题必须成为由相对真理构筑的链条上的一环，成为下一个他洽者实施批判扬弃的立足点。

用逻辑实证主义的三大原则来检验老子的"道"。结论是：《老子》一书中的道学与哲学及科学无关，或者说，老子的道学与西方哲学没有质性上的相同！其一，《老子》的道学不是一个自洽系统。道似乎是逻辑原点，但与太一、天道、地道、阴阳、天帝等诸多概念，无法形成一个不矛盾的自足系统。其二，老子的道学是一个信仰系统：信则有，不信则无。道与天帝，道与太一神祇同在，你无法也无须证明道（或天帝或太一神）的存在，你无法也无须证明道（或天帝或太一神）

的不存在。其三，老子的道学没有续洽者，《老子》的道学必然地通向了道教。用任法融先生的话来说："《道德经》是道教的基本经典，道是道教的基本信仰，道是《道德经》一书的核心概念，是老子学说的精华所在。"

有人认为，《老子》学说的哲学意义，在于《老子》的宇宙生成说，既道生出了天地，道在上帝之先（意谓上帝也是道生出来的）。刘笑敢先生认为："道生一，一生二，二生三"的说法不是对宇宙产生实际过程的真实描述，而只是对宇宙生发过程的一个模式化处理，反映世界有一个共同根源，这里的"一，二，三"都不必有确切的指代对象，是阴阳还是天地，都不影响这一模式所要演示的内容。

陈鼓应先生在《老子注释及评介》一文中说："老子的哲学系统是由'道'开展的。老子认为这个玄之又玄、惟恍惟惚的'道'是真实存在的。现在我们毕竟要问，世界上果真有老子所说的如此这般的'道'吗？它究竟是实际的存在呢，还是概念上的存在？关于这个问题，我们可以直截了当地说，'道'只是概念上存在而已。'道'所具有的一切特性的描写，都是老子所预设的。老子所说的预设道，若从常识的观点来看，也许会认为它是没有意义的。例如说'道'是'惟恍惟惚'的，是'独立不改'的，是'天地之始''万物之母'的，这一切都是非经验的语句，都是外在世界无法验证的。然而，'道'的问题，却不可以把它当作经验知识的问题来处理，它只是一项预设，一种愿望，藉以安排与解决人生的种种问题。"

这是陈鼓应先生的真知灼见，用以为本节导读的结语。

凡 例

一、本书所录帛书本《老子》原文以1976年3月文物出版社刊行的马王堆汉墓帛书《老子》为底本。本书所录传世本《老子》以清刻《二十二子》中《老子道德经》魏王弼注本为底本。

二、本书校勘原则为：力求保持《老子》的原貌。帛书甲本如无明显的错讹、残缺、脱漏或解读不通之处，则依甲本。如有，则依帛书乙本补正。如乙本亦残脱、错讹或不通，则参校他本，择善而从。为使文风贯通，本书不一一对列版本校勘及由来注释。

三、《老子》甲、乙本均不分章，"德篇"均在"道篇"之前，篇首均无篇题。为便于阅读、对比和查找。本书依据王弼注本将全文分为八十一章，将"德篇"置前，"道篇"置后，并补以《德部》和《道部》两篇篇名。至于各章的次序，则依照帛书本《老子》的顺序。

四、本书力求简明扼要，上下贯通。按照古文翻译的通则，每章分为《原文》《译文》《解字》《句读》和《随感》五部分。

五、本书《译文》均保持对应式字句直译。为使译文能全面、完整地表达原文的含义，本书酌情在译文中补加若干字句。补加的字句一律以（　）标示。

六、本书校勘、翻译和评述所参考的主要版本为：

《道德经古本篇》唐傅奕，《道藏》本。此外，本书还参考了任继愈《老子新译》（上海古籍出版社）、陈鼓应《老子今注今译》（商务印书馆）、高明《帛书老子校注》（中华书局）、徐志钧《老子帛书校注》（上海学林出版社）、林语堂《老子的智慧》（群言出版社）、傅佩荣《细说老子》（国际文化出版公司）、胡道静主编《十家论老》（上海人民出版社）、任法融《道德经释义》（文化艺术出版社）、刘兆英《老子新释》（上海文化出版社）、周生春《白话老子》（三秦出版社）等。在此一并表示感谢。

上德部

帛书校勘本
德部一

上①德②不③德，是以有德；下德不失④德，是以⑤以⑥无德。

上德无⑦为⑧而无以为也。

上仁⑨为之而无以为也。上义⑩为之而有以为也。

上礼⑪为之而莫之应也，则攘臂而乃⑫之。

故失道而后⑬德，失德而句仁，失仁而句义，失义而句礼。

夫礼者，忠⑭信⑮之泊，而乱之首也。

前识者，道之华⑯也，而愚之首也。是以大丈夫居其厚⑰，而不居其泊⑱；居其实⑲而不居其华。故去罢而取此。

传世王弼本
三十八章

上德不德，是以有德；下德不失德，是以无德。

上德无为而无以为；下德为之而有以为。

上仁为之而无以为；上义为之而有以为。

上礼为之而莫之应，则攘臂而扔之。

故失道而后德，失德而后仁，失仁而后义，失义而后礼。

夫礼者，忠信之薄，而乱之首。

前识者，道之华，而愚之始。是以大丈夫处其厚，不居其薄；处其实，不居其华。故去彼取此。

帛书译文

上等德行者彰显（自身孕育的）德行，所以是有德者；下等德行者彰显失去了（又仿效而来）的德行，所以是无德者。

上等德行者不去仿效因而不需要凭借模仿。

上等仁爱者仿效（他人）但不凭借这些仿效来的东西。上等义理（讲忠信）者有所仿效同时要凭借仿效来的东西。上等礼教者尽力去仿效他人却没有响应者，只好卷起袖子强推人们去遵循礼教。

所以，失去了道便需要呼唤德行，失去了德行便需要抓牢仁爱，失去了仁爱便需要抓牢义理，失去了义理则不得不牢牢抓住礼教。

所谓礼，乃是忠信的止步不前，更是动乱的祸首。

以前的那些有学识的人，把道描绘得花里胡哨，而这恰是愚蠢的开端。所以，大丈夫要居处向下伸延之处，而不居处末端的行止处，要居处笃实之处而不居处浮华之处。因此，要抛弃那个（讲仁、义、礼的儒学），而要选取这个（道法自然之学）。

● 解字

①上。"上"是象形字，甲骨文写作"⌣"，乃是对一块木板或一块石片上边放置一件物品的象形描摹。"上"的本义为物在其上，即上边。引申泛指抽象意义的上下之"上"。此处，上下对举。所谓"上德"，即上等的德行，"上仁"即上等的仁爱，"下德"自然是下等的德行了。

②德。"德"是会意字，金文字体作"德"，从彳从直从心，三个（字）根会意："彳"表道路，"直"表端直向前，"心"表内心所欲。"德"字的构意源自古代赶马车时的命令语："驾"（jia）为起步行驶时的命令语；"德"（dei）是直行向前的命令语；"阿"（wo）是拐弯时的命令语；"御"（yu）是停止时的命令语。

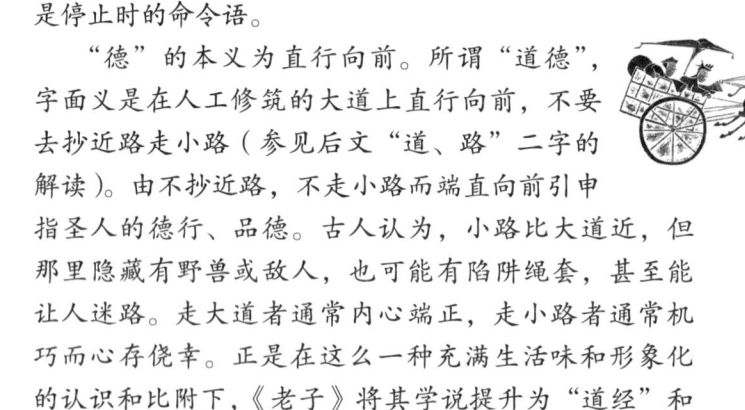

"德"的本义为直行向前。所谓"道德"，字面义是在人工修筑的大道上直行向前，不要去抄近路走小路（参见后文"道、路"二字的解读）。由不抄近路，不走小路而端直向前引申指圣人的德行、品德。古人认为，小路比大道近，但那里隐藏有野兽或敌人，也可能有陷阱绳套，甚至能让人迷路。走大道者通常内心端正，走小路者通常机巧而心存侥幸。正是在这么一种充满生活味和形象化的认识和比附下，《老子》将其学说提升为"道经"和"德经"这么一对范畴（实质上是一种形而上的拔高）：在正确的道路上端直地走下去。

③不。此处的"不"字乃是"丕"字的书写简省体。也就是说，这一章首句的"不"实际上是"丕"字，词义为彰显。

"不"是依托象形字，甲骨文写作"𠄂"，上为源自女性阴阜（阴毛）的倒三角形"▽"，下为表示血液流淌的象形描绘。"不"的构意源自女人月经到来后对性交的拒绝，本义为不可、不能、

不要（不的口头拒绝义由转注后的"否"字所承继）。

"丕"字则是一个指事字：乃是在"不"下增添一横，以字素标注的方式表示女人怀孕后的月经不再来临（育龄期的健康女性，月经不来的唯一原因便是怀孕）。"丕"的常用义为彰显，即女人怀孕时肚腹的凸起，也含有孕育的意思。这里的"不"当"丕"讲，乃是一种惯常写法。

如西周《颂鼎》："颂敢对扬天子不（丕）显鲁休。"《毛公鼎》："不（丕）巩（鞏）先王配命。"《左传·僖公二十八年》："晋侯三辞从命，曰：'重耳敢再拜稽首，奉扬天子之丕显休命。'"金文习语"丕显"均写作"不显"。文中的"不（丕）德"便是彰显自身具有（或自身孕育）的德行；"不（丕）失德"则是彰显已经失去了的（从他人处仿效的）德行，即后文所说的"失德而句仁，失仁而句义，失义而句礼"。

正确区分"不"的一形两字，乃是识读这一章的关键："不（丕）德、不（丕）失德"。"不居其泊、不居其华"两句中的"不"，字体相同，但实实在在是不同的两个字。《老子》一书中还有"不道""不成"、"不棘"等词语，均应读作"丕"。

④失。"失"为指事字，金文作"㚔"，乃是在表示持拿手形的"又"的手腕部增添一横，以字素标注的方式表示手从手腕处的断失。"失"的本义为失去，也可表示丢弃。"失德"即失去了的德行。

⑤是。"是"为会意字，秦简文作"𣆞"：从止，从目标字根日，从直出字根十。三根会意，本义为直对前行的方向是正确的，引申泛指正确。又用为指示代词，表示这、这个、这样。引申用为应答之词，表示同意、赞成、服从等义。

⑥以。"以"字是一个具有图画味的会意字，甲骨文作"㠯"，从人从厶：构意源自手执绳套的人准备套取面前的动物。以的本义为凭借、倚仗，可用在其

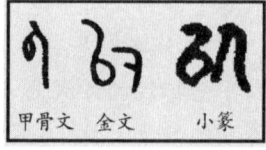

他文字后面构成联合词组,如"是以、所以、何以、可以"等;也可用在其他文字前面构成双音节词,如"以前、以往"。"是以"一词可对译为"因此是、所以是"。此处文句中的"无以为",词义是"不去凭借仿效"或"没有凭借仿效"。

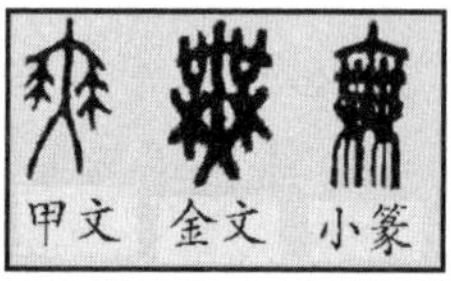

⑦无。"无"(無)是依托象形字,甲骨文作"", 乃是在表示人形的"大"的手臂下方,增添树枝之形。无的构形源自古人手执松柏枝条,一边围着篝火跳舞一边呼喊 yao-yao-yao-wu-wu-wu 的舞者(無是舞字的构字字根)。无的词义来自松柏枝条抛入火中,燃烧后便没有了。所以,"无"的本义为没有了,引申后泛指事物的消失、消亡。"无"与"亡"相近,这就是楚简本《老子》将无写作"亡"的原因。在古文字学中,"无、亡、毋、不、没"五字词义相通,但物象场景及造字方法各不相同,解读时,应细究其词义。

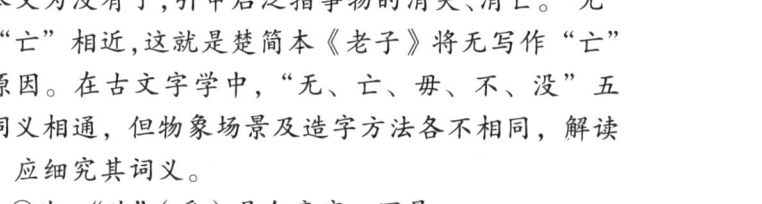

⑧为。"为"(爲)是会意字,甲骨文作"",从爪从象。"爪"乃人手的象形描摹,通常表示手的持拿或劳作。将"爪"放置于大象鼻子上方,旨在表示大象的鼻子像人手一般可抓拿物品。所以,"为"的本义为仿效,引申可表示模仿、习得,因而是㧑、偽二字的声义偏旁。引申后,可表示"做"和"作",虚化后则可表示"是"和"被"。

"为"在《老子》一书中共出现 105 次("无为"是《老子》一书的基本概念是),形成了"为之,无为,有以为,无以为,无不为"的系列词组。其中最重要的是由"有以为""无为"和"无以为"构成的否定性范畴:

"为"是仿效;"无为"是不去仿效,没有仿效;"无以不为"则是对"有以为"的否定:因为不去仿效他人因而仿效的是自己,因为仿效自己而实现了自我。所谓汉初"文景之治"时期的无为而治,不是不去作为,更不是无所作为，而是不要去仿效、套用秦代的苛峻刑法及繁琐的文牍制度。李泽厚先生说："所谓无为乃是一种君道：君主必须无为才能无不为，表面不管，实际却无所不管。"说无为是"君道"这是对的。说无为是表面不管实际上却无所不管则是大错特错。

要追寻《老子》哲思，必须正确识读"为"字。要正确识读"为"字，不但要抛弃许慎在《说文解字》中将"为"的构形识读为母猴的谬误，还要从罗振玉将"为"解读为"人牵象去劳役"的错识中跳出来。

⑨仁。"仁"是会意字，秦简文字作"仁"，从人从古文上。"仁"的本义为上等人，即春秋时代的上层统治阶级。引申后，又指统治阶级中的精华部分，即上层社会中的君子们。这就是果仁之仁的由来。

所谓"仁者爱人"，乃是说，上层统治阶级要爱护下层民众。"仁"做"仁爱"讲，乃是上层统治阶层精华们关爱民众品行的缩略语。"上仁"便是上等的仁慈、仁爱。

"仁"是《论语》一书的最基本概念，共出现109次。孔子为什么讲仁？春秋末季，正是血缘部族小国向地缘制大国合并、进发的兴盛时期。各国之间忙于吊民伐罪，统治阶级将下层民众（尤其是与自己血缘不同的族众）视作禽兽任意杀戮。面对这种局势，孔子大声疾呼"仁者爱人"，开创了中华民族仁爱主义的先河。后进学者大多不辨"仁"字的三个词项：上等统治阶层；上等统治阶层中的精华，即君子们；上等统治阶层中的君子们所具有的仁慈品行，即仁爱。同时，又深陷训诂学的泥淖之中，无力跳出许慎在《说文》中把仁字解读为"从人从二"，"仁"为两人行，相互关爱的错识。可谓一字错识，满篇皆荒唐。

⑩义。"义"（義）是会意字，甲骨文作"羛"，从我从羊："我"表两军对阵，羊表雄性公羊。义的构意源自两只公羊为争夺领导权和交配权而展开搏斗：两只公羊同时后退到一定距离，然后同时向对方急冲，相遇时

前蹄跃起,同时用角对撞。

"义"的本义为仪式(含有对等施加的意义在内)。义的仪式义由转注后的仪字所承继,义则表示引申后的人与人之间的对等性的施加给予义,即义理和信义(俗称讲义气)。在"忠孝节义"四种道德范畴中,义是唯一一种具有对等、平等特性的道德诉求。江湖人士最讲"义",所谓义,即俗语所说的"你给我半斤,我还你八两;你掘我家坟,我便挖你家墓"。

⑪礼。"礼"(禮)是"豊"的本义转注字。甲骨文的"豊"写作"豊",从壴从双亡:"壴"是古代立鼓的象形描摹,"亡"是趴伏在地上的人,在此表示整齐划一,一下一下地有节奏地跪拜在地。"豊"便是众人按照鼓点声整齐划一地实施祭拜,豊的本义为礼仪。引申后,又有礼数、礼节义。在"豊"的左边增添示旁,便创设出转注字"禮",承继初文"豊"的全部词义。"豊"则成为汉字形声系统的声义偏旁,如"體、醴"等字。

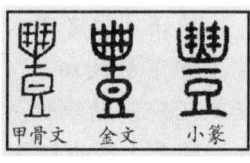

⑫乃。"乃"是象形字,甲骨文作"𠄎",构形源自捕猎野兽的链球。"乃"的本义为扔出,含有由此往彼的意象。"乃"的本义由转注后的"扔"字承继,"乃"则用为汉语虚词,表示引申而出的由此开始,以及到此为止义。此处的"乃"意谓推搡前去,即生拉活扯让别人去做一件事。"乃"的古音读作er,与"二、耳、尔、而、曰、儿"等字同一音系。

⑬后。"后"是会意字,甲骨文作"司",构形源自将手握成圆圈护口上而吼叫。"后"的本义指王权母系制时代的女性家族首领。引申后,又用为王权父系制时代的王后、皇后义。

"后"与"司"为同源分化字(同一字形分化为两字)。通常以左手圈放口上表示司令之"司",以右手圈放口上表示王后之"后"。"后"在这一章的文句中用作吼叫呼唤。

"失道而后（吼）德"的意思是说，失去了道便会诉求（呼喊）于德行。

注意："后"与"後"是古今不同的两个字，简化字将两字合并为一。帛书本原文如此，不是"後"字。后学注解本将"后"妄改为"後"，已尽失原书之旨趣。

⑭忠。"忠"是形声字，从心中声：心为类旁，表示与人心有关；"中"为声义旁，表声且表围绕一点旋转义（甲骨文的中字，构形源自氏族居住地中心广场上的旗帜）。所以，"忠"的本义为一心一意环绕一处（某人或某个集团），即忠诚。

⑮信。"信"为会意字，早期金文作"𠂇"，从人从口，以行走之人的捎话表示口信义。后期金文改为从人从言，但信的口信义未变。由捎话给人时的不增不减、原话原说引申出讲信义及诚信义，又由诚信义引申出信任义。

⑯华。"华"（華）是"𠌶"的本义转注字。"𠌶"是象形字，甲骨文作"𠌶"，构形源自春季开满白花的泡桐树（古人以泡桐开花表示春耕及一年之始的物候）。"𠌶"的本义为树木之花。进入汉字形声阶段后，增添"艹"作"華"，承继初文的本义（𠌶则成为汉字形声系统声义偏旁。例如崋山、崋夏之崋）。"华"字词义引申后，泛指草木之花，引申后又有浮华虚饰义。

⑰厚。"厚"是会意字，金文作"厚"："上"为反转字根厂，内里的"𠦝"乃是公畜伸展向下的生殖器。"厚"的词义源自越伸越长的公畜（马、驴）生殖器，本义为伸长向下，引申泛指厚薄之厚（这就是厚、吼、后三字同一音系的原因）。

⑱洎。"洎"是会意字，从水从目标字根白："水"表河流，"白"为目标字根，表示水中可停泊之处（类同魄、的、习等字中的白，与白色之白无关）。"洎"的本义为水边可上岸之处，引申后又有停泊义。由水

009

边靠岸处引申出水浅之处，因而与"薄"同一音系。此处也可借用为厚薄之薄。

⑲实。"实"（實）是会意字，小篆字体作"實"，从宀从贯："宀"表屋室，"贯"表串系成串的货贝。"实"的词义源自家中有成串的货贝钱财，即家中殷实富裕。引申后又有实际及实实在在义。又由收获后吊挂在家中的谷穗麦穗，引申出果实（种子）义。

● 句读

上德不（丕）德，是以有德，下德不（丕）失德，是以无德。

译文：上等德行者彰显（自身孕育的）德行，所以是有德者；下等德行者彰显失去了（又仿效而来）的德行，所以是无德者。

"不德"即丕德的词义是彰显自身固有的德行。不与丕字是一组古今字，丕字的本义为彰显，又含有自身孕育的意思。

该句的"失德"与"失德而句仁，失仁而句义，失义而句礼"句中的"失德"一词完全相同。"失"的词义为丢弃、失掉。"不（丕）失德"便是张扬因失去而从他处仿效来的德行，也就是失德后迭次仿效学来的"仁、义、礼"。在《老子》眼中，鼓吹"仁、义、礼"的儒家之流，只是一伙"下德"且"无德"者。

上德与下德，有德与无德互为反义词，再加上"不德"与"不失德"这组对应词组塞在中间，形成了事实上的绕口令。由于古往今来研读《老子》的学者，很少有人通读两周青铜铭文并攻读古文字学，又囿于之前训诂学者的望文生义，由此造成了该章文句解读中的大相径庭。例如：李零先生认为后一德字乃是"得"字的误写（或通假）。将此句解读为："上德无欲无求，所以有得，下德唯恐有失，所以无得。""有德"等同于"有得"，"无德"等同于"无得"。如果老子其人和古代的传抄者连"德、得"二字都分不清，岂不成为咄咄怪事。事实上，在紧接这一章的《德部二》中，开首便有一个"得"字（即昔之得一者：天得一以清……）。

陈鼓应先生将此节译为："上德的人不自持有德，所以是有德；下德的人不刻意求德，所以没有达到德的境界。"任继愈先生将此节译为:"上德不把德表现在口头上,因此就是有德。下德死守着德的名称,因此就没有德。"不识"丕"字由来,如此解读已是揣摩的成分过多了。

注意:此章的"上德""下德"背后的主语指称的是侯王,即"有国者",与一般的普通民众没有关系。《老子》一书的主旨是"道佑我王",即教导明道君王如何统御国家和民众。牢记此主旨并从这个角度来读《老子》,才能获得真谛。否则便会南辕北辙。

上德无为而无以为也。

译文:上等德行者不去仿效因而不需要凭借模仿。

此句具有承上启下作用:上德为什么有德?下德为什么无德?乃是因为上德者"无为而无以为"。也就是说,对上德者所要求的是,既不仿效更不凭借迭次仿效而来的"仁、义、礼"——失德而句仁,失仁而句义,失义而句礼。

这一句的关键词是"为、无为、无以为"。为是仿效、模仿、习得;无为则是不仿效或不模仿。无以为的词义是不去凭借仿效。下面一句的"有以为"则是说"需要凭借仿效",即不仅有所仿效,而且要凭借这些仿效来的东西。这里的"以",用的是它的本义,即凭借、倚仗。

"无以为",陈鼓应先生将其译作"无心作为"。任继愈先生译作"并不故意去表现他的德"。陈、任二位大师不是古文字学者,不识"为、以"二字的形、音、义由来,囿于训诂学而想当然地去解读"无为、无以为、有以为",也是自然而然之事。

上仁为之而无以为也,上义为之而有以为也。上礼为之而莫之应也,则攘臂而乃之。

译文:上等仁爱者仿效(他人)但不凭借这些仿效来的东西。上等义理者(讲忠信)有所仿效同时要凭借仿效来的东西。上等礼教者尽力去仿效他人却没有响应者,只好卷起袖子强推人们去遵循礼教。

只要正确识读"为""无以为"和"有以为"三个词组,该句的解读并不难。接下来的问题便是"仁、义、礼"的排序了,其中最差劲的便是带有强制性的礼,即孔丘先生梦寐以求的"克己复礼"之礼。由此可见，《老子》首章便旗帜鲜明高举反孔主义，对儒学的仁、义、礼给予无情的贬损。司马迁在《史记·老子韩非列传》中说："世之学老子者则绌儒学，儒学亦绌老子。"可谓一语中的。

故失道而后德，失德而句仁，失仁而句义，失义而句礼。

译文：所以，失去了道便需要呼唤德行，失去了德行便需要抓牢仁爱，失去了仁爱便需要抓牢义理，失去了义理则不得不牢牢抓住礼教。

该句的关键词是"后""句"二字。"后"在文句中用为吼叫、呼唤（后与司为同源分化字），与先後之後没有关系；句则用为拘拿、执有，可译为牢牢抓住。

赵又春认为，"仁、义、礼"应对译为"仁政、义政、礼政"。它们"确实是政治概念而非伦理概念，即不按伦理标准划分政体和政治发展阶段"。董京泉先生把该句译为"失去德政而后有仁政，失去仁政而后有义政，失去义政而后才有礼治"。

"仁、义、礼"实质上是政治家推行的社会规范，或者说是一种治国纲要，就像今天的"和谐"以及毛泽东时代的"以阶级斗争为纲"。

夫礼者，忠信之泊也，而乱之首也。

译文：所谓礼，乃是忠信的止步不前，更是动乱的祸首。

《老子》对"礼"的批判可谓一针见血——讲礼之时，便是动乱之日。

该句的关键词是"泊"，传世本作"薄"。多数学者认为泊与薄字音相通，不仅可以通假，甚至可以将泊视作薄的书写简体，类同帛书本的"丌"与传世本的"其"。"忠信之泊"与"居其厚而不居其泊"的"泊"字相同，因而可理解为"忠信"程度很差（不厚实）。

笔者认为，将该句中的泊视作薄的通假不仅缺失生活中的形象，也失去了文句的妥帖。"泊"字的本义是停泊。"忠信"的字面意义是忠实守信，即捎话者将托付之言不增不减、忠实地告知第三者。"忠信之泊"的意思是说，迭次失去道、德、仁、义的礼教社会已经到了不敢让他人传话、带话的地步——忠信本身是"义"的内容：你对我忠信，我对你也忠信；如果你对我不忠不信，那么，我对你也不忠不信了。"泊"在此只能译作停止不前，用的是它的本义。

前识者，道之华也，而愚之首也。

译文：以前的那些有学识的人，把道描绘得花里胡哨，而这恰是愚蠢的开端。

"前"指以前，"识"指学识。前识者便是以前那些有学识的人，即《道部十》的"为学者"。此处的"道"指的是《论语》一书中的"天下有道"或"邦有道"，即儒学的仁、义、礼、智、信，与《老子》一书中的玄之又玄之"道"无关。

前识者，指的是儒家之流，即那些自以为师从过圣贤而自认为有学识者的人。《老子》认为，他们根本不明白失道、失德、失仁、失礼的等而下之，居然认为这一顺序是发展向上。甚至，荒诞地认为"礼、义、仁、德"是"道"或"天道"的具体表现和张扬（即道之华也）。基于这种认识，老子得出结论：宣扬"不学礼无以立"（《论语·季氏》），将"克己复礼为仁"视作大任在身的儒学缙绅先生们只是一伙不识孰前孰后，不知前进与倒退的愚蠢之徒。

"前识者"。河上公注曰："不知而言知为前识"。翻译成白话便是，不知道而说自己知道便是前识。

李零认为，"前识是先见之明，现在叫超前意识"，"华即花，花好看，但好花不常开，开一阵就败了。实是果实。光开花，不结果，叫华而不实，《老子》认为，先见之明是华而不实，这种聪明，其实是愚蠢。"

陈鼓应认为，"前识，指预设种种礼仪规范。""者"表"提顿，无义"。笔者认为，前识者便是"以前那些有学识的人"，词义简单明了。陈、李二位先生及河上公都是唐汉之前的前识者。

是以大丈夫居其厚而不居其泊，居其实而不居其华。故去罢而取此。

译文：所以，大丈夫要居处向下伸延之处，而不居处末端的行止处。要居处笃实之处而不居处浮华之处。因此，要抛弃那个（讲仁、义、礼的儒学），而要选取这个（道法自然之学）。

"大丈夫"一词，《韩非子·解老》认为是"谓其智之大也"，即大智慧者。《孟子》一书认为，大丈夫是那些"富贵不能淫，贫贱不能移，威武不能屈"者。《文子》认为是"内张而外明"者。事实上，"大丈夫"与"前识者"为对应词，"去罢（彼）"与"取此"也互为对应词。"大丈夫"指老子一派的实行者，"前识者"指师承相传的儒家之流。

注意：这里的"厚"用的是原初本义，即公畜生殖器向下伸展之处，在此表示继续延展，与"泊"互为反义词（"泊"表停止不前）。总而言之，解经当由识字始，字不识，何以解经。

● 随感

这一章是传世本"德经"的首章，是帛书本《老子》全书的首章，也是《老子》一书中字数最多的篇章之一（共22句132字）。

尽管楚简本没有这一章（此章乃后出的另一位老子所写），但其仍是《老子》一书概念集大成者：不仅有"道、法、仁、义、礼"，有"为、无为、无以为、有以为"（缺失"无不为"），还有许多对应词组，如"上德、下德""有德、无德""前识者、大丈夫""厚、泊，实、华""去彼取此"等等。对上述概念的特定表述，以及它们之间的"相得益彰"，应该是解读《老子》一书的切入点。

如果一位学者对"无为而无以为，为之而有以为，无为而无不为""上德不德，是以有德，下德不失德，是以无德"这些文句无法直译，不得不祈灵于训诂学者的通假（除了大多数是古今字、衍生字外，少数是古人的错别字），不得不添油加醋，把对译变成演义，这已经不是我注六经，纯粹是六经注我，是在借助钟馗，以为驱鬼。

这一章中，《老子》以"道、德、仁、义、礼"的等而下之关系，开宗明义地向以孔子为主教的儒学宣战，认为倡导"仁、义、礼"的前识者，只是乱之祸首，愚之开端。大丈夫应该抛弃儒学，循守道学。

由此章文句可知，《老子》书成之时，即最终定稿时，"礼"已演为拘锁人心，粉饰窃权者的工具，因而是"忠信之泊而乱之首"。这一时代应在战国中期以后，甚或更晚一些（汉高祖刘邦让齐鲁儒生制订朝仪之后）。又由《老子》开宗明义便对儒学进行批判，确证《老子》一书比孔子《论语》晚出。又由孟子、墨子对如此尖刻的批评不作回应，可以佐证《老子》书成之时应在《孟子》之后。

帛书校勘本
德部二

昔之得①一②者：天得一以清③；地得一以宁④；神⑤得一以霝⑥；浴⑦得一以盈⑧；侯王得一以为天下正⑨。

其至也，胃⑩天毋⑪已⑫清将恐⑬莲⑭⑮；地毋已宁将恐发⑯；神毋已霝将恐歇⑰；谷毋已盈将恐渴⑱；侯王毋已贵以高将恐欮⑲。

故必贵以贱为本，必高矣而以下为基⑳。夫是以侯王自胃孤㉑、寡㉒、不穀㉓。此其贱之本欤㉔？非㉕也，故至数㉖舆㉗无舆。

是故不欲㉘琭㉙琭如玉，硌㉚硌如石。

传世王弼本
三十九章

昔之得一者：天得一以清；地得一以宁；神得一以灵；谷得一以盈；侯王得一以为天下贞。

其致之，天无以清将恐裂；地无以宁将恐废；神无以灵将恐歇；谷无以盈将恐竭；万物无以生将恐灭；侯王无以正贵高将恐蹶。

故贵以贱为本，高以下为基。是以侯王自谓孤、寡、不穀。此非以贱为本邪？非乎？故致数誉无誉。

不欲琭琭如玉，珞珞如石。

帛书译文

以往得到太一（即道）者：

天得到太一（即道）才能够清澈，地得到太一才能够安宁，神得到太一才能够降临，山峪得到太一才能够流水充盈，侯王得到太一才能够政治（统治）天下。

由此至达。就是说：天不会因为已经清澈，便恐惧永远连续（清澈）下去，地不会因为已经宁静而恐惧永远继续宁静下去。神不会因为已经降临而恐惧驻足在地面（返回不到天上）；山峪不会因为流水充溢而恐惧将水流尽。侯王不会因为已经尊贵且高高在上而恐惧会继续追求（更尊贵更高贵）。

因此，贵重之物以贫贱之物为根基（因为有贱才有相对的贵），能够登高者凭借的是下边的台基。

所以，侯王们自称孤寡和不穀，是因为他们原本就卑贱吗？不是！这是因为接连不断的抬举使他们到达不能被再抬举的地步。

总而言之，不要像（在手中）滚来滚去的玉，而要像河床中自在的石头。

● 解字

①得。"得"是会意字，金文作"徎"，从彳从贝从寸。三根会意："彳"表道路，"贝"表货贝，"寸"表以手捡拾。"得"的本义为路上捡拾到一枚货贝，引申泛指得到。

②一。"一"是象形字，构形源自手势语一，即握拳后将一根食指伸出。"一"的本义为数目字一。

《老子》一书中的"得一"，即得到太一，"太一"也就是战国楚地的泰一神教。从字面上解读，太一便是空间上的最大，时间上的最先，因而是最早最大的神祇。

③清。"清"是形声字，从水青声："水"为类旁，表示与水有关；"青"为声义旁，表声且表青色义（即铜锈的蓝绿色）。"清"便是呈现蓝绿色的水，引申泛指清澈。

④宁。"宁"（寍）是"寍"的本义转注字。"寍"字金文作"寍"，从宀从心从皿，本义为有吃有住心中安宁。在"寍"的下边增添表示呼唤的"丂"（"丂"是号字的初文，乃牛角号的象形描摹），便创设出转注字宁，承继"寍"的心中安宁义。

⑤神。"神"是形声字，从示申声："示"为类旁，表示与祭祀有关；"申"为声义旁，表声且表女性始祖义。"神"便是一个族群不断祭祀的女性始祖神（如商的简狄，周人的周嫄）。引申泛指具有法力的神祇。

⑥霝。"霝"是依托象形字，甲骨文作"⸗⸗⸗"，上边为雨，表示云雨的到来，下边是冰雹的象形描摹。"霝"的本义为冰雹的从天而降，引申后，又有从天而降义。"霝"字后来因音形变写作"零"，引申出零丁和没有义（冰雹化成了水）。

⑦浴。"浴"是"峪"的异构体。"峪"是形声字，从山谷声："山"为类旁，表示与山有关；"谷"为声义旁，表声且表吃后再吐出义。"峪"便是通往山外的谷底水道，即峪口（秦岭南麓便有三十六个峪口），传世本通常作"谷"。注意，此处"浴"作峪讲。

后文"谷毋已盈将恐渴"中的谷与浴同义，都指峪口之峪。

⑧盈。"盈"是会意字，从皿从又从乃："皿"表器皿，"又"表手的劳作，"乃"表扔甩而出。"盈"的构形源自手持器皿将多余的水泼洒出去（也可理解为水满盆时将手放入而使水溢出）。引申泛指盈余。

⑨正。"正"是会意字，甲骨文作"𠙵"：上为源自城邑的"口"，下为表示行走的"止"。"正"的本义为征伐，此义由转注后的"征"字所承继，"正"则表示引申后的正对前方义。此处"正"字可解读为"政治"，即以征伐（杀畸）来治理社会。

⑩胃。"胃"是"田"的本义转注字。"田"为象形字，甲骨文作"⊕"，构形源自人或动物的胃囊。在初文下边增添肉（月），便创设出转注字"胃"，承继初文"⊕"字的本义。由人打腹稿，引申出欲说和说出义，此义由后造的形声字"谓"字所承继。

⑪毋。"毋"是"母"字的变体假借字，乃是将母亲之"母"的中点连接并向下拉长，表示不许与母亲及姨母以及主母或国母发生性关系。"毋"字因此可以表示抽象意义上的不许可，不能够。

⑫已。"已"是"厶"的镜像反射字（类同同源分化字）。"厶"（私）字甲骨文作"𠃌"，构形源自捕猎野兽的绳套。由谁下的绳套，捕猎住的野兽归谁所有，生发出私有义（此义后增禾转注为私）。将"厶"

镜像反转便形成了"已",表示已经将绳套放置完毕,即已经。

⑬将。"将"是会意字,从爿从肉(月)从寸,构意源自手执肉块甩在木板之上,即使之呈现在大家面前。"将"的本义为使之呈现而出。引申后,又有即将、将要义。

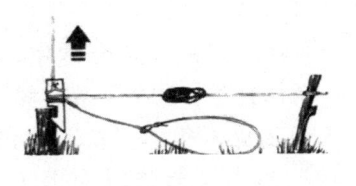

⑭恐。"恐"是形声字,从心巩声:"心"为类旁,表示与心中感受有关;"巩"为声义旁,表声且表手执利器用力捅入义。"恐"便是心中害怕(利器扎到身上),即恐惧。

⑮莲。"莲"是形声字,从艸连声:"艸"为类旁,表示与草本植物有关;"连"为声义旁,表声且表连接义。"莲"的本义指一节接一节串连在一起的草根,如芦苇等植物的鞭根。引申后,又指根节连在一起的藕根,即莲菜。此处文句用为连续。

⑯发。"发"(發)是会意字,金文作"𤼲",小篆字体作"𤼽",从𣥠从弓从攴,构意源自一边向前奔跑,一边将手中标枪像箭矢一般投掷而出。"发"的本义为投掷而出,引申泛指发射。此处文意用为进发。

⑰歇。"歇"是形声字,从欠曷声:"欠"为类旁,表示与人的张嘴出气有关;"曷"为声义旁,表声且表阻止逃亡之人逃跑义(含有追赶喝斥的意象)。所以,"歇"的本义为长久追赶而后不得不停止下来喘气,即歇息。

⑱渴。"渴"是形声字,从水曷声:"水"为类旁,表示与峪道流水有关;"曷"为声义旁,表声且表阻拦逃亡者使之停止义。所以,"渴"的本义为峪道流水的停止,即涸竭。又由人的喉咙中津液的涸竭引申出口渴义。

注意:这个"渴"与现今通用的"渴"字不同,现今通用的"渴"字是"喝"的假借字,本义指长久喊叫喝斥后的口中干渴，二字都表口渴，乃是殊途同归。古文字辨析最忌讳的是指鹿为马、虎猫不分，仅仅因为它们外形相像。

⑲欮。"欮"是会意字，金文作"𣪊"，从屰从欠，两根会意："屰"表忤逆（即反向而动）；"欠"表人的张口出气。"欮"的构意源自人的张口打嗝。"欮"的本义为忤逆向上（此义由转注后的厥字继承）。引申后，又有长久持续不断（打嗝）义。

⑳基。"基"是会意字，从土从其："土"表土壤，"其"表簸箕。"基"的本义指用土夯筑起来的土台基，引申泛指基础。

㉑孤。"孤"是"瓠"的假借字。"瓠"字从瓜从夸，本义指长条状的瓠瓜。"孤"借"瓠"的形、音、义，以"子"置换本字的"夸"，以新创设出的孤表示孤独义（一棵藤上只能长一个瓜，否则长不大）。在此用为古代君主的自称（帝王世系及君王在位就像一根藤上只能结一个瓜，否则便乱了套）。

㉒寡。"寡"是会意字，金文作"𡧇"，小篆字体作"𡩀"，从宀从页从分，构意源自一个人进入房间而四顾无人。"寡"的本义为独自一个，引申泛指少（与多相对）。在此用为君主自称，意谓宫廷殿台上只有自己一人（任何人不能与君王平起平坐，臣子们只能站在台阶下边）。

㉓榖。"榖"为会意字，从禾从殳："禾"表禾谷，"殳"表击打（殳是敲字的初文）。"榖"的本义为击打禾谷使之脱粒。帛书本写为"橐"，乃是"榖"的手写简体，不橐即丕榖。用为君王自称，源自抽穗灌浆后因挺拔彰显而出的榖穗。显然，"不（丕）榖、孤寡"都是源自形象化的一种特称，含有一种君临天下独自一人的自负和傲慢。《老子》一书厘定成书时，"孤寡、不榖"的原始本义已经湮失。

《吕氏春秋·君守》："君民孤寡而不可障壅。"《礼记·曲礼》："庶方小侯,入天子之国曰某人,于外曰子,自称曰孤。""疏若于其臣民则曰孤,孤者,特立无德能也。"《左传·僖公四年》："岂不穀是为?"杜注："孤寡不穀,诸侯谦称。"这些后人解读,只是就现象而言,已湮失了文字学的根基,已失去原创生活的真实和情趣。

㉔欤。"欤"是"歟"的手写简体。"欤"是会意字,从与从欠:"欠"表张口吹气,"与"表相互勾连。欤便是将口中之气吹到他物之上,例如吹灯火、吹灰尘。"欤"的本义为吹气于物,古文典籍中通常用为语尾助词,今文写作"与"。

㉕非。"非"是象形字,金文作"兆",构形源自用手捉住鸟禽或飞虫的身体,使之翅膀扇动却飞不走。"非"的本义为尽管折腾却飞不走,"非"的折腾义由转注后的"匪"字所承继,非则表示引申后的不能义。

㉖数。"数"(數)是会意字,从娄(婁)从攴,两根会意:"娄"表搂抱,"攴"以击打表示一次又一次。"数"的构意源自男女两性交合时的抖擞射精,本义由转注后的"擞"字所承继,"数"则表示引申后的次数义。

㉗舆。"舆"(輿)是"與"的假借字。"與"为会意字,金文作"𦥯",从臼从廾从与,构形源自两人四只手互握而编连成井字形,又含有四只手编连后抬举他人义。此义由转注后的"举"字所承继,"與"则表示引申后的给予及承浮在上义。"舆"借"與"的形、音、义,以"车"置换本字内中的"与",表示将车抬举而起义,又特指类同车厢的轿舆。

㉘欲。"欲"是"谷"的本义转注字。"谷"字从八从入从口,构意为吃

下去又吐了出来。在"谷"的右边增添表示张口的"欠",便创设出转注字"欲",承继初文的呕吐义,又由想要呕吐时的内心涌出及止不住引申出欲望义。

㉙琭。"琭"是形声字,从玉录声:"玉"为类旁,表示与玉石有关;"录"为声义旁,表声且表尺蠖类毛毛虫不停爬行义。琭便是河道中因流水而滚动不停的"子玉"。文中特指在人们手中不停把玩的玉器。

㉚硌。"硌"是形声字,从石各声:"石"为类旁,表示与石头有关;"各"为声义旁,表声且表分别走来义。"硌"便是石头在河道中各自滚动向下。

● 句读

昔之得一者:

译文:以往能够得到太一(或道)者。

此句为第一层复句的领文。一为"太一"一词的脱字。此处之一,可与"道生一,一生二"之"一"相比对,即《老子》后文中的"执一"。道即太一,太一即道。一个是名,一个是字。所以此句也可译作"以往能够得道者",即"人法地,地法天,天法道,道法自然"中的道。

郭沫若认为,"字之曰道,吾强为之名曰大"一句,后面脱漏一个"一"字。"大一"即"太一"。此处"天得一以清"则可视作脱漏了一个"大"。或者说,这是《老子》一书的某一位作者有意除掉"太一"中的一,或"大一"中的"在",以便完成阉割宗教为哲学这一伟大创举。

中国道教协会会长任法融先生说:"一,指道生天地万物的最初状态,此时此刻,无上下、无左右、不阴不阳、不清不浊、不明不暗浑然一体,故谓'太一'之特征。"

天得一以清,地得一以宁,神得一以霝,浴得一以盈,侯王得一以为天下正。

译文:天得到太一(即道)才能够清澈,地得到太一才能够安宁,神得到太一才能够降临,山峪得到太一才能够流水充盈,侯王得到太一才够政治（统治）天下。

在《老子》的认识中："天，地，神，浴，侯王"都在道（或太一）之下，必须遵行"自然生发"的原则，故有"道生一，一生二，二生三，三生万物"以及"人法地，地法天，天法道，道法自然"之说。

其至也。

译文：由此至达。

"其"在文句中以簸箕之形表示由此而出，至在文句中以箭矢落地表示"至达"，因此可译为"由此至达"。

胃天毋已清将恐莲，地毋已宁将恐发，神毋已霝将恐歇，谷毋已盈将恐渴，侯王毋已贵以高将恐欤。

译文：就是说，天不会因为已经清澈，便恐惧永远连续（清澈）下去，地不会因为已经宁静而恐惧永远继续宁静下去，天神不会因为已经降临而恐惧驻足在地面，山峪不会因为流水充溢而恐惧将水流尽，侯王不会因为已经尊贵且高高在上而恐惧继续追求（更尊贵更高贵）。

这段话，实际是对上一段话的进一步说明："天、地、神、浴、侯王"都因得道（或得到太一）而不去刻意所为，保持了"道法自然"这么一种无欲、无为，自然而然的状态。

陈鼓应先生依据传世本将此节译为："推而言之，天不能保持清明，难免要崩裂；地不能保持宁静，难免要震溃；神不能保持灵妙，难免要消失，河谷不能保持充盈，难免要涸竭，万物不能保持生长，难免要绝灭；侯王不能保持清静，难免要颠覆。"事实上，《老子》认为："天地之所以能长且久者，以其不自生，故能长生。"难道老子会自打耳光，杞人忧天般认为天会崩裂，地会震溃吗。以至于天要生出一个天，地要再生出一个地吗？

陈先生的翻译，错得也太离谱了。

故必贵以贱为本，必高矣而以下为基。

译文：因此，贵重之物（必须）以贫贱之物为根基（因为有贱才有相对的贵），能够登高者（必须）凭借的是下边的台基。

这段话是对上面一段话的归结：一种现象与另一种现象相互依存。同时，又是下面一段话的引文：

夫是以侯王自胃孤、寡、不穀，此其贱之本欤？非也，故至数舆无舆。

译文：所以，侯王们自称孤寡和不穀，是因为他们原本就卑贱吗？不是！这是因为接连不断的抬举使他们到达不能被再抬举的地步。

此节是对上一节论述的推而论之。

是故，不欲琭琭如玉，硌硌如石。

译文：总而言之，不要像（在手中）滚来滚去的玉，而要像河床中自在的石头。

● 随感

"昔之得一者"是《老子》思想中的重要内容。但是何谓"一"？自古便争论不休。有人认为这是算术序列中的一，即自然数中的一。一代表着开始，代表着迸发，因而是十进位制中的一。有人认为这个一是"壹"的简写，代表着充盈弥漫的整体，代表着事物的总括，因而是上古八分割制中的"一"。最新出土的郭店竹简《太一生水》将道与太一联系到了一起：道就是（太）一，（太）一就是道。得一就是得道。《吕氏春秋·太乐篇》因而说："道也者，至精也，不可为形，不可为名，强为之名，谓之太一"。然而，人们会问，《老子》为什么不说"得道"而要故作神秘地去说"得一"呢？后人为什么要删掉大字，不说"太一"呢？

《老子》认为，"天清，地宁，神霝、浴盈，侯王天下正"的原因乃是因为他们得到了"太一"，也就是得到了充盈弥漫的道。即楚简《大一生水》："大一生水，水反辅大一，是以成天；天反辅大一，是以成地。天地者，大一之所生也"。那么，我们不得不问：天、地、神、浴、侯王以往（昔日）是怎么得到（太）一或道的呢？为什么"得一"就会"天清、地宁、神霝、浴盈、侯王天下正"呢？如果"天、地、神、浴、侯王"得不到"一"或得不到"道"，结果会怎样呢？

不问自问，不答自答。显而易见，《老子》所言说的"一"或"道"，是一个比天地还要早（出现），比所有的神（包括天帝）都要大的"玩意"。此处言说"太一"而不说"道"，乃是因为太一神教原本与"道"无关，也在"天道"之前。《老子》一书的作者为了将天道与太一神教合为一体，建立一个中国式的一元神教。而将省略天的"道"，省略了太的一等同起来（大一是其名，道是其字）。因此，这一章不仅要与《道部二十五》"有物昆成，先天地生""可以为天地母，吾未知其名也，字之曰道，吾强为之名曰大"等章句相互参照，更需要明晰道即太一，太一即一，大一即大。万万不可被古人的文字游戏所迷惑，显现出自己的不识字和没文化！

此章论说"道"的神通广大，何以放在《德经》部分？参证帛书《老子》第三、四、五、六章，可知本章和三、四、五、六章均在叙述"道"的强大功用，只有第一章与后边五章在内容上不连贯。难道第一章与其后五章非同时写作，有人故意把第一章置于全书之首，从而举起《老子》贬损并批判儒学的大旗？

细究其中的含义，可知《老子》一书非一时一人所著，乃是一部由后人不断增添、不断增改的集大成式著作。

帛书校勘本
德部三

上士①闻②道，堇③能行之；中士闻道，若④存⑤若亡⑥；下士闻道，大笑之。弗⑦笑，不足以为道。

是以建⑧言有之曰：明道如费⑨，进⑩道如退，夷⑪道如颣⑫；

上德如浴；大白⑬如辱⑭；广⑮德如不足；建德如偷⑯；质⑰真如渝；大方无禺⑱，大器⑲免⑳成，大音希㉑声；天象无刑㉒，道褒㉓无名。

夫唯道，善始且善成。

传世王弼本
四十一章

上士闻道，勤而行之；中士闻道，若存若亡；下士闻道，大笑之。不笑不足以为道。

故建言有之：明道若昧，进道若退，夷道若颣；

上德若谷；大白若辱；广德若不足，建德若偷，质真若渝；大方无隅，大器晚成，大音希声，大象无形，道隐无名。

夫唯道，善贷且成。

帛书译文

上等士人闻听大道之妙，勤勉且能循行。中士闻听大道之理，想起来了便会遵循，想不起来便不遵循。下等士人闻听大道之说，反而会嘲笑。如果不被下等的士人所嘲笑，便不足以成为道了。

因而，书写格言如下：光亮平坦的大道如同是一种浪费（人们多走近路、小路而不走大道），直伸向前的大道如同是一种倒退（前往同一目标往往比小路远），大道两侧有众多细绳般的小路（小路千条，大道只有一条）。

上等德行有如川流不息的溪谷，大白之物就像新开裂出的木板（或新木上的楂口）。广布的德行总是有所不足（像数不清的人口数）。寻找德行如同与情人幽会一般。置换真理如同横渡河流一般（由此岸抵达彼岸）。

最大的四方形（或面积）是没有边角的，最大的才器是生而就有的。最大的声响一定会逐渐消失，最大的天象（道）是没有形状的，（因此）即便要褒扬道也不知道该如何称呼它。

只有道，才能善始并且善终。

● 解字

①士。"士"是象形字，甲骨文作"⊥"，构形源自公畜展露而出的生殖器（故牡字从牛从士）。"士"的本义指性成熟了的公畜，引申指成年的青壮男子，又引申指春秋战国时代的士人。"上士"即上等的士大夫。

②闻。"闻"（聞）是会意字，从门从耳，耳在门内：构意源自耳贴门上探听动静声响，本义为听到。"闻"与"听"词义有别，即俗语中的"听而不闻、视而不见"。

③堇。"堇"是会意字，从黄从土："黄"表女人生育，"土"表填在女人裆下的黄土（构意源自古代女性的蹲踞式生育）。"堇"的本义为女性开始生育。由人通常一次只生一胎引申出仅仅义（此义由后造形声字"仅"字所承继）。由女人生孩子的不断努力，引申出勤奋义（此义由后造形声字"勤"字所承继）。"堇"则成为汉字形声系统的声义偏旁。此处之"堇"意谓勤勉。

④若。"若"为依托象形字，甲骨文作"𦥑"，构形源自女人允诺男人性爱要求后解散发髻。金文作"𦥯"，增添了表示嘴巴的"口"。"若"的本义为允诺，此义由转注后的"诺"字所承继。"若"则表示引申后的半推半就义，并由此引申出假若及比况义。

⑤存。"存"是会意字，从才从子，两根会意："才"表示女性经血来临，"子"表腹中胎儿。"存"的构意源自女人怀孕后少量经血流出但孩子仍然保住，即胎儿的存有。引申后泛指一般意义的存在。

⑥亡。"亡"是指事字，甲骨文作"𠃛"，乃是在人的手臂部增添一短竖，以字素标示的方法表示一个人的藏匿或丢失（趴伏于地

027

上）。金文形变作"亾",从人从区隔字根L。因此,"亡"的本义为人的丢失。

⑦弗。"弗"是会意字,甲骨文作"弗",乃是在两枝箭(倒矢形)的图形上增添表示绳索捆扎的"己"。"弗"的本义为捆束起来不再使用。"弗笑"即想笑却硬憋住不笑。

注意,"不、弗、非、毋、無"五字都含有否定义,但一定要搞清它们的形、音、义由来,不可成为《老子》笔下的"不知知,病"。

⑧建。"建"是会意字,金文作"建",从聿从廴(辵):"聿"的字形,源自以手(又)持笔;"辵"为沿路一直走下去。"建"的构意源自用笔画出路线图(或写出介绍信),让他人按图去拜见某人。"建"的本义为按图前往。引申后,又指按照图纸来建造。"建言"犹言建造出的话语,即格言。

⑨费。"费"是"劕"的简化字,金文作"劕",从弗从贝从刀,构意为将捆束一团的货币用刀解散,用来花费。"费"字省去立刀,含有将捆束起来的货币一次花费的意思,因而本义为费用。引申后,又有浪费义。

⑩进。"进"(進)是会意字,金文作"進",从隹从彳从止,构意源自鸟雀的蹦跳向前(鸟雀不会用足后退)。"进"的本义为直行向前。

⑪夷。"夷"是会意字,金文作"夷",从大从己:"大"为正面立定的男人,"己"表绳索捆束。"夷"的本义为捆绑起来的男子,并由此引申出捆束放倒在地义。引申后,又特指被周人打败了的东夷人。"夷道"指大道两侧如绳索捆缚状的小路。

⑫纇。"纇"是"類"的假借字。"類"字从采从犬从页:"犬"指狗,"采"(米)为禽兽蹄印,"页"

表脸面。"类"的本义指以足和脸面来划归动物的类属（如偶蹄目、犬科、哺乳类等）。"纇"借"类"的形、音、义，以"糸"置换本字的"犬"，表示绳索的归类（例如丝绳、麻绳、大绳、纱线等）。"纇"与"类"词义相通。

⑬白。"白"为象形字，甲骨文作"⊖"，构形源自大拇指指甲盖。"白"的本义为白色。由大拇指在手指中位居第一，引申指部族首领及兄弟排行中的老大义，即"伯仲"之"伯"。

⑭辱。"辱"是会意字，从辰从寸，两根会意："辰"表割锯，"寸"表手腕寸口部。"辱"的构意源自将一个人的手剁切掉，源自古代社会对小偷的处罚方式。"辱"因而有羞辱义，又有割锯义。

⑮广。"广"（廣）为形声字，从广黄声："广"为类旁，表示与廊房有关；"黄"为声义旁，表声且表一个女人生育的儿孙义。"广"的本义为同一血缘后代到处分布，即广被。引申泛指广阔。

⑯偷。"偷"是"媮"的假借字。"媮"字从女从俞，本义为女人潜逃离去，引申指女人与他人私下偷情。偷借"媮"的形、音、义，以"人"置换本字的"女"，以后造假借字"偷"，表示与他人私下里相会而偷情的男人。引申泛指悄悄拿走他人之物，即偷盗。

⑰质。"质"是会意字，金文作"𧶠"，上边两个"斤"，表示与剁铲形制相似的青铜币（即空首布），下边的贝表示货贝。"质"的本义为同一质量的东西（都是货币）可以相互置换，即青铜币与货贝的交换。引申后，又有质押义。

⑱禺。"禺"是会意字，金文作"禺"，乃是在一条蛇形的下部增添一个横置的又，

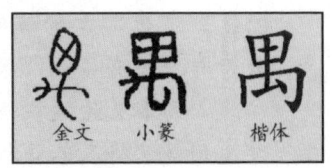

强调蛇的弯颈张口。"禺"的本义为人与蛇的相遇，此义由转注后的"遇"字所承继，"禺"则成为汉字形声系统的声义偏旁。此处之"禺"表示顶头拐角处，即后造的"隅"字。

⑲器。"器"是会意字，金文作"㗊"，从犬从四个口。"器"的构意源自一条狗在四面临敌时，不临阵逃脱反而四面狂吠不已。"器"的本义为才器。引申后，又有器具义。

⑳免。"免"是会意字，小篆字体作"㕙"，上下各有一人，中间为女阴字根▽。"免"的本义为分娩，此义由转注后的"娩、挽"二字所承继，"免"则表示引申后的能够免除但不能替代义。

㉑希。"希"是会意字，从爻从巾，两根会意："爻"表示阻挠，"巾"表示布巾。"希"的构意源自捕猎用的网具或覆盖物品的粗疏布巾，"希"的本义由转注后的"絺"字所继承。"希"的通常词义为希望（捕捞到一些什么）。"希"字又有稀少义，此处作"稀"讲（详见《老子·五十八》"听之而弗闻，命之曰希"的句读）。"大音希声"，即最大的声响最终也会稀疏消失。

㉒刑。"刑"是会意字，金文作"㓝"，从井从刀："井"表人背上的鞭痕，"刀"表刑鞭（刀字的尾部有小义）。"刑"的本义为鞭刑，引申泛指刑法。将刑的右旁置换为弥漫字根"彡"，便创设出假借字形，即由鞭痕累累引申而出的形形色色义。引申后，又有形象义。此处"刑"字作"形"讲。

㉓褒。"褒"是形声字，从衣保声："衣"为类旁，表示与衣服有关；"保"为声义旁，表声且表保护义。"褒"的本义为披衣挡寒（含有宽大义），引申泛指褒奖（用美言将人包裹起来）。《淮南子·主术训》

因而有如下语句:"是故得道者不为丑饰,不为伪善,一人被之而不褒,万人蒙之而不褊。"

● 句读

上士闻道,堇能行之;中士闻道,若存若亡;下士闻道,大笑之。弗笑,不足以为道。

译文:上等士人闻听大道之妙,勤勉且能循行。中士闻听大道之理,想起来了便会遵循,想不起来便不遵循。下等士人闻听大道之说,反而会嘲笑。如果不被下等的士人所嘲笑,便不足以成为道了。

此章起首言说"闻道"。"闻道"一词又见《德部十一》:"为学者日益,闻道者日殁。"

上士、上德与后文的上善句式相同。其中的"上"均作上等讲。

是以建言有之曰:明道如费,进道如退,夷道如纇。

译文:因而,书写创建性格言如下:光亮平坦的大道如同是一种浪费(人们多走近路、小路而不走大道),直伸向前的大道如同是一种倒退(前往同一目标往往比小路远),围绕大道的那些小道如细绳一般(小路有百千条,大道只有一条)。

此节中的"道"的词义,又回到传统的道路之"道",与上一节中的闻道之"道"完全不同!如果这两节的"道"不是同一概念,为什么中间要用"是以"连接?

陈鼓应将"建言有之曰"对译为"古时候立言的人说过这样的话",似乎不妥。上述话语是《老子》一书著述者创建,不是古时候留下来的!

上德如浴;大白如辱;广德如不足;建德如偷;质真如渝。

译文:上等德行有如川流不息的溪谷,大白之物就像新开裂出的木板(或新木上的楂口);广布的德行总是有所不足(像数不清的人口数);寻找德行如同与情人幽会一般;置换真理如同横渡河流一般(由此岸抵达彼岸)。

"建德如偷"中的建,应译作"寻找"。此一文句则可译作"与情人幽会",也可译作相会。

大方无禺,大器免成,大音希声;天象无刑,道褒无名。

译文:最大的四方形(或面积)是没有边角的,最大的才器是与生俱来的。最大的声响一定会逐渐消失,最大的天象(道)是没有形状的,即便要褒扬道也不知道该如何称呼它。

"大方无禺"构意源自古人天圆地方的概念。天地是没有拐角的。

陈鼓应先生将此节对译为:"最方正的好似没有棱角;贵重的器物总是最后完成;最大的乐声反而听来无音响;最大的形象反而看不见形迹;道幽隐而没有名称。"古人怎能知晓"最大的乐声反而听来无音响"?最方正的怎能好似没有棱角?贵重的器物为什么要最后完成?如此解读已是胡搅乱扯了。错,错在不识字而想当然地猜测!

夫唯道,善始且善成。

译文:只有道,才能善始并且善终。

"善成"可直译为"善于功成"或"善于成功",也可意译为"善终"。

● 随感

这一章的问题首先是个别字词的解读,如明道如费的"费",夷道如纇的"夷"和"纇",大白如辱的"辱",建德如偷的"建"和"偷",质真如渝的"质"和"渝",大器免成的"器"和"免"。以往学者,缺失对每个汉字形、音、义由来的追溯,除了对语句揣摩外,只好动用训诂学中的"通假",或移花接木,或指鹿为马。例如,大器免成中的"器"字,用一犬四面临敌而狂吠不逃表示才器之义。大器便是今日所说的天生之才,即天赋(同《左传·成公二年》:'唯器与名,不可以假人。')。训诂学者将"器"解读为国家神器,几近笑话。后人将"免"通假成"晚",绝对是令人哭笑不得的文坛笑柄。

免的本义为生育,即分娩之娩。"免成"不外乎是生而成之的意思。如果把器强解为器皿之器,将大器解读为神器(即《老子·道部二十九》:"将欲取天下而为之,吾见其弗得已夫。天下神器也,非可为者也。为之者败之，执之者失之。"），把"免成"理解为传世本讹误的"晚成"，将这一句解读为"大的器物总是最后完成"或"最贵重的神器总是最后完成"，将其夹在"大方无禺，大音希声，天象无刑"之中，显然与上下文义不相贯通。

其二，这一章文句零乱，可能有窜行。全章调整后应分为四节：

上士闻道，堇能行之；中士闻道，若存若亡；下士闻道，大笑之。弗笑，不足以为道。是以建言有之曰：明道如费，进道如退，夷道如纇。

上德如浴，广德如不足，建德如偷，质真如渝。

大白如辱，大方无禺，大器免成，大音希声，天象无刑。

道褒无名。夫唯道，善始且善成。

第一层讲道之微妙，第二层讲德之微妙，第三层讲事物循道之微妙，第四层是这一章的小结。

帛书校勘本
德部四

反①也者，道之动②也；弱③也者，道之用④也。
天下之物生于有，有生于无。

传世王弼本
四十章

反者，道之动；弱者，道之用。
天下万物生于有，有生于无。

帛书译文

> 　　将弓扳过来（弓弦挂上）拉开，因而有了道的运动（即力的积聚）。将弓弦松弛（箭矢射出），便有了道的使用（即后文中的道冲而用之）。
> 　　天下万物皆由一物生出一物，有形之物生之于无形之道。

● 解字

①反。"反"是会意字，甲骨文作"反"，从厂从又："厂"为反转字根，"又"为伸拿之手。"反"的构意源自将他人之手扭到身后。"反"的本义为扳动，此义由转注后的"扳"字所承继。"反"则表示引申而出的反面、反向义，即相反。此处"反"字作"扳"讲，意谓将反曲复合弓扳扯过来挂上弦，然后搭箭拉弦欲射。

②动。"动"（動）是会意字，从重从力："重"表重物压身而挪不动步子，"力"表力量、力气。动的本义为用力推动他人，也表示背负重物时自己用力挪动身体。引申后泛指行动、运动。

③弱。"弱"是"弓"的同体会意字，"弓"字甲骨文作"弓"，构意为弓弦的松弛，两个"弓"字并列，本义为柔弱。文中"反、弱"对应，均指弓弦的状态。

④用。"用"是依托象形字，甲骨文作"⌷"，乃是在表示肛门的"凡"上增添树棍，上边的一点或小圆圈表示用树棍擦拭后留在上面的粪便。"用"的构意源自古人用树枝草棍擦拭屁股（后世升级为厕筹）。"用"的本义为可用之物，必用之物，引申泛指使用。

● 句读

反也者，道之动也；弱也者，道之用也。

译文：将弓扳扯过来（将弓弦挂上）拉开，因而有了道的运动（即力的积聚）。将弓弦松弛（箭矢射出），便有了道的使用（即后文中的道冲而用之）。

在这一章中，反与弱、动与用互为同位词。这里隐含着一种意象，即弓弦扳扯开及松弛后箭矢的所在。显而易见的是，将反解读为"返"乃是一种错识，因为反的本义为扳动，况且，反与弱互为同位反义词。因而，不能译作"道的运动是循环的，道的作用是柔弱的"（陈鼓应语）或"走向反面是道的运动，柔弱谦下是道的功用"（任继愈语）。

"道的运动是循环的"，绝对是陈鼓应先生的发明。"走向反面是道的运动"，绝对是任继愈先生的创造。二千年前的《老子》绝对不会离开物象讲什么"道的运动"。

此节可参见《道部十一》："故有之以为利，无之以为用。"积聚于弓弦上的力的存在与否，即有与无，乃是功用和目的实现的过程和步骤。

天下之物生于有，有生于无。

译文：天下万物皆由一物生出一物，有形之物生之于无形之道。

此句应与下一章"道生一，一生二，二生三，三生万物"相互参证。也就是说，作为"无"的道，生出了混沌整体，体现为"无有"之间的一（或太一）；作为无、有之间的一（或太一）生出了天地二有，作为有的天地又生出了作为有的动物、植物和人类。动物、植物和人类则生出类属自我的有，即"三生万物"。

此句可与楚简《大一生水》相参证："天地者大一之所生也"。"君子知此之谓道"。"道也，其字也"。

● 随感

此章字句最少，历代学者解读差异最大——中国文字的简约性，以及长期使用而形成的一字多义性，加上中国文化中的二元矛盾思辨，使"自成一家"之说蔚为大观。在相互抵牾中，粗鄙之说与精明之道各有自己的市场，狸猫和太子可相互置换。当一个人大谈什么"有就是无，无就是有；有中可以生无，无中可以生有"时，显然，已远离了《老子》具有特定物象场景的哲理（或宗教）叙述。

注意，"反"和"弱"字的解读应是本章的重点，其次便是"动"和"用"的解读。反和弱均来自弓箭文化，《老子》用这一物象比附"有之以为利，无之以为用"。读者可参见《道部十一章》，即道的功用。

用的构形源自先民擦拭屁股的树枝草棍，本义为必用、可用之物。以往的"前识"学者不识"用"字的形、音、义由来，肆意想象，大加发挥。下边是徐志钧先生关于"用"字的解读：

"'用'，事物本质的外部表现。《国学纪闻》卷一：'用之者何，体也。'范缜《神灭论》：'形者神之质，神者形之用。'道的本质乃无往而不胜，但它的外部表现却是柔弱。《校释》："弱者道之用，盖得《易》之《坤》者也。《乾》藏于《坤》，故曰弱。"《易》曰：'潜龙勿用'，而老言无用之用，足道之用。这里应看作《老子》所言与《易》是同一来源，来自更原始的文化。"

徐志钧认为："《老子》本篇字数最少，却集中古代辩证法的要义，首先，他指出世界的本体是从无开始的，从无到有，从有产生整个世界，这与黑格尔所论从有开始正好相反，正是古代辩证法与现代辩证法的不同之处。其次，反者也道之动也。反返周流不息的循环，正是黑格尔所以为的一种坏的循环。"

将《老子》之言与《易》拉扯到一起,将《老子》与两千年后的黑格尔相比附,实在让人无语了。为什么不把《老子》与爱因斯坦比附,把《老子》与霍金相比附?为什么需要这样做,能够这般作为吗?略读一点哲学的人都知晓,黑格尔的"有"讲的是绝对理念(或内在逻辑),与《老子》的"道"或"太一"的"无"没有任何比附的可能。

帛书校勘本 德部五	传世王弼本 四十二章
道生一，一生二，二生三，三生万物。万物负①阴②而抱阳③，冲④气⑤以为和⑥。 人之所恶⑦，唯孤寡、不穀，而王公以自名也。 物或益⑧之而敨⑨，敨之而益。 故人之所教⑩，亦议而教人。故彊⑪梁⑫者不得其死⑬，我将以为学⑭父。	道生一，一生二，二生三，三生万物。万物负阴而抱阳，冲气以为和。 人之所恶，唯孤、寡、不谷，而王公以为称。 故物或损之而益，或益之而损。 人之所教，我亦教人。强梁者不得其死，吾将以为教父。

帛书译文

道生出（或立足于）混沌整体的一（即太一），太一生出天和地，天地（生人生动物生植物）而成为三。又由动物、植物、人三者生出世间万物（包括不同血缘族群的人）。

天下万物背负着阴，同时抱持着阳（万物都内含阴阳）。阴气与阳气冲击而出，调和为一。

人们所厌恶的是孤寡及不穀，但君王诸侯用为自称。

事物或因为满溢而减损，又因（此处）减损而（使某处）满溢。

前人教授给今人的，也要转述教给后人。强硬不知变通者不会得到好死（因而要学会阴柔）。我将做你们的老师。

● 解字

①负。"负"是会意字，从人从贝，构意源自一人提拎整串货贝。"负"因而有背负、负重义，又有凭持义。

②阴。"阴"（陰）是形声字，从阝侌声："阝"为类旁，表示与台阶坡道有关，"侌"为声义旁，表声且表含有水滴的浓云（侌的本义经由转注写作霒）。所以，"陰"的本义为乌云遮蔽台阶山坡，即阴

暗面。引申后，用为阴阳二元论的哲学范畴之一。

③阳。"阳"（陽）是"昜"的本义转注字。"昜"字金文作"昜"，从日从古文下从弥漫字根"彡"，本义为太阳光线的直射而下。在"昜"的左边增添表示山坡台阶的阝（阜），便创设出转注字阳，承继初文的本义，即阳光直射之处。又特指阳光。

在中国人看来，不仅山坡台阶有阴阳，天有白天和黑夜的轮回，天地间人事万物无不处于阴阳共存、互相转化、彼此对立统一的状态（典型者便是源自黑夜与白天相互循环的太极鱼图）。"阴阳"这对二元范畴，在中国古代哲学思想中萌芽最早，使用最广，影响最深，辩证及诡辩色彩最浓。事实上，二元论（或称之为阴阳论、矛盾论、辩证法或相对主义）并不是一种科学的思维逻辑。原因有二：其一，二元论是一种人类史前逻辑思维，在人类史前时期或早期文明阶段已经普遍存在（如古希腊的赫拉克利特、芝诺等人都在使用二元辩证法）；其二，二元论必然导致诡辩或导致逻辑悖论；其三，现代科学源自一元因果的逻辑追溯，与二元论毫无关系（二元论必然阻挡一元论的逻辑实证主义）。

④冲。"冲"（沖）是形声字，从水中声："水"为类旁，表示与水流有关；"中"为声义旁，表声且表从中而出义，"冲"便是水的涌出、冲出。引申泛指事物的冲撞，冲击。《说文》因此释为："沖，涌摇也。"

⑤气。"气"是象形字，甲骨文作"气"，构形源自一刮而过的雾气或烟气。"气"的本义为气流。由人有气便活着，无气便死了引申出形而上的原气、精气义，成为中国古代哲学及中医学的范畴（古文字体又写作炁）。

⑥和。"和"是"和"、"盉"二字的合并体（即将两字合并为一字）。"和"字金文作"和"，从木从口，构意为树上鸟儿的和鸣。"盉"字金文作"盉"，从禾从皿，构意为将粉状谷物加入汤中使之黏糊。所以

本太极阴阳鱼图来自太阳率领白昼，月亮率领黑夜，你来我去地循环。下边乃太极图的标准画法：

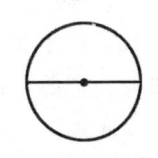

先画出一个大圆，并画出它的直径线。

以两边半径的中点为圆心，再画出两个小圆。

擦掉多余的内圆曲线，保留半径上的圆心，使之成为一分为二的太极图。

"和"字有两读,一读hé,一读hú。"和"在此处表示混合或调和为一,应读作hú。注意:《老子》一书有多处"和"字,都应读作hú。

⑦恶。"恶"是会意字,从亚从心,两根会意:"亚"以十字形墓道的大墓表示压在地下义;"心"表内心。"恶"便是压在心中的怒气,引申指厌恶。

⑧益。"益"是会意字,金文作"䀝",从皿从横置之水。"益"的本义为器皿内的水满溢而出,此义由转注后的溢字所承继,"益"则表示引申后的增多义。

⑨敚。"敚"是"磒"的假借字。"磒"为形声字,从石员声,本义指滚落而下的圆石头(引申指磒石)。"敚"借"磒"的形、音、义,以攴置换本字的石旁,表示击打使之碎落而下。引申后,又有损失义。"敚"与"损"互为异构体。

⑩教。"教"为会意字,从爻从子从攴,构意源自以棍棒惩戒的方式教授孩子什么事不能做。"教"与"学"字的区别在于:一个是惩戒孩子什么不能做,一个是诱导孩子怎么做。因此,"教"与"叫、敎、校"等字同一音系,"学"与"写"同一音系。

⑪疆。"疆"是"畺"的增符会意字。"畺"字从双田从两个两极字根二,本义为土地的疆界。在"畺"的左边增添源自弓尺的"弓",表示已经丈量过(已有归属)的田地。此义由转注后的壃字所承继,"疆"则由弓尺丈量土地时的直行表示不得拐弯和省略义,即实打实不得偷减。

⑫梁。"梁"是会意字。从水从刃从交错字根"米","梁"的构意源自人们在水中蘸水磨刀,本义为来回磨刀。引申后,又有两边义,又有水中石梁义。在此表示河中踏石的坚硬稳妥,"彊梁"即强硬而不知柔弱变通者(如

同水中顽石）。

⑬死。"死"是会意字，金文作"𦵸"，从歹从倒置之人。"死"的构意源自一个人看着另一个人逐渐死去，"死"的本义为人的死亡。不得其死，意谓得不到善终。

⑭学。"学"（學）是会意字，金文作"𢽺"，从臼从爻从宀从子，四个字根分三组会意，表示孩童在室内学习用双手演算算筹，引申泛指学习。"学父"即教人学习之父，今人称之为老师。

● 句读

道生一，一生二，二生三，三生万物。

译文：道生出（或立足于）混沌整体的一（即太一），太一生出天和地，天地生人、动物和植物而成为三。又由动物、植物和人三者生出世间万物（包括不同血缘族群的人）。

前人释读多为错解：一是将一理解为自然数序列中的一；二是不识二三有其具体所指：二为天地二者，三为动物、植物和人三者。"道生一"的原句是"道生太一"，这是老子其人利用当时的"太一神教"教义，将"道"置于"太一"之上。后来，又有人为了消除宗教痕迹，或为了消除抄袭痕迹而有意脱漏"太"（大）字。

此节文句可参见《吕氏春秋·大乐》："太一生两仪，两仪出阴阳。阴阳变化，一上一下，合而成章。"参见《郭店竹简》："大一生水，水反辅大一，是以成天；天反辅大一，是以成地"。"阴阳者神明之所生也，神明者天地之所生也，天地者大一之所生也"。

《老子》认为，太一生出天地：阳清为天，阴

本图乃《老子》思脉的逻辑图表

浊为地。天地又生出动物、植物和人物，又由此三类（物）生出万物即草木禽兽和不同族群的人们，故有一生二，二生三，三生万物之说。

万物负阴而抱阳，冲气以为和。

译文：天下万物背负着阴，同时抱持着阳（万物都内含阴阳）。阴气与阳气冲击而出，调和为一。

注意：古人的概括与现代人的抽象差得太远。古人的思维更多的源自形象思维的归纳，如同每个汉字后面都有一类物象场景一般，《老子》的每一句表述后面都有具体的物象——追溯老子思脉一定要"解字求其源"。例如，一生出"天地"两项，但不会生出"阴阳"二者！阴阳由万物抽象而出。再例如，昼夜由日月衔接，因此有"阴阳"相接续；大地上的山南山北、水南水北，人和动物的雄雌公母等等。然后，由此类化归纳出阴阳范畴，并形成相对主义（或辩证法）。

人之所恶，唯孤寡、不穀而王公以自名也。

译文：人们所厌恶的是孤寡及不穀，但君王诸侯以为自称。

《老子》这一部分的作者已经不知道孤寡和不穀的由来——孤和寡源自君王在殿堂台基上的独自一处，臣下们只能聚拢在下边。不（丕）穀的词义有二：一是来自秀穗而出，独自彰显的谷穗；二是来则自布穀鸟的叫声，由布穀鸟催促农夫春耕播种引申出君王催促臣下办事。注意，孤寡和不穀原本不是什么谦称，而是一种高高在上的自负和理所当然。所以，君王用为自称。当然，对一般人来讲，每个人都喜欢群聚抱团，谁也不喜欢孤独。此句也内含这一层意思。

由此可作出推论：《老子》的作者或这一部分的缀添者，其生活时代已远离造字之初的商周文化，学者们大抵上只知这类文字的引申义而不知原始本义了。

物或益之而敛，敛之而益。

译文：事物因为满溢而减损，又因（此处此时）减损而（使某处）满溢。

此节文句可参见《老子·德部十一》："为学者日益，闻道者日敛。敛之又敛，以至于无为。无为而无以为。"这里的益作满溢讲，敛作减损讲。陈鼓应依据传世本将此节译为："所以一切事物，减损它有时反而得到增加，增加它有时反而受到减损。"

人之所教，亦议而教人。故彊梁者不得其死，我将以为学父。

译文：前人教授给今人的，也要转述教给后人。僵硬不知变通者不会得到好死（因而要学会阴柔）。我将做你们的老师。

注意：教与学互有区分：前者是以惩戒的方式强调哪些事不能做，后者是以诱导的方法告知这些事应该这么做。帛书《老子》一书中用的是学父，而不是教父。用的是"人之所教"，不是人之所学。"学父"与"教父"一字之差，优劣自有分晓。

此处"彊梁者"指持强而为不知柔弱守雌的侯王们。

这一章应与德部第三、第四章系连起来一起读，因为有上士、中士、下士闻"道"后的所为，所以有"吾将以为学父"之所为。

从文句连接来讲，"彊梁者不得其死"一句应在"敚之而益"一句后面。如此，文句在逻辑上便顺了许多。

任继愈先生将"彊梁者"一句译为"强暴的人不得好死"，似乎不妥。

● 随感

"道生一、一生二、二生三、三生万物，万物负阴而抱阳，冲气以为和"是老子一书最有初始意义的思绪之一，也是后世文人最为臣服的先验判断。事实上，这些观念一直保留在战国时代以及秦汉时期的神话传说之中，例如：

天地混沌如鸡子，盘古生其中，万八千岁。天地开辟，阳清为天，阴浊为地。盘古生其中，一日九变，神于天，圣于地。天日高一丈，地日厚一丈，盘古日长一丈，如此万八千岁，天数极高，地数极深，盘古极长。（《艺文类聚》卷一引《三五历记》，上海古籍出版社，1999）

元气濛鸿，萌芽兹始，遂分天地，肇立乾坤，启阴感阳，分布元气，乃孕中和，是为人也。首生盘古，垂死化身：气成风云，声为雷霆，左眼为日，右眼为月，四肢五体为四极五岳，血液为江河，筋脉为地里，肌肉为田土，发髭为星辰，皮毛为草木，齿骨为金石，精髓为珠

玉，汗流为雨泽，身之诸虫因风所感，化为黎甿。（马骕：《绎史》卷一引《五运历年记》，齐鲁书社，2001）

古未有天地之时，惟像无形，窈窈冥冥，芒芠漠闵，澒濛鸿洞，莫知其门。有二神混生，经天营地，孔乎莫知其所终极，滔乎莫知其所止息。于是，乃别为阴阳，离为八极，刚柔相成，万物乃形。烦气为虫，精气为人。（《淮南子·精神训》）

虚霸生宇宙，宇宙生气，气有汉垠，清扬者薄靡而为天，重浊者凝滞而为地。清妙之合专易，重浊之凝竭难，故天先成而地后定。（《淮南子·天文训》）

将《老子》所讲与上述天地演义相比对，哪一个讲的更神乎其神，更有哲学韵味，哪一个更让后世小子们臣服得五体投地？应该先造天，还是应该先设地？如果给天地之先的哪个"玩意"取个名字，你说叫作道，还是叫作太一？

帛书校勘本
德部六

天下之至柔①，驰骋乎②天下之致③坚④。无有入⑤于无间⑥。
吾是以知无为之有益也。
不言之教，无为之益，天下希能及⑦之矣⑧。

传世王弼本
四十三章

天下之至柔，驰骋天下之至坚。
无有入无间，吾是以知无为之有益。
不言之教，无为之益，天下希及之。

帛书译文

（水乃）天下至柔之物，奔流向前，穿越天下最坚硬之物。失去了的有（蓄聚的弹射力）刺入没有间隙（的物体）。

我因此知道不去仿效是有益的。

不用言语的教导，不去仿效的益处，天下少有能够抓住（遵循）这个道理者。

● 解字

①柔。"柔"是会意字，从矛从木，构意源自有柄长矛的木制把柄。古代的矛柄多用蜡木杆制作。精致者外贴竹皮，缠丝后还要用大漆涂刷使之可弯曲而不易折断。所以，"柔"的本义为弯而不折，即柔弱。此处至柔与前章彊梁互为反义词。

②乎。"乎"是会意字，金文作"丂"，乃是在源自号角的"丂"上添加弥漫字根"彡"。"乎"的本义为号角呼唤，本义由转注后的"呼"字所承继，"乎"则表示引申后的由此及彼义。又用为语助词（同"虖"），表示感叹。

③致。"致"是形声字，从夂至声："夂"为类旁，表示与击打驱赶有关；"至"为声义旁，表声且表到达义。"致"的本义为强迫使之抵达某处，引申泛指达到。

④坚。"坚"(堅)是会意字,从臤从土:"臤"表仰头伸手够拿高处之物,土表土块。"坚"的构意源自抓拿高处物品时垫在脚下的坚硬土块,本义为坚硬。

⑤入。"入"是象形字,甲骨文作"入",构形源自锐器尖头的捅入。"入"的本义为刺入,引申泛指进入。

⑥间。"间"(間)是"閒"的书写变体。古文间字从门从月,甲骨文作"間"。构意源自月光从门缝中透射进入(楷书将门中月省形为日)。"间"的本义为间隙,引申指两者之间。此处文句用其本义。

⑦及。"及"是会意字,甲骨文作"及",从人从又,构意源自以手抓拿前面奔跑之人。"及"的本义为及时,在此用为"及时抓住"。

⑧矣。"矣"是会意字,从厶从矢:"厶"表绳套,矢表箭矢。"矣"的本义为将绳套抛甩出去(或将弋箭射出去),通常用为语尾助词,表示这段话已经说完了。

● 句读

天下之至柔,驰骋乎天下之致坚。无有入于无间。

译文:(水乃)天下至柔之物,奔流向前,穿越天下坚硬之物。失去了的有(蓄聚的弹射力)刺入没有间隙(的物体)。

"天下之至柔"讲的是水(参见《老子》德部第四十三章:"天下莫柔弱于水,而攻坚强者莫之能胜")。"驰骋乎天下之致坚"讲水的无坚不摧,即水滴石穿,江河穿越峡谷。这也是古文"巠"字和"江"字的物象场景(巠字从川从工从表示远方的一横;江字从水从工表示穿通的工)。

注意,"无有"乃是"失去了的有","无"在此应译为"没有"。"无间"应译为"没有间隙",即石块或大地上原本不存在缝隙。"无有入于无间"。《淮南子》作"出于无有,入于无间"。

吾是以知无为之有益也。

译文：我因此知道不去仿效是有益的。

此句是上句的归结。言外之意是，水有水的功用，不能去仿效其他物体。当然，其他物体也不可能仿效于水。例如，水无形，所以能进入任何空间；水无色无味，但可包容任何颜色；水可变为气、固、液三态，是其他物体极难仿效的。此节关键是将"无为"解读为不去仿效。

陈鼓应先生将前后句合并，译作："无形的力量能穿透没有间隙的东西，我因此知道无为的益处。"其中的"无为"一词，陈先生竟然译作了"无心作为"。

不言之教，无为之益，天下希能及之矣。

译文：不用言语的教导，不去仿效的益处。天下少有能够抓住（遵循）这个道理者。

希，在此用作稀少、少有；及，在此用作抓住。《老子·道部二》有类似语句："是以圣人居无为之事，行不言之教。"什么是"不言之教"？可参见《老子·德部十二》："百姓皆注其耳目焉，圣人皆咳之。"

● 随感

《老子》喜好以水为喻，比喻道的基本特征。这里以水为喻，说明柔弱胜刚强的道理，并引申出自然而然、无为有益的结论。其实质仍是批判首章提出的"上仁为之而无以为也，上义为之而有以为也；上礼为之而莫之应也"，即儒家的治国理念。

此章应与传世本第七十八章联系起来读；两章都以水作为比附讲解之物。也可与传世本第七十六章"坚强者死之徒，柔弱生之徒"一节相互参见。

注意，《老子》贵柔弱的立足点是当世的侯王们。有权有势的侯王最欠缺的便是柔弱，最本能的则是"彊梁"。后世学者不解《老子》一书"道佑我王"的主旨，把柔弱泛化，把侯王之道当作劝喻世人之道。这就像给君王们大讲造反有理一样荒谬。如果你本来就是弱势群体其中的一员，一生之中顺应有余，刚强不足，又有什么柔弱可仿效？

帛书校勘本	传世王弼本
德部七	四十四章

名与身孰①亲②？身与货③孰多④？得与亡孰病⑤？

甚⑥爱⑦必大费，多藏⑧必厚亡。

故知⑨足不辱，知止不殆⑩，可以长久。

名与身孰亲？身与货孰多？得与亡孰病？

是故甚爱必大费；多藏必厚亡。

知足不辱，知止不殆，可以长久。

帛书译文

名声和身体哪个（与自己）更亲近？身体与财货，哪个（在心中）占据的分量更多？得到名声和财货与失去健康相比，哪个危害更严重？

过分的喜好（一件事）必然导致花费钱财，过多贮藏财货必然导致不断地丢失和损失。

所以，知晓满足者不会受到羞辱，知晓停止者不会走近危险。这样做便可以长生久在。

● 解字

①孰。"孰"是会意字，金文作"𩜱"，从享从丸（丮），两根会意："享"为男性生殖器，"丸"为手的执握。"孰"的构意源自男人强行与女人发生了性关系。"孰"的本义为谁干的？干了谁？即泛指后面的"谁"，通常用为疑问代词。

②亲。"亲"（親）是形声字，从见亲声："见"为类旁，表示与人们相见有关；"亲"为声义旁，表声且表（凿子）裂木为板义，在此用为分开。"亲"便是分离后的亲人重新相见，因而有亲人义，又有亲热、亲密义。

③货。"货"（貨）是会意字，从化从贝："贝"表古代货贝；"化"表人生到人死。"货"便是赚来而后又花掉的货币钱财，即财货。

④多。"多"是同体会意字,金文以两个"肉"的重叠,表示一个人拥有一大块肉或两块肉。所以,"多"与"少"互为反义词,"多"与"剁"同一音系。

⑤病。"病"是"疒"的音转转注字。"疒"字甲骨文作"𤕫",构形为一个人躺在床上发烧出汗。在"疒"的下部增添表示发热的"丙",便创设出转注字"病"(病也发丙声),承继初文的发烧生病义。

⑥甚。"甚"是会意字,从甘从匹,两根会意:"甘"表口中含物,"匹"表咬了一半。"甚"的表义为味道怎么样,又由一个人独自品尝引申出过分义。

⑦爱。"爱"(愛)是会意字,金文作"𢚓",从旡从心从夊:"旡"表回头张望之人,"心"表内心感受,"夊"为倒置的脚趾。"爱"的构意源自一个人因爱恋而不愿离去(频频回头,走后又折了回来)。"爱"的本义为依恋不舍,引申泛指关爱。

⑧藏。"藏"是形声字,从艹臧声:"艹"为类旁,表示与野草有关;"臧"为声义旁,表声且表武力保护义。"藏"便是用野草遮掩以达保护目的。"藏"的本义为藏护,引申后泛指隐藏。

⑨知。"知"是"智"的省形假借字。"智"字金文作"𥏾",从夫从口从于从目标字根"日",构型源自弓尺(圆规)可以画圆量方。"智"的本义为聪慧(计算圆的周长和面积),省去下边的目标字根"日",便创设出假借字"知",表示知晓、知道义。

⑩殆。"殆"为形声字,从歹台声:"歹"为类旁,表示与人死有关;"台"为声义旁,表声且表布置绳套义。"殆"便是被捕猎的野兽被绳套套中并逐渐死去。所以,"殆"字的词义有二:一是危险,二是将要(死去)义。

- 句读

    名与身孰亲？身与货孰多？得与亡孰病？

    译文：名声和身体哪个（与自己）更亲近？身体与财货，哪个（在心中）占据的分量更多？得到（名声和财货）与失去（健康）相比，哪个危害更严重？

    这一节的关键字是"多"和"病"。"多"可解读为在心中占据的分量更多、位置更重要。"病"的本义为疾病，可引申出对疾病的恐惧，即"哪一个使你更恐惧害怕"。也可引申出危害义，即"哪一个危害更严重"。陈鼓应先生将"亡"字解作"亡失生命"，似乎狭窄。"亡"可指失去身体，也指失去健康。后一句是对前面两句的总括。

    甚爱必大费，多藏必厚亡。

    译文：过分的喜好（一件事）必然导致花费钱财，过多贮藏财货必然导致不断地丢失和损失。

    任继愈先生将此句译作："过分吝惜，破费会更多。储藏丰厚，损失必重大。"前句翻译似乎不妥爱好与吝惜两不搭界。

    故知足不辱，知止不殆，可以长久。

    译文：所以，知晓满足者不会受到羞辱，知晓停止者不会走近危险。这样做便可以长生久在。

- 随感

    《老子》在这一章中提出了"知足、知止"，希望侯王们能够存有知足知止之心而不贪得无厌，希望权势者心怀与人为善之心而不被他人污辱损害，适可而止便不会走向危殆。

    此章可参见《老子·德部九》："祸莫大于不知足，咎莫憯于欲得。故知足之足，恒足矣。"

    陈鼓应先生认为，《老子》这一章的主旨是"常人多轻身而徇名利，贪得而不顾危亡。老子乃唤醒世人要贵重生命，不可为名利而奋不顾身。"此话不妥！此论已陷入养生家之流，背离了《老子》"道佑我王"，为"有国者"谋划这一主旨。针对陈先生所言，读者可参证帛书《老子·道部十三》："吾所以有大患者，为吾有身也。及吾无身，有何患？"

帛书校勘本
德部八

大成①若缺②，其用不幣③。大盈若冲，其用不穷④。

大直⑤如诎⑥，大巧⑦如拙⑧，大赢⑨如绌⑩。

趮⑪胜⑫寒⑬，靓⑭胜炅⑮。清靓可以为天下正⑯。

传世王弼本
四十五章

大成若缺，其用不弊。大盈若冲，其用不穷。

大直若屈，大巧若拙，大辩若讷。

躁胜寒，静胜热。清静为天下正。

帛书译文

> 最大的成就存在着缺失，但其功用不会被遮蔽。最大的盈溢就像（江河）涌流而出，其功用永不穷尽。
>
> 最大的直如同言语的直出，最大的巧如同手的逃离（伤害），最大的赢出如同蚕丝的连绵抽出。
>
> 趮动可驱走寒冷，宁静可战胜温热。清静（无欲）便可以在人世间直行无碍。

● 解字

①成。"成"是会意字，从戊从十，两根会意："戊"为挥舞的斧钺；"十"为直出字根。"成"的构意源自刑杀斧钺的砍下。"成"的本义有二：一是实施，二是完成。引申后又泛指成功。"大成"即最大的成功。

②缺。"缺"是形声字，从缶夬声："缶"为类旁，表示与陶器有关；"夬"为声义旁，表声且表缺失义。"缺"便是陶器因破损而有缺失，引申泛指缺少、短缺。

③幣。"幣"是"敝"的本义转注字。"敝"字金文作"㡀"，从巾从攴，"巾"上有表示灰尘的小点。"敝"的本义为长久遮蔽（揭开后用击打的方式去除灰尘）。在"敝"的下部再增添"巾"旁，便创设出转注字"幣"，承继初文的本义，即用布巾遮蔽（同一初文

又转注出"蔽"字,表示用草覆盖遮蔽)。

④穷。"穷"(窮)是"窮"的因音形变字(穷与弓同一音系)。"窮"字金文作"窮",从穴从身从双口,构意为身体蜷屈在洞穴之中,拼命寻找洞口(双口表进口和出口)。"窮"的本义为穷尽,即爬到尽头找不到出口。引申后,又有穷困义。

⑤直。"直"是会意字,从目从十:"目"表眼睛,"十"表直出。后期金文增添区隔字根"L",强调闭上一只眼瞄准(即三点一线)。"直"的本义为目光直对,引申泛指事物的端直、不弯曲。

⑥诎。"诎"是形声字,从言出声:"言"为类旁,表示与言语有关,"出"是声义旁,表声且表跳出义。"诎"便是言语直出,含有直话直说、不留情面的意思。

⑦巧。"巧"是会意字,从工从丂,两根会意:"工"表穿通,"丂"乃牛角号的象形描摹。"巧"便是穿通牛角,使之成为号角。引申泛指技巧。

⑧拙。"拙"是"诎"的假借字。"诎"是形声字,本义为话语直出。"拙"借"诎"的形、音、义,以"手"置换本字的"言"旁。"拙"的本义为手的抽逃而出,引申后又有笨拙义(己手被手抓握)。此处文句用为手的逃离义。

⑨赢。"赢"是会意字,从羸从贝,两根会意:"羸"为蜂的象形描绘,"贝"表身姿弯曲如货贝(与狽中之贝构意相同)。"赢"的构意源自雄蜂与蜂王的交配,即一只雄蜂从众多雄蜂中胜出(或指蜂王才能产卵)。"赢"的本义为胜出,引申泛指输赢之赢。

⑩绌。"绌"(絀)是形声字,从糸出声:"糸"为类旁,表示与丝绳有关;"出"为声义旁,表声且表跳出义。"绌"便是蚕丝从蚕茧连绵不断地剥出。引申后,又指蚕茧上丝线的断失。《马王堆汉墓帛书·十大经·观》:"其时赢而事绌。"《荀子·非相》:"缓急赢绌趋。"其意与老子相近。

⑪趮。"趮"是形声字,从走喿声:"走"为类旁,表示与离开、走开有关;"喿"为声义旁,表声且表树上鸟禽鸣噪义。"趮"便是将鼓噪鸣叫的鸟禽驱赶离去。在此用为人的鼓噪活动。

⑫胜。"胜"(勝)是"朕"的本义转注字。"朕"字金文作"🖼",从舟从𠬞从表示直出的丨,构意为双手推送船儿离开。在"朕"的下部增添"力",便创设出转注字"勝",承继初文的胜出义。引申后,又有胜利、战胜义。帛书乙本作"朕"。

⑬寒。"寒"是会意字,金文作"🖼",从"宀"从"亻"从两个"艹"和表示冰块的"仌"。构意为室外寒冷而将干草抱回室内御寒,引申泛指寒冷。

⑭靓。"靓"是会意字,从青从见:"青"表青铜器上的铜锈,"见"表显现而出。"靓"便是铜锈从铜体上无声无息地生出,即静静地生成。引申泛指悄无声息,即安静、寂静。现今典籍多用"静"(靓与静互为异构体)。

⑮炅。"炅"是"灸"的假借字,"灸"则是"久"的本义转注字。"久"字金文作"🖼",构形源自烙铁烙出印迹。在"久"下增添"火"旁便创设出转注字"灸",承继初文"久"的本义,即用烙铁烙印。引申后,又有"艾灸"义(即用艾草长时间熨烫熏烤)。"炅"借"灸"的形、音、义,以目标字根"日"置换本字的"久",便创设出假借字"炅",专一表示艾灸火烤义。引申后又有温热义。文句中的炅与寒、静与趮互为反义词。"炅"的古音读若jiù。

⑯正。"正"是会意字,甲骨文作"🖼",从止从口:"口"表城邑,"止"为脚趾。金文作"🖼",将表示城邑的"口"改为一横,但词义未变。"正"的本义为征伐,此义由转注后的"征"字所承继,"正"则表示引申后的端直向前义,又由此引出直对、正确义。

- 句读

大成若缺，其用不幣。大盈若冲，其用不穷。

译文：最大的成就存在着缺失，但其功用不会被遮蔽。最大的盈溢就像"江河"的涌流而出，其功用永不穷尽。

大成，可译作循守大道所成之事（即夫唯道，善始且善成），但其物象源自用猛烈的行为（如斧子砍下）完成一件困难的事，一定存在着缺陷或不足之处。"大盈若冲"一句，可参见帛书《老子·道部四》："道冲而用之，有弗盈也。"

陈鼓应先生将"大盈若冲"句译为："最充盈的东西好像是空虚一样，但是它的作用是不会穷尽的。"充盈的东西像空虚？这已是诡辩！空虚的东西又是什么呢？难道"空虚"就是最充盈的东西？

大直如诎，大巧如拙，大赢如绌。

译文：最大的直如同言语的直出，最大的巧如同手的逃离（伤害），最大的赢出如同蚕丝的连绵抽出。

本章"大成、大盈"二句用"若"，后有"其用……"；"大直、大巧、大赢"三句用"如"，后无跟句。可见前两句为一式，后三句为一式。两式均含有"大"，与《老子》传世本第四十一章"大白、大方、大器、大音"相似。直译为"最大的"，可意译为"循守大道的……"。"大赢如绌"的物象场景是，从蚕茧上找到丝头，顺应丝的缘由，将一根蚕丝抽完再取出蚕蛹。此节的三种现象都源自无为守朴的自然而然。

司马迁《老子韩非列传》说："世之学老子者则绌儒学，儒学亦绌老子"。所谓的"绌"，便是将对方的学说一丝一缕地抽取分析，拿出内核（本质）给予贬损。

如果一个没有生活感受的学者，仅凭这三句文辞（诎、拙、绌）。你猜一猜，他们会对译出什么样的怪胎？

帛书本没有传世本"大辩若之讷"句。从"诎、拙、绌"三字的连出，要证"大辩"句乃后人续貂。

趮胜寒，靓胜炅，清靓可以为天下正。

译文：趮动可驱走寒冷，宁静可战胜温热。清静（无欲）便可以在人世间直行无碍。

活动身体可驱赶身上的寒冷，安静下来便可驱赶身上的燥热。因此，（侯王们）虚静守弱、无私无欲便可以在人世间直行无碍。《史记·老子韩非列传》因而认为老子学说的根本是："李耳无为自化，清静自正。"

"自化"即自生自灭，"自正"译成现代白话便是"走自己的路"。自正与无为说的是一件事，清静者自然获得自化。参见《德部二十》："我无为而民自化，我好静而民自正"。

陈鼓应将"清静为天下正"一句译作："清静无为可以做人民的模范。"若"正"字可译作"模范"，那么"以正之国，以畸用兵""侯王得一以为天下正"中的"正"为什么没有译成"模范"？司马迁所说的"自化、自正"何以解读？陈说显然不妥。

● 随感

此章前边是生活现象的归纳，后面一句是类比式推定。因为"趮胜寒，靓胜炅"，所以"清靓可以为天下正"。这种比附式推理与形式逻辑的前提推理完全不同，不具有保真价值。甚至，你很难将三节文字放到一起研讨——它们不是一个层面上的东西。

这是"老子"其人，也是古代先民对生活的感悟。就像明代洪应明所著述的《菜根谭》一般：理性逻辑欠缺，生活韵味过剩。

任继愈先生认为："这一章充分发挥了老子的辩证法智慧。老子认为有些事物表面看来是一种情况，实质上却又是另一种情况，表面情况和实际情况有时完全相反。"且不说任先生如何理解《老子》这一章的字面词义和深嵌其中的生活物象，也不说任先生依据传世本将这一章如何对译。读者可细细研读这一章的文句，体味一下，那一句"充分发挥了老子的辩证法智慧"。如果辩证法的智慧就是表面情况与实际情况有时完全相反，这样的辩证法恐怕只能称之为诡辩法。

帛书校勘本 德部九	传世王弼本 四十六章
天下有道，卻①走马以粪。无道，戎②马生于郊③。 罪④莫⑤大于可欲；祸⑥莫大于不知足；咎⑦莫憯⑧于欲得。 故知足⑨之足，恒⑩足矣。	天下有道，却走马以粪。天下无道，戎马生于郊。 祸莫大于不知足；咎莫大于欲得。故知足之足，常足矣。

帛书译文

> 天下人修筑了直通向前的大道时，（大道）却任由（驾车的）马匹行走和抛撒粪便。天下人没有修筑大道（只有小路）时，自由搏击的野马自生自灭于郊野。
>
> 罪恶没有大于为所欲为的，祸害没有大于不知适可而止的，过失没有比天下人皆在追求欲望（更让人痛心的）。
>
> 所以，知晓腿足的适时而止，这便是恒久不变的知足。

● 解字

①卻。"卻"（却）是形声字（卻与却互为异构体），小篆字体作"谷卩"，从卩谷声："谷"为类旁，表示与人的呕吐有关；"卩"为声义旁，表声且表人的跪踞义。"卻"的构意为一个人弯曲身体而呕吐。因而，"卻"有停止、止息义（不再吃喝）、拒绝推辞义、消除义（将酒食吐出）、退却义（离开酒席或不再饮食）。用为汉语虚词，表示转折、完成等意义。

②戎。"戎"是会意字，甲骨文作"戎"，从戈从表示直出的"十"："戈"表兵戈，"十"表直对向前。"戎"的构意来自持戈者的直对啄击而下，本义为战斗搏击，引申表示战争。"戎马"在此用为相互撕咬搏击的野马，不是战马。

③郊。"郊"是形声字,从邑(阝)交声:"邑"为类旁,表示与城邑有关;"交"为声义旁,表声且表交配、交合义。"郊"便是城邑外边家畜或动物可以自由交合之处,即郊外。

④罪。"罪"是会意字,从网从非:"网"为网具的象形,"非"表鸟禽或虫子翅膀在折腾却飞不走。"罪"的构意源自用网罩住鸟禽,本义为受罪。引申后,又指捕捉住的罪犯,又有罪责义。

⑤莫。"莫"是会意字,甲骨文作"茻",从日从两个"艸"。"莫"的构意源自日落西方草木丛中,本义由转注后的"暮"字所承继。"莫"则表示引申而出的没有了义。

⑥祸。"祸"是"涡"的假借字。"涡"字从水呙声,本义指水中旋涡。"祸"借"涡"的形、音、义,以示置换涡字的"水"旁,表示因祭祀不恭敬而陷入事物的旋涡之中,即神不佑护而导致的祸害。

⑦咎。"咎"是会意字,金文作"咎":从爬行之人(几),从倒置的脚趾(夂),从表示村邑的口。"咎"的构意源自(受伤后)爬行回村邑的人,本义为因过失而受伤,引申泛指祸咎。

⑧憯。"憯"是形声字,从心朁声:"心"为类旁,表示与心中感受有关;"朁"为声义旁,表声且表蚕的聚集义。憯便是内心世界的痛苦一点一点地聚集起来,即心中疼痛。俗语称之为"痛心"。

⑨足。"足"是依托象形字,甲骨文作"足",构形源自从膝盖以下的腿足部分。"足"的本义为腿足。由腿足的行进和停止,引申出适可而止义,即知足之足。

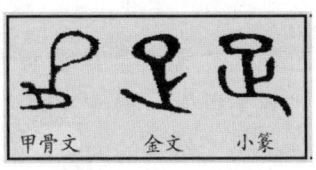

⑩恒。"恒"(恆)是形声字,从心亙声:"心"为类旁,表示与心有关;"亙"为声义旁,表声且表亙古(长久)义。"恒"便是一个人的恒心,即长久痴迷于一件事物。

- 句读

天下有道，卻走马以粪。无道，戎马生于郊。

译文：天下人修筑了直通向前的大道，却任由（驾车的）马匹行走和抛撒粪便。天下人没有修筑大道（只有小路时），自由搏击的野马自生自灭于郊野。

此节训读的重点有二：一是有道与无道；二是走马与戎马。以往学者大多将"有道"识解为君王能循守大道或世间万物遵循自然之道。"无道"则是"有道"的反面，即天下混乱不安或战事连绵。

"走马"通常被解读为运送货物的马匹，"戎马"则被解读为军中所用之马或武装起来的战马。例如，陈鼓应先生将此节译为："国家政治上轨道，把运载的马匹还给农夫用来耕种。国家政治不上轨道，便大兴戎马于郊野而发动征战。"天下与"国家"等同；有道与"政治上轨道"等同。

训诂学者通常以汉代的《盐铁论·未通篇》相引证："闻往者未伐有胡越之时，繇赋省而民富足，温衣饱食，藏新食陈；布帛充用，牛马成群，农夫以马耕载，而民莫不骑乘。当此之时，却走马以粪。其后师旅数发，戎马不足，牸牝入阵，故驹犊生于战地，六畜不育于家，五谷不殖于野，民不足于糟糠。"《老子》一书的写成，在《盐铁论》之前，或者说《盐铁论》的文句源自《老子》词句并作了通俗化解读，甚至是诗化的铺陈——"六畜不育于家，五谷不殖于野，民不足于糟糠"。这是哪个朝代的事？难道汉武时代真是如此情景吗？

当然，关键在于，这里的"道"是"可道"之道，还是"非常道"之道？"无道"是没有人工修筑的大道（小国寡民的时候），还是"邦无道"，抑或"闻道"不行。（《老子》的"道"有三个词义：一是人工修筑的大道，二是主张，三是不得不靠形象借用来述说的先验自在之道。）

罪莫大于可欲；祸莫大于不知足；咎莫憯于欲得。

译文：罪恶没有大于为所欲为的，祸害没有大于不知适可而止的，过失没有比天下人皆在追求欲望（更让人痛心的）。

故知足之足，恒足矣。

译文：所以，知晓腿足的适时而止，这便是恒久不变的知足。

此节中的三个足有两个词义：一是腿足，二是知足。

● 随感

　　《老子》把"天下有道"看做可欲、不知足及欲得的开始。有了人工修筑的大道，便有了熙熙攘攘行走于大道上用来争利夺权的马匹。整个文句用一个"却"字做出转折。

　　在老子看来，当天下还没有人工修筑的大道时，双腿前立、互相击打的马匹们自由自在地交配繁衍，生存在郊野之中。这就是《老子》小国寡民，鸡犬相闻而老死不往来的理想王国的另一种场景。

　　《老子》一书没有《论语》中常用的"邦有道""邦无道"之道（参见导读二）。"有道"乃是"罪莫大于可欲，祸莫大于不知足，咎莫大于欲得"的开始和发端。因此，老子要讴歌"鸡犬之声相闻，老死不相往来"的小国寡民，要用世风日下来说明人心不古，要用"以知知国，国之贼也"来贬损技术发展、政体变革。老子要讴歌社会倒退或停滞不前，即知足之足，自然要找出个别事例来否定整体事物了，用形象比附来替换逻辑。只是这种诡辩使后世的道学先生们也陷入了困顿之中，不知"有道""无道"究竟何指，不知《老子》一书中，"道"有三个基本词义：一是人工修筑的大道；二是主张；三是老子"道法自然"的道，即从"天之道"形而上出的"道"。

　　天下有道之道，乃不折不扣的道路之道。

帛书校勘本
德部十

不出于户①，以知天下；不䂓②于牖③，以知天道。
其出籪④远者，其知籪尟⑤。
是以圣⑥人不行而知，不见而名，弗为而成。

传世王弼本
四十七章

不出户，知天下；不窥牖，见天道。
其出弥远，其知弥少。
是以圣人不行而知，不见而明，不为而成。

帛书译文

> 不踏出家门，就可以知道天下万物是（如何运行）；不向窗户外瞭望，便知道（天上）日月星辰如何运行。
>
> 由此延伸（推知）而出，连接越远者，能连接的知识就越少。
>
> 所以圣人不凭借外出巡行而智慧聪明，不依赖四处观望而得知（道）的名状，也不去仿效他人而自成。

● 解字

①户。"户"是象形字，构形源自屋室上的单扇门。户的本义为门户，引申后又指家室（门字则源自村邑大门或宫室大门）。此处"不出于户"，即独处室内，足不出户。

②䂓。"䂓"是会意字，从圭从见。两根会意："圭"以双土重叠表示高大土堆，"见"表目之所视。䂓的本义为站在高处瞭望，引申泛指观看。"䂓"与"窥"音同义近，与"望"物象同源。

③牖。"牖"是形声字，从片庸声："片"为类旁，表示与木板有关；"庸"为声义旁，表声且表可以穿通而过的门户（庸为从庚用声的形声字）。"牖"便是用一块木板制作的窗，即上边有轴栓，下边可用木棍支顶起来的

交窗。

④籥。"籥"是形声字，从竹爾声："竹"为类旁，表示与竹子有关；"爾"为声义旁，表声且表传递义。"籥"便是用一节节竹管连接起来的通水管道。"籥"字传世本通作"弥"字，即弥补之弥，也有连接义。

⑤尟。"尟"是"匙"的假借字。"匙"为形声字，从匕是声："匕"为类旁，表示与匕勺有关；"是"为声义旁，表声且表直对义。"匙"便是用来直对食物，直对嘴巴的小勺子（引申指直对锁孔的钥匙）。"尟"借"匙"的形、音、义，以"少"置换本字的"匕"，以新创设的假借字"尟"表示勺中东西很少这一意思。

⑥圣。"圣"（聖）是会意字，金文作"聖"，从耳从口从壬。构意源自听后明白，且能够转述说出的人。"圣"的本义为圣明之人，即头脑清楚，口耳聪慧的人。

● 句读

不出于户，以知天下；不闚于牖，以知天道。

译文：不踏出家门，就可以知道天下万物（如何运行）；不向窗户外瞭望，便知道日月星辰如何运行。

注意："天下"指天下万物，"天道"指天上日月星辰的运行规则。陈鼓应先生将"天道"译作"自然的规律"，可备一说（道与天道、圣人之道不在一个层面）。

其出籥远者，其知籥尟。

译文：由此延伸（推知）而出，连接越远者，能连接的知识就越少。

后世学者认为，《老子》此句的意思是"行走越远（实践越多），获取的知识便越少"。认为老子是一个反对实践的内省主义者，他要我们"内观反照，清除心灵的蔽障，以本明的智慧，虚静的心境，去览照外物，去了解外物运行的规律"（陈鼓应语）。

《老子》此处的"知"有其特指，即"道生一、一生二、二生三、三生万物"这类知识。此类玄之又玄的知识与实践无关，是经验世界无法推知、无法验证的。《老子》认为："为学者日益，闻道者日敚，敚之又敚，以至于无为。""闻道"必须日日减损，以至于无为。

是以圣人不行而知，不见而名，弗为而成。

译文：所以圣人不凭借外出巡行而知晓（道）的真谛，不依赖四处观望而得知（道）的名状，也不去仿效他人而自成。

传世本将"不见而名"讹作"不见而明"。显然违背了《老子》"名，可名，非常名"这一基本叙述。

任继愈将"弗为而成"译成"不必去做就会成功"，显然不妥。

注意，老子所说的"弗为而成"，不是不去作为，而是不凭借仿效而自成，即道法自然。传世本讹作"不为而成"，词句一律了，但词义含混了。

● 随感

古往今来的学者大都认为：老子在这里提出的是一种排斥实践的内省体验，即古代社会的圣人天才论。从孔子的"所谓不出于环堵之室而知天下者。知反己之谓也"，经由孟子的"人之所不学而能者，其良能也。所不虑而知者，其良知也"，再到老子的"圣人不行而知，不见而名，弗为而成"可谓一脉相承。只是老子讲得更具象一些罢了。老子这样讲，目的是为了证明自己的"道行"乃是超越实践的圣人之论。

但细究之下，便知老子与孔孟不同之处，在于他的学说以"道"为其最主要的神祇，因为道在帝之先，故不能追究和验证，只能依靠冥思和信仰。在《老子》看来，圣人之道仿效的是道法自然的那个道，即人法地，地法天，天法道。在《老子》看来，圣人之道和道法自然之道是不需要身临其境地实践的。这些东西信则有，不信则无。

这一节的关键词句是"其出籋远者，其知籋尟"。此句可与《吕氏春秋·论人》"太上反诸己，其次求诸人。其索之弥远者，推之弥疏。其求之弥强者，失之弥远"，以及《孟子·离娄上》"道在迩而求诸远，事在易而求诸难"等章句相互参见。

帛书校勘本	传世王弼本
德部十一	四十八章

| 为学者日益，闻道者日敛。敛之又敛，以至于无为。无为而无以为。取①天下，恒无事，及其有事也，不足以取天下矣。 | 为学日益，为道日损。损之又损，以至于无为。无为而无不为。取天下常以无事，及其有事，不足以取天下。 |

帛书译文

> 仿效学习者（的知识）日益增多，听讲"道"的人（的知识）天天在减损。
>
> 减损来减损去，以至于大家都不去仿效了，不去仿效以至于没有了凭借仿效来的东西（即为学者日益的那些东西）。
>
> 聚集天下之人或诸侯小国，必须使之长久无事。及其有事兴起，却又不足以让天下（之人或诸侯小国）聚集了。

● 解字

①取。"取"是会意字，从耳从又，两根会意："耳"表耳朵，又表手的握持。"取"的构意源自古代社会割取敌人耳朵用以计功的习俗。"取"的本义为割取。"取"又是"聚"字的声义旁。此处"取"字用为聚集。"取天下"即聚集天下之人或小国。

● 句读

为学者日益，闻道者日敗。

译文：仿效学习者（的知识）日益增多，听讲"道"的人（的知识）天天在减损。

"益、敗"二字的解读请参见《老子·德部五》："物或益之而敗，敗之而益。""闻道"一词，又见《德部三》："上士闻道，堇能行之，中士闻道……"

这一节文句的对译，关键是要补入"垫词"的知识。

敗之又敗，以至于无为。无为而无以为。

译文：减损来减损去，以至于大家都不去仿效，不去仿效以至于没有了凭借仿效而来的知识（即"为学者日益"的那些东西）。

在前一章中，《老子》讲述"道"一类的知识，"其出籣远者，其知籣尟"。此处回答为什么其知籣尟——敗之又敗，以至于无为。无为而无以为。

"无为而无以为"句，帛书甲乙本缺。王弼本河上公本作"无为而无不为"。今据严遵本补。"无以为"与"无不为"大相径庭。哪个更优一些？此句可参证帛书《老子·德部一》："上德无为而无以为也。"

邓名泉先生依据传世本将此节译为："学习的人天天增益，从事道术的人天天增益，增益又增益，可以达到无为，无为则无所不为。"这种对译是否已成儿戏？

取天下，恒无事，及其有事也，不足以取天下矣。

译文：聚集天下之人或诸侯小国，必须使之长久无事。及其有事兴起，却不足以让天下（之人或诸侯小国）聚集了。

此节解读重点是一个"取"字——不是夺取天下，而是聚集天下之人（或诸侯小国）！取是聚字的初文，应作"聚集"讲。又见帛书《老子·德部二十四》："故大国以下小国，则取小国；小国以下大国，则取于大国。"此处的"取"均作聚集讲。

周生春先生在《白话老子》中，便将此节译为："要想取得天下，永远要无所事事。等到有事可做，就又不足以取得天下了"。

注意："无事"与"无为"概念不同，"有为"与"有事"也是风马牛不相及的非对称概念。这一节与前两节文理脱钩，应是后人缀加或乱行窜入之文。

● 随感

此章承接上一章文句"是以圣人不行而知，不见而名，弗为而成"，张扬的是老子的"弗为"或"无为"，即不要去仿效他人。在老子眼中，"以知知治国，乃国之贼也，以不知知国，乃国之德也"。这就是为道者要"绝学弃智""将以愚之"的由来，这就是老子"敚之又敚，以至于无为，无为而无以为"思想的必然诉求。

这一章的解读十分拗口。究竟应该怎么解读，在古人已成了仁者见仁、智者见智的难题。否则，不会有后人将"无以为"错改为"无不为"的咄咄怪事！

帛书校勘本 德部十二	传世王弼本 四十九章
圣人恒无心，以百眚①之心为心。 善②者善之；不善者亦善之；德善也。 信者信之；不信者亦信之；德信也。 圣人之在天下也，歙③歙焉，为天下浑④心。百生皆注⑤其耳目焉，圣人皆咳⑥之。	圣人无常心，以百姓心为心。 善者，吾善之；不善者，吾亦善之；德善。 信者，吾信之；不信者，吾亦信之；德信也。 圣人在天下歙歙，为天下浑其心。百姓皆注其耳目，圣人皆孩之。

帛书译文

圣人永久没有私心，以百姓的私心（七情六欲）作为自己的七情六欲。

善良之人，我以善心待之；不善良的人，我也以善心待之；这便是直奔向善啊。

诚信者我以诚信待之；不诚信者我也以诚信待之；这便是直奔通向诚信啊。

圣人居于天下，应该是（大智若愚）浑噩闭口，为了（聚集）天下（之人）而使己心同百姓之心。

百姓相偕（一个跟着一个）张目盯视、竖耳静听，圣人则以"咳、咳、咳"之声应对他们（即行不言之教，又无明察苛求之心）。

● 解字

①眚。"眚"是会意字，金文作"🝢"，从目从生："目"表人的眼睛，"生"表野草生出。"眚"便是用目观看动物产仔或人生人。"百眚"就是百生，"百生"即是百姓。上古民众无姓氏之别，但有族群或

母系家族的归属，从字面意义讲，"百生"即一百个族群的人口。今语作百姓。

②善。"善"是会意字，甲骨文作"𦍌"，从羊从双目，以"羊"的温良眼神表现羊的善良。金文作"譱"，从羊从双言，以"羊"的绵软叫声彰显羊的善良。"善"的本义为善良，引申指品行上的温良恭让。又由羊的善良及西周时期的"善夫"（相当于管家）一词引申出最好义。

③欱。"欱"是会意字，从合从欠，两根会意："合"表两口相吻，合在一处；"欠"表人的张口。"欱"便是人的张口闭口，欲言无语。"欱欱焉"一语，旨在表示圣人闭合其口，似若浑然冥合的样子。"欱"与"歙"互为异体字，传世本多作"歙"。

后人编造出孔子见老子，老子张口再闭口不发一言，孔子百感交集而起身离去的故事，当由此编撰而出。

④浑。"浑"是"晕"的假借字。"晕"字从日从军，本义指太阳周围环绕一圈的日晕。"浑"借"晕"的形、音、义，以"水"置换本字的"日"，表示水中的团状旋涡。引申后，又有浑浊及使之浑浊义。

⑤注。"注"是会意字，从水从主，两根会意："水"表液体（油），"主"表油灯。"注"便是往油灯中添加油料。引申泛指注入，又有注视义（灯盏注油时必须双目紧紧盯视着）。

⑥咳。"咳"是会意字，从口从亥，两根会意："口"表张口叫嚷，"亥"表初生的男孩，在此用为婴儿。"咳"便是只会哭闹不会说话的婴儿。"咳嗽"的"咳"则是一个从"刻"假借而出的假借字，意谓从嗓子眼中挤出痰来。

注意："亥"的初文作"𠀀"，乃是初生男孩的象形描摹，增添下部的人写作了"亥"，又经由转注后写作"孩"。《老子·二十章》："我独泊兮，其未兆；如婴儿之未咳，儽儽兮，若无所

归。"文句中的"咳"字可解作哭闹。此处文句"圣人皆咳之"则解作咳咳了一阵子，却没说出一句话，即上文的"欱欱然"。

● 句读

圣人恒无心，以百眚之心为心。

译文：圣人永久没有私心，以百姓的私心（七情六欲）作为自己的七情六欲。

圣人恒无心，是说圣人既无仁爱之心，也无愤恨之心；不恣心所欲，也不私心自用。

注意：在古人的认知中，心是感觉的器官，大脑是思考的器官，所以思字从心从囟。此处之心表示人的七情六欲和好恶。陈鼓应将此节译为："圣人没有主观成见，以百姓的心为心。"释文拗口，似乎不妥。

善者善之；不善者亦善之；德善也。

译文：善良之人，我以善心待之；不善良的人，我也以善心待之；这便是直奔向善啊。

该句通俗易懂。唯"德善"一词中的"德"字取其本义，应按直奔向前解读，不能译作"美善之德"（德信一词也不能译为"诚信之德"）。

注意：老子的这一观点与孔子的"以德报德，以怨报怨"观点针锋相对，乃是对孔子德怨互报观念的批判。

信者信之；不信者亦信之；德信也。

译文：诚信者，我以诚信待之；不诚信者，我也以诚信待之；这便是直奔向诚信啊。

因为"圣人恒无心，以百姓之心为心"，所以有了圣人的"德善"和"德信"。

圣人之在天下，欱欱焉，为天下浑心。

译文：圣人居于天下，应该是（大智若愚）浑噩闭口，为了（聚集）天下（之人）而使己心同百姓之心。

"为天下"一词乃"为了聚集天下之人或诸侯小国"一语的缩略语。参见帛书《老子·德部十一》"取天下，恒无事，及其有事也，不足以取天下矣"一节解读。

老子心目中的圣人，是那些尊道贵德的君王，他们不自私不自矜，不自伐也不自以为是，没有成见。故言"圣人恒无心，以百姓之心为心"。

陈鼓应将此节译为："圣人在位，收敛自己的主观成见与意欲，使人心思化归于浑朴。"陈先生的对译不仅拗口还似乎欠缺些什么。

百姓皆注其耳目焉，圣人皆咳之。

译文：百姓相偕（一个跟着一个）张目盯视、竖耳静听，圣人则以"咳、咳、咳"之声应对他们（即行不言之教，又无明察苛求之心）。

陈鼓应依据传世本将此节对译为："百姓都投注他们自己的耳目，圣人却孩童般地看待他们。"什么是孩童般地看待他们？似乎有些难以理解。老子力图将百姓变成"赤子、婴儿"，鼓其腹而虚其心，但决不会让侯王们变成"孩子"。陈先生又被传世本的讹误牵着鼻子跑了。

● 随感

"欲欲焉""圣人皆咳之"应与《德部三十二》"夫兹，故能勇"。"夫兹，以单则朕"一句。相互参证。由此理解《老子》"圣人不仁"和"行不言之教"、"无明察苛求之心"的真谛。

"为天下浑心"一句承接上一章"取天下，恒无事。及其有事也，不足以取天下矣"。此处"天下"一词指天下之人或天下的诸侯小国。可参见《老子·德部二十四》："故大国以下小国，则取小国；小国以下大国，则取于大国。"此处"天下"一词与《老子·德部八》"清靓可以为天下正"、《老子·德部九》"天下有道，卻走马以粪"、《老子·德部十五》"天下有始，以为天下母"等处的"天下"一词略有区别（注意：《老子》一书中，"天下"一词总共有六十二处），有多处是"天下万物""天下之人"的省略。

帛书校勘本
德部十三

出①生入死。生之徒②十有三；死之徒十又三；而民生生，僅③皆之死地之十有三。夫何故也？以其生生。

盖闻善执生者，陵④行不辟⑤兕⑥虎，入军⑦不被⑧兵革⑨；兕无所㨍⑩其角，虎无所昔⑪其蚤⑫，兵无所容⑬其刃。夫何故也？以其无死地焉。

传世王弼本
五十章

出生入死。生之徒十有三；死之徒十有三；人之生动之死地，亦十有三。夫何故？以其生生之厚。

盖闻善摄生者，陆行不遇兕虎，入军不被甲兵；兕无所投其角，虎无所措其爪，兵无所容其刃。夫何故？以其无死地。

帛书译文

走出（娘胎）便是生，（葬身）入土便是死。

（妇人生孩子时）生下来能一直活着的占十分之三；生下后又死掉的占十分之三；但是民众仍不停地生孩子，生生不已，（难产时）母子同时走向死亡的占十分之三（民众仍不停地生孩子）。这是什么原因呢？因为这便是人（天生使然）的生育。

听人讲述，善于掌握生存之道者，（就像）只有一条腿的残疾人前行不避犀牛老虎，进入军阵不穿甲胄；犀牛没有用角直端端冲向他，老虎没有用爪子抓挠于他，兵士们没有将刀刃砍向他。啊，这是什么缘故呢？这是因为他原本就无视自己的生死。

● 解字

①出。"出"是会意字，金文作"㞢"，下为表示坎陷的"凵"，上为源自脚趾的"止"。"出"的本义为跳出坑陷，引申泛

指走出之"出",与"入"字词义相反。

②徒。"徒"是会意字,从彳从走:"彳"表道路,"走"表人的双脚行走。"徒"的本义为徒步行走,引申指一直如此(行走下去),即徒劳之徒。

③僮。"僮"是"童"的本义转注字。"童"是会意字,从辛从重,本义指立定不动的人,即站在主人身边或站在主人身后的仆人。引申特指童仆,并由此引申指儿童。在"童"的左边增添"人"旁,便创设出转注字"僮",承继初文的本义,即立定不动或原地不动的人。

④陵。"陵"是会意字,金文作"{image}",构意源自左腿装有假肢并行行走的人。后人增添倒"止",遂有隶篆的陵字。陵的本义为凌辱,又特指跛腿而行者。传世本将陵字讹变为"陸"。

⑤辟。"辟"是会意字,从尸从口从辛:"尸"表人的蹲踞,"口"表地上坑陷之处,"辛"以凿子之形表示入定而不动。"辟"的构意源自社会下层民众见到统治者而躲避一边。"辟"的本义为躲避,此义由转注后的"僻、避"二字所承继。"辟"则由杀死扔在土坑里(或不敢观看),引申表示大辟之刑。

⑥兕。"兕"(兕)是象形字,甲骨文作"{image}",构形源自上古时期生活在黄河流域的犀牛。"兕"的本义为犀牛。

⑦军。"军"(軍)是会意字,金文作"{image}",从勹从车:"勹"为古文"又"的手臂延长,通常用为伸臂劳作,在此用为手持缰绳驾驶马车。"军"的本义为驾驶马车前行(此义由转注后的"运"字所承继)。"军"的常用义为军队(上古时代,马车多用于战争),这里借指战场。"入军"即

进入两军对阵的战场。

⑧被。"被"是形声字,从衣皮声:"衣"为类旁,表示与衣服有关;"皮"为声义旁,表声且表皮革义。"被"便是把一块皮革当作衣服披在身上。引申后又指被子。

⑨革。"革"是会意字,金文作"䩗",从"𦥑"从"臼":"𦥑"表从动物胴体上剥下的兽皮筒子,"臼"表双手。"革"的构意源自双手将生皮鞣制成熟皮,即鞣制皮革,引申指已鞣制好的皮子。"兵革"为双音节词组,指兵士身上穿裹的革甲。

⑩揣。"揣"是"端"的假借字,端则是"耑"的本义转注字。"端"的本义为端头,即从这一端到另一端,又有站立者端直向上义。"揣"借"端"的形、音、义,以"木"置换本字的"立"旁,表示直端端往前戳伸的木棍。"兕无所揣其角"即犀牛不去用角直端端对着他(发起攻击)。

⑪昔。"昔"是"错"的省形字。"错"字金文作"𨮅",从金从巛从日:"金"表金属(黄金或铜),"巛"表器物表面刻划出的沟槽;"日"为目标字根,表示目的。"错"便是在器物上刻划沟槽,镶嵌金属丝。引申后又有交错义。

⑫蚤。"蚤"是会意字,金文作"𧉛",从叉从虫,本义为搔抓被虫子咬过的地方(此义由转注后的搔字所承继)。引申后,又指跳蚤一类咬人小虫。

⑬容。"容"是会意字,从宀从谷,两根会意:"宀"表地穴,"谷"以人口的吃进吐出表示物之进进出出。"容"的本义指储存物品的半地下式地窖,又有容纳义。

● 句读

出生入死。

译文:走出(娘胎)便是生,(葬身)入土便是死。

这是本章的起句，或称领句。因文句有省略而被后人形而上，成了越读越繁杂、越解读越糊涂的典范之作。如汉代人托名所作的《韩非子·解老》："人始于生而卒于死，始谓之出，卒谓之入，故曰出生入死。"英澄因而解读说："出则生，入则死，出谓自无而见于有，入谓自有而归于无。"

任继愈先生将此句译为："不能生存必然死亡。"

生之徒十有三；死之徒十又三，而民生生。

译文：（妇人生孩子时）生下来能一直活着的占十分之三；生下后又死掉的占十分之三；但是民众仍不停地生孩子，生生不已。

由于对领句解读得过分形而上，后边的句读至今少有正确者。《老子》一书以生活具象为其特点，又常以两性交合以及人的生死作比喻，这一章旨在述说人也是"道法自然"的产物，不仅要"以其先生"，而且会"物壮则老"。解读时要把握"法自然"中的"自然"这一主旨，即人生人是天下最自然之事。

注意：此处错简乱文。"而民生生"一句，应挪到"僮皆之死地之十有三"一句后面，由此便文从句顺了。

僮皆之死地之十有三。夫何故也？以其生生。

译文：（难产时）母子同时走向死亡的占十分之三。（民众仍不停地生孩子）这是什么原因呢？因为这便是人（天生使然）的生育。

此节中的"僮"，意译为生育时的停止不前。在上古先民的眼中，生育是一个过程，因而有"子丑寅卯辰巳午未申酉戌亥"的排序。生育过程停止，胎儿在娘肚子中生不出来，这便是"僮皆之死地"。

"以其生生"与"而民生生"的词义大体相当，一个是对质问的回答，一个是对生育现象持续不断的总括。

陈鼓应将此章上列文句解读为："人出世为生，入地为死。属于长寿的，占十分之三；属于短命的，占十分之三；人过分地奉养生命，妄为而走向死路的，也占十分之三。为什么呢？因为奉养太过度了。"显而易见，这样的话语应来自养生家之流，而不是研习哲学的陈先生。从养生角度讲，此处的死生比例有关于哪个朝代，陈先生肯定说不清。

盖闻善执生者，陵行不辟兕虎，入军不被兵革。

译文：听人讲述，善于掌握生存之道者，（就像）只有一条腿的残疾人前行不避犀牛老虎，进入军阵不穿甲胄。

陵行的"陵"字是这一节的关键字。传世本妄改为"陆"，已失《老子》一书的生活旨趣和形象比附之要点。

兕无所揣其角，居无所昔（错）其蚤，兵无所容其刃。夫何故也？以其无死地焉。

译文：犀牛没有用角直端端冲向他，老虎没有用爪子抓挠于他，兵士们没有将刀刃砍向他。这是什么缘故呢？这是因为他原本就无视自己的生死。

"以其无死地焉"一句，以往学者大多将其译为"凭借着他们没有蹈入死亡之地"。例如，陈鼓应先生将这一节译为："听说善于养护生命的人，在陆地上行走不会遇到犀牛和老虎，在战争中不会受到杀伤。犀牛用不上它的角，老虎用不上它的爪，兵器用不上它的刃。为什么呢？因为他没有进入死亡的范围。"

将"以其无死地焉"对译为"没有进入死亡的范围"，显然不妥。如此解读，与前边生育时的出生入死根本不搭界，更无法回答老子的设问：上古时代的人们在面临生育时的三分之一式选择，可谓三分凶险，但为什么人类还要"生生不已"？是心存侥幸，是一种无法逃避的命定，是天命论者的"只好顺其自然，只能顺其自然"，还是如老子所言"以其无死地焉"？

这就是《老子》的"道法自然"。

● 随感

将"出生入死，生生不已"解读为女性生育，还是将"十之三"解读为对人的寿命的概率描述，乃是这一章的关键。问题在于，老子所处的年代是否三分之一的人是非正常死亡的，是否有三分之一的人是长寿的，和平年代和战争饥荒年代非正常死亡的人是否都占三分之一，老子讲寿命概率的目的是什么？

从以往所有的解读本来看，我们不得不问：为什么大家都人云亦云？为什么古往今来都跳不出一犬吠影百犬吠声的怪圈？为什么中国的国学系统成了一个老鼠生儿子一代不如一代的抱残守缺系统？

《老子》一书多处讲"玄牝"，讲"以为天下母"，讲"守雌"。此章"生生"是老子生育文化的另一处张扬，旨在用"而民生生，夫何故也"述说"弗为"及"不争"。以生育中的生死选择及难产概率来透视"道法自然"这一哲思。

"善执生者"何以要像"陵行"者那样，不去"被兵革"，不去"辟兕虎"。无为、无事、无欲，顺其自然，这就是"夫何故也"的答案。

老子这段话是说给权势者听的，说给那些准备与天奋斗、与地奋斗、与人奋斗的有为君王们听的。如果生与死都归之于道的"归根复命"，那么，彊梁者自然不得其死。

注意，老子此章讲人的尊道而贵德，下一章便要讲动物和植物的尊道而贵德了。

帛书校勘本
德部十四

道生之①，德畜②之，物③刑之而器成之。是以万物尊④道而贵⑤德。

道之尊也，德之贵也，夫莫之爵⑥也，而恒自然也。

道生之，畜之，长之，遂⑦之，亭⑧之，毒⑨之，养⑩之，复⑪之。

生而弗有，为而弗寺⑫，长而弗宰⑬，是胃玄⑭德。

传世王弼本
五十一章

道生之，德畜之，物形之，势成之。是以万物莫不尊道而贵德。

道之尊，德之贵，夫莫之命而常自然。

故道生之，德畜之，长之，育之，亭之，毒之，养之，复之。

生而不有，为而不恃，长而不宰，是谓玄德。

帛书译文

道生万物，德畜养着万物，（各种）物体相互击打（使之成型），（各自的）功用则使万物得以实现。因此，万物必须尊崇道并贵重德。

道的尊崇，德的贵重，却没有任何爵位等级，它们永远是自然而然（体现出来的）。

道生出万物，（德）牵连养护着万物，使万物长大并让其直奔向前，让万物歇息并保护其不被灭绝（因其有毒），并使之（生生）往复不断。

（道）生出万物而不据为己有，掌控万物但不会握持（不放），使之成长而不会随意宰杀。这便是滋养（生育）万物的玄德。

● 解字

①之。"之"是象形字，甲骨文作"𡳿"，构形源自左脚踏在地上留下的脚印。"之"的本义为由此前行，又有停留于此的意思。在古代汉语中，"之"可放在动词谓语后面用作断句，也可作指代性宾语。"道生

之，德畜之"即道生它，德畜它。

②畜。"畜"是会意字，从玄从田："玄"为脐带的象形，"田"为动物胎胞的象形（与留中之田来源相同）。"畜"的构意源自家养的牲畜生下了小家畜，畜因而有家畜义，又有储蓄义。"德畜之"意谓"德"在生养、养育他。

③物。"物"是会意字，甲骨文作"㸔"，从牛从勿，两根会意："牛"表牛只，"勿"表刀的捅入。物便是宰杀后摆放在那里的牛。又由祭祀用牛的摆放引申出物品、物体义。

④尊。"尊"是会意字，金文作"🏺"，从酋从収。构意源自双手捧起酒樽给他人倒酒。小篆字体因音形变，将下部的"収"改形为"寸"（双手变为单手）。"尊"的本义为遵循以少敬老，以下敬上的礼节，此义由转注后的遵字所继承，"尊"则表示引申后的尊奉、尊敬义。

⑤贵。"贵"是会意字，从臾从贝："臾"以男子双手自慰生殖器，表示膨胀（丰腴）及须臾（一会儿）义；"贝"以货贝表示财物义。"贵"便是人为地夸大自己所持财物的功用和价值。贵的本义为贵重。

⑥爵。"爵"字原本是象形字，甲骨文作"🍶"，构形源自上古时代的青铜爵。金文增符作"🍶"（增添表示以手持拿的寸）。"爵"的本义为爵杯，由上古时代持爵喝酒的先后次序引申出爵位义，即贵族的等级封号（参见上文尊字释读）。

⑦遂。"遂"是"隊"的假借字。"隊"字从阝（阜）从豕从八，构意源自野猪受到追逐后从悬崖上跌落下来（或掉入陷阱中）。"队"的本义由转注后的坠字所承继，"队"则表示引申后的成行成队义。"遂"借"队"的形、音、义，以"辶"置换本字的"阝"，表示追赶者直奔向前。引申后使目的得以实现，又有顺遂、通达义。

⑧亭。"亭"是指事字，小篆字体作"🏮"，乃是在表示男子射精的"京"字下部增添一横，以字素标

注的方式表示男子性交过程中的中途停止。"亭"的本义由转注后的"停"字所承继，"亭"则表示引申后的亭亭玉立义，即勃起状态的持续。引申后，又借指孤独矗立的路边亭子，即行人停下来歇息之处。

⑨毒。"毒"是会意字，从生从毋："生"为草的长出，在此表示植物；"毋"表不可。"毒"便是不可食用的草，引申泛指有毒之物。"毒之"，即使其有毒，而不被食用殆尽。

⑩养。"养"（養）是会意字，从羊从食，本义指饲喂羊只，引申泛指饲养。引申后，又有养育、养护义。

⑪复。"复"是会意字，甲骨文作"𤰔"，从亚从倒止："亚"以十字型大墓表示祖先神所在的地下"亚世界"，"夂"以倒置的脚趾表示走回来。"复"的本义为返回来。《尔雅·释言》曰："复，返也。"復则是复的本义转注字。

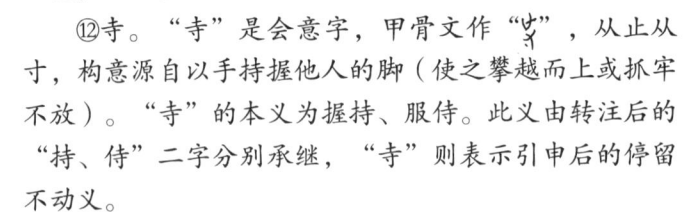

⑫寺。"寺"是会意字，甲骨文作"𡉈"，从止从寸，构意源自以手持握他人的脚（使之攀越而上或抓牢不放）。"寺"的本义为握持、服侍。此义由转注后的"持、侍"二字分别承继，"寺"则表示引申后的停留不动义。

⑬宰。"宰"是会意字，从宀从辛，两根会意："宀"表屋室，"辛"以凿子之形表示工匠，也表示捅杀家畜的刀具。"宰"的本义有二：一是屠宰家畜；二是君王家中主管工匠的宰夫（由此义引申出太宰、宰相义）。

⑭玄。"玄"是象形字，甲骨文作"𠃌"，构形源自胎儿与胎盘相连的脐带（玄与午为同源分化字）。"玄"的本义为悬挂连接。所谓"玄德"，便是悬挂在道下面的德。犹言道像胎盘，德像胎儿，德乃道所养育而成。

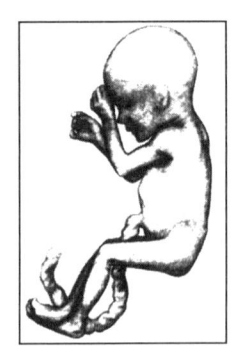

● 句读

道生之，德畜之，物刑之而器成之。是以万物尊道而贵德。

译文：道生万物，德畜养着万物，（各种）物体呈现各自的形状，（各自的）功用则使万物得以实现。因此，万物必须尊崇于道并贵重于德。

此节的关键之处有二：一是"之"与"万物"的相互置换，即"三生万物"中的万物。其次，便是"畜"在此应表示生育养护（或蓄养）。

道之尊也，德之贵也，夫莫之爵也，而恒自然也。

译文：道的尊崇，德的贵重，却没有任何爵位等级，它们永远是自然而然（体现出来的）。

《老子》言说，道"在帝之先"，道"先天地而生"。道为什么没有爵位等级？因为道是最大，道乃最先，道就是"大一"。"道"就像西方的上帝和穆斯林的安拉一般，乃是唯一的主。

道生之，畜之，长之，遂之，亭之，毒之，复之。

译文：道生出万物，（德）牵连养护着万物，使万物长大并让其直奔向前，让万物歇息并保护其不被灭绝（因其有毒），并使之往复不断。

此节释读难点有二：一是"畜之"前边省略了一个"德"字，因为前节已有"德畜之"，此处自然可以省略；二是"遂、亭、毒"三字的解读。以往的训诂学者不识"遂、亭、毒"三字的物象由来及造字方法——遂是假借字，亭是指事字，毒是会意字——因而不得不强牵乱扯。从具象的角度来审视，此节文字实际隐含着植物的春夏萌生及成长（长之养之复之）、秋冬季节的结实及储藏，以及来年的再次萌生。

研读此节，可参见帛书《老子·道部十六》："天物沄沄，各复归于其根。归根曰静，静是胃复命，复命常也，知常明也。"

生而弗有，为而弗寺，长而弗宰，是胃玄德。

译文：（道）生出万物而不据为己有，掌控万物但不会握持（不放），使之成长而不会随意宰杀。这便是滋养（生育）万物的玄德。

与前节相比，此节源自动物的生存而不是前一节的植物。"有、

079

寺、宰"三字乃是人类对待动物的必然行为。只有道不会像人类那样贪得无厌，豢养动物完全以自利为中心，以欲求为目的。有则新闻说：以色列科学家培养出一种不长羽毛的鸡。由于不长羽毛，所以节省了长羽毛所需的饲料，因为不长羽毛，宰杀这种鸡时便省去了脱毛的工序。道会这样做吗？只有人类才会生而有之，为而饲之，长而宰之。

● 随感

此章紧接"出生入死"一章。前一章讲人的道法自然，尊道而贵德；这一章讲动物和植物的道法自然，尊道贵德。

老子认为有道方有德，德因此要遵循道的自然而然，即恒自然也。因为有了"生而弗有，为而弗寺，长而弗宰"，所以有"道德"的尊贵，即不干涉也不仁爱万物（植物和动物）的生长与存在，任由万物自生自灭，而恒自然也。

这一章的标题便叫作：德法道，道法自然，万物尊道而贵德。

这便是"天地不仁，以万物为刍狗；圣人不仁，以百姓为刍狗"的原因所在。

帛书校勘本
德部十五

天下有始①，以为天下母。
既②得其母，以知③其子；既知其子，复守④其母，没⑤身不殆⑥。
塞⑦其垗⑧，闭其门，冬⑨身不堇⑩。启⑪其垗，齐⑫其事⑬，冬身不棘⑭。
见⑮小曰明⑯，守柔⑰曰强⑱。用其光，复归⑲其明，毋遗⑳身央㉑；是胃袭㉒常㉓。

传世王弼本
五十二章

天下有始，以为天下母。
既得其母，以知其子，既知其子，复守其母，没身不殆。
塞其兑，闭其门，终身不勤。开其兑，济其事，终身不救。
见小曰明，守柔曰强。用其光，复归其明，无遗身殃；是为习常。

帛书译文

天下有了（女性的）第一次性交合，凭此而成为天下的母亲。

已经认识（掌握得到）母亲，借此可知晓她的孩子；已经知道她的孩子，反而要固守住孩子的母亲。即便（她们）将身体隐藏也不会（寻找）不见。

堵塞缝隙，关闭门户，终身不用繁（勤）劳；开启孔眼（向外观看），努力把事情做齐整，终生感到芒刺在身。

呈现幼小乃是明智之举，恪守柔弱便是坚强之举。

（进入洞窟时）运用手中的火把，归返到光亮之处；不要把身体遗落在祸殃之地，这便是沿袭至今的常规。

● 解字

①始。"始"是会意字，从女从台："女"表女人，"台"以张开并布置好的绳套表示女性准备与男子性交。"始"的本义为女性的初次性交合，引申泛指初始、开始。《说文》释为："始，女之初也。"

②既。"既"是会意字,金文作"🦴",构意源自吃饱后的扭头离去。"既"的本义为已经(吃饱了)。

③知。"知"是"智"的省笔假借字(参见前文《老子·德部七》)。知的本义为知晓、知道。

④守。"守"是会意字,从宀从寸:"宀"表屋室,"寸"以寸口之形表示手的伸出。"守"便是守住屋舍不让他人进出,即守护。引申后又有防守义。

⑤没。"没"是会意字,金文作"🦴",从水从回从又,构意源自人沉入水中后仍有一只手伸出水面(求救)。"没"的本义为沉没,引申泛指没有了。

⑥殆。"殆"是会意字,从歹从台:"歹"表人的死亡,"台"表猎捕动物的绳套。"殆"的本义指动物(或人)被绳套套住而死去,又特指一点点地走向死亡。引申后,又泛指危险。

⑦塞。"塞"是会意字,金文作"🦴",从宀从丱从収从土,构意源自用土或草塞堵墙壁或屋顶上的孔洞,"塞"的本义为堵塞。

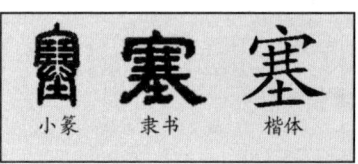

⑧垸。"垸"是"蜕"的假借字。"蜕"字从虫兑声,本义指蛇类或蝉从旧壳中蜕皮而出。"垸"借"蜕"的形、音、义,以"土"置换本字的"虫"旁,表示土壁上动物爬进爬出的孔洞,或土块脱落后形成的缝隙。

⑨冬。"冬"是会意字,从卵从仌:"卵"表胎盘和胎儿全部产出,"仌"以冰棱之形表示寒冷。"冬"便是一年的终结,此义的一部分由转注后的终字所承继,"冬"则表示分化而出的冬天义。

⑩堇。"堇"是会意字,从黄从土,构意源自女性生孩子时填在裆下的黄土。"堇"的本义由转注后的墐字所承继。"堇"在此用为勤奋,即女人生孩子时一遍接一遍用力时的勤奋、勤勉义。

⑪启。"启"是"啟"的省形字。

啟字金文作"啟",从户从口从攴:"户"表示门户,"口"表示缝隙,"攴"以击打之形表示用力推挤。"啟"的本义为开启门户。

⑫齐。"齐"(齊)为象形字,甲骨文作"𠂤",构形源自禾谷秀穗后的上部齐整,小篆字体增添古文上(二)字。"齐"的本义为整齐。"齐其事"便是将所有的事整齐划一:长事截短,短事拉长,即劳碌于事的意思。

⑬事。"事"是会意字,金文作"叓",从干从口从又,三根会意:"干"表干戈,"又"表手的持拿,"口"表发布命令。"事"的本义为事务。"事、吏"二字为同源分化字,一个表示执行任务的头目,即官吏之吏;一个表示所执行的任务项目,即事情之事。

小篆中的史、事　　楷体中的史、事

⑭棘。"棘"是同体会意字,以两个束并列会意,本义为荆棘,即全身上下都是刺的酸枣棵子。"终身不棘"即终身丕棘。意谓一辈子感到芒刺在身。

⑮见。"见"是会意字,金文作"𥍋",从目从人,构意源自走上前去观看。"见"的本义由转注后的"现"字所承继(增添表示穿通而过的壬),"见"则表示分化而出的看见义。此处文句意谓呈现。

⑯明。"明"是会意字,金文作"朙",从囧从月:"囧"表窗户,"月"表月光,构意源自月光从窗户透进。隶书字体将囧形变为目标字根"日",但字义未变。"明"的本义为光明,即一缕光的透入。引申后,又有圣明义。

甲骨文　金文　小篆　楷体

⑰柔。"柔"是会意字,从矛从木:"矛"表示长柄兵器中的长矛,"木"表木柄。"柔"的词义源自矛柄:古人制作矛柄通常选用柔韧度很强的白蜡木杆,精细者还要在蜡木杆四周裹上竹片,缠上丝麻,漆上大

漆。"柔"因此有柔曲义，引申后又指柔软。

⑱强。"强"（強）是会意字，从弘从虫："弘"表弓弦拉满后的弹射，"虫"表示蝉类昆虫。"强"的构意源自能从蝉蜕中钻出来，并且能像鸟儿一般飞奔目标的蝉，即那些鸣叫声为"夫强-夫强"的蝉。"强"的本义有二：一是坚强，二是勉强。"守柔曰强"直译便是：恪守柔弱便是坚强之举。

⑲归。"归"（歸）是会意字，金文作"🖼"，从𠂤从止从帚，三根会意："𠂤"表屁股，"止"表脚迹，"帚"表扫帚。"归"便是返回后打扫干净而后坐下，"归"的本义为人的归返。

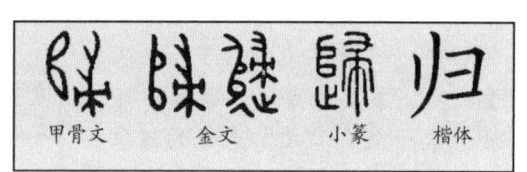

⑳遗。"遗"字原本写作"🖼"，乃是一个会意字，从辵从㕟："辵"表示行走在路上，"㕟"以男子精液喷出表示丢失。后来，在㕟下增贝，使之成为从辵从贵的会意字。"遗"的本义为遗失，引申后又有留存义。

㉑央。"央"是依托象形字，甲骨文作"🖼"，构形源自一个人被绳子吊死。"央"的本义由转注后的"殃"字所承继，"央"则表示引申而出的中央义。

㉒袭。"袭"（襲）为会意字，金文作"🖼"，从双龙从衣，"袭"的构意源自蟒蛇蜕皮。"袭"的本义为承袭，在此用为沿袭。

㉓常。"常"是会意字，从尚从巾，两根会意："尚"以躺下的女人表示人体的下部（腰身以下），"巾"表示巾帛。"常"的构意源自包裹人体下身的裙子（此义由后造的裳字所承继），"常"的常用义为往常、平常。袭常即沿袭以为常。

● 句读

天下有始，以为天下母。

译文：天下有了（女性的）第一次性交合，凭借此而成为天下的母亲。

此处"天下"应是天下的雌性，或天下的女子。类同帛书《老子·德部二十四》："天下之交也。"后世学者多用"阴阳交合以成万物"来解读"天下有始，以为天下母"。因此添加主语部分，将此节译为："天下万物以阴阳交合而有了自己的开始，大道孕育化生天下万物，因而成为万物之母。"显然，这里有了一个概念置换的问题，即大道与阴阳的置换。有人强辩说，这是在讲大道使阴阳交合因而天下万物有始有生，故大道乃是天下万物之母。但在《老子》的讲述中，"道生一、一生二、二生三、三生万物"，其中并没有阴阳的交合，"万物负阴而抱阳"应在"三生万物"之后（参见《德部五》）。其二，如果前后句都需补上主语，而且是不同的主语，这样的对译添油加醋也太多了一些。笔者认为，不需要形而上，也不需要比附，这里讲的是女子因性交合而成为母亲——所以有下节的"既得其母……"

张岱年先生依据此节文字说："在老子以前，似乎无人注意到宇宙始终问题；到老子乃认为宇宙有始，是一切之所本。"（见《中国哲学大纲》）。张先生是在夸赞老子，还是在夸赞自己的慧眼？

任继愈先生将此节对译为："天下一切事物有其源始，作为一切事物的根本。"这种空泛对译似乎也不妥。

既得其母，以知其子；既知其子，复守其母。没身不殆。

译文：已经认识（掌握得到）母亲，借此可知晓她的孩子；已经知道她的孩子，反而要固守住孩子的母亲。即便（她们）将身体隐藏也不会（寻找）不见。

此节文句后边的物象，源自古人对人或动物习性的了解：捉住其母，其子便跟着而来；鞭打其子，其母必然因情绪变化而被辨认出来。即便他们原本想刻意隐藏起来以躲避危险。

有学者认为，老子此节言说道是德的母亲，德是道的儿子，知晓了道，便可知晓德。恪守住德，便实现了道。显然，"道德母子"说应当是《老子》的言外之意（《老子》一书没有直接言说道能生育出德）。

此节的重点文句是"没身不殆"。傅佩荣先生竟然将此文句直译为"这一生至死都不会陷入危险"。隐藏埋没身体的"没身"，被傅先生译成了"终生"。

"没身不殆"又见道部十六："知常容，容乃公，公乃王，王乃天，天乃道，道乃久。没身不殆"。

塞其垸，闭其门，冬身不堇；启其垸，齐其事，冬身不棘。

译文：堵塞缝隙，关闭门户，终身不用繁（勤）劳；开启孔眼（向外观看），努力把事情做齐整，终身都会呈现荆鞭的击打。

"塞垸闭门"旨在闭塞与外界的通道，实现"无为"和"有知"。《老子·德部十》"不出于户，以知天下；不覩于牖，以知天道。其出籥远者，其知籥尟"是这一节的注脚，"为学者日益，闻道者日敓"则是这一节的谜底。

此节的重点字词是"终身不棘"，"不棘"即"丕棘"，即一辈子都感到芒刺在身。因为不知此处"不"作"丕"讲，传世本作"终生不救"。意谓终其一生不可得救妄改为启垸齐事是无事、无为的反面，是"为学者日益"的所作所为，不为"闻道者"所取。

见小曰明，守柔曰强。

译文：呈现幼小乃是明智之举，恪守柔弱便是坚强之举。

用其光，复归其明，毋遗身央；是胃袭常。

译文：（进入洞窟时）运用手中的火把，归返到光亮之处，不要把身体遗落在祸殃之地；这便是沿袭至今的常规。

陈鼓应先生将此节译为："运用智慧的光，返照内在的明，不给自己带来灾殃，这叫作永续不绝的常道。"显而易见，形而上与形而下的译法各有其长处。

● 随感

此章的核心是"没身不殆"及"毋遗身央"。只要理解了这两句的物象来源，便一切都迎刃而解。此章的小标题可拟为：尊道贵德者的见识及活法。

传世本的诠释者，大多将第一节译为"天下有了初始的道，以此（道）成为天下万物的母亲"。已经获得了作为母亲的道，也就知晓了道的儿子，即德的质性。将第二节译为"关闭知识大门，终身不遭受祸患，打开知识的穴窍，终身不可救药"，这种译法与文言文的直译似乎远了一些，添加的东西多了一些。释者只知其一，无法知晓其二三。

帛书校勘本
德部十六

使①我②介③有知，行④于大道，唯他⑤是畏。
大道甚夷⑥，民甚好解⑦。
朝⑧甚除⑨，田甚芜⑩，仓⑪甚虚；服⑫文采，带利剑，猒⑬食而齎⑭财有馀，是胃盗⑮夸⑯。盗夸，非道也哉！

传世王弼本
五十三章

使我介然有知，行于大道，唯施是畏。
大道甚夷，而民好径。
朝甚除，田甚芜，仓甚虚；服文綵，带利剑，厌饮食，财货有馀；是为盗夸，非道也哉！

帛书译文

派遣我们前往智慧之处，行走于大道之上。唯有他们（横穿的小路）令人畏惧。
大道非常平坦，但民众们过分喜好走捷径邪径。
朝见（的规矩）一天比一天废弛（消除），田地一天比一天荒芜，仓廪一天比一天空虚；穿有文彩的衣服，佩带锋利的青铜剑，独占精美食物，聚敛财货使之多余。这便是夸耀自己的阴私自利。（侯王们）夸耀独占贪婪的行为，不合乎自然之道。

● 解字

①使。"使"是"吏"的本义转注字。"吏"字从干从又从表示城邑的口，本义指征伐或出征时的领头人（吏与事为同源分化字），即官吏。在吏的左边增添人旁，便创设出转注字使，承继初文的出使派遣义。

②我。"我"是会意字，甲骨文作"𢧐"，从戉从晃动字根彡。"我"的构意源自两军对阵时，领兵者率领将士将兵器向上挥舞，同时呐喊"ê—ê—ê"。"我"的本义为显示壮美以吓唬敌方，又用为复数第一人称，即我们。

③介。"介"是会意字,甲骨文作"𠆲",从人从八,构意源自人的叉腿跨越,分置两处。介的本义为由此及彼,即介入。引申后,又有叉腿站立不动义。在此用为"前往"。

④行。"行"为象形字,构形源自十字交叉的两条大道。行的本义为直路上的横穿之路,引申后,有行列义,又有行走义。

⑤他。"他"是佗的异体字,"佗"则是"它"的本义转注字。金文的它字作"𤣥",构形源自女性生殖器,由两性做爱时男女相互称谓占有第一第二人称,将女阴部位称为第三人称(也与"它"是同源分化字。"它"的发音来自两性交合时的嗒嗒声)。"他"和"佗"乃是"它"的本义转注字,本义为第三人称。"行于大道,唯他是畏",即面对十字路口时的迷惑和恐惧。

⑥夷。"夷"是会意字,金文作"𢎺",从大从己,构意源自绳索捆缚起来的人。"夷"的本义为被绑之人,又特指商周时期的东部少数民族(他们常常被俘获然后被捆绑回来)。引申后,又有去除消灭义,由此引申出"弄平"义。"大道甚夷",乃是说大道非常平坦。参见帛书《老子·德部三》:"明道如费,进道如退,夷道如颣。"

⑦解。"解"是会意字,甲骨文作"𨧀",从白从角从牛,构意源自双手将牛角从牛头上剥下来。小篆字体作"解",从角从刀从牛,使以刀解牛之意更为明晰。"解"的本义为分解,含有刻意割取牛角义。"民甚好解"意谓民众过分喜好贪图小利,即走偏门、走捷径、邪径。帛书乙本作"懈"。

⑧朝。"朝"是会意字,金文作"𪚔",从日从双中从川:"日"表太阳,"中"为向上字根,"川"表流水不断。"朝"的构意源自早晨太阳升起时,阳光像流水一般倾泻而下。朝的本义为早晨阳光

倾泻而下（小篆字体将川改为舟，楷书之月乃舟的形变）。引申后，又有朝向义。

由古代大臣每天早晨必须到王宫中拜见君王，引申出朝见、上朝义，又由此引申出朝廷义。

⑨除。"除"是会意字，金文作"𢓨"，从阜（阝）从余："阜"以台阶表示下降义，"余"则表示雨伞。"除"便是将雨伞合拢起来。引申泛指消除。

⑩芜。"芜"（蕪）是形声字，从艹無声："艹"为类旁，表示与野草有关；"無"为声义旁，表声且表抛掷堆积义。"芜"便是田地里长满野草，即荒芜。

⑪仓。"仓"（倉）是会意字，金文作"𠣝"，构意源自男子的睾丸，即储存精液的地方（亦可源自人的两腮含物）。"仓"的本义为仓储。引申后，又指储存物品和粮食的地方。

⑫服。"服"是会意字，甲骨文作"𦨶"，从舟从尸从又，构意源自一个人被强行推上船，离开原先的血缘族群。"服"的本义为臣服，又有服从义。引申后，由佩服一词引申出穿戴义，并由此引申出服装、衣服义。

⑬狀。"狀"是会意字，金文作"𤝗"，从犬从肉（月）从口，构意源自狗嘴叼了一块肉。"狀"与"猎"为同源分化字："猎"为独立文字，"狀"则是"厭"的构字字根。"狀（猎）食"即独占，或抢夺食物。

⑭齎。"齎"是形声字，从贝齊声："贝"为类旁，表示与货贝财物有关；"齊"是声义旁，表声且表齐整（禾谷全部抽穗）义。"齎"便是将许多货贝积攒到一起，将它们全都串系齐整。"齎财"便是积攒、聚敛财物。

⑮盗。"盗"是会意字，金文作"𣸭"，从次从

皿，构意源自见到器皿中的食物而流涎不断（私下偷吃）。"盗"的本义为私下窃取，引申泛指阴私自利的行为。《说文》："盗，私利物也。"

注意"盗、偷、贼"三字的物象来源及造字方法不同："偷"是"媮"的假借字，构意源自男女偷情。贼是从鼎从人从戈的会意字，构意源自敲碎铜鼎，损毁并窃取铜块。"盗"是独自偷食器皿中的食物。

⑯夸。"夸"是会意字，金文作"夸"，从大从于："大"表叉腿站立之人，"于"表人的出气。"夸"的构意源自一个人（跑来后）的长出气，本义为夸张、夸耀（以长出气表示自己从远方急速跑来）。"盗夸"，便是偷吃食物者夸耀自己的阴私自利行为。

● 句读

使我介有知，行于大道，唯他是畏。

译文：派遣我们前往智慧之处，行走于大道之上。唯有他们（横穿的小路）令人畏惧。

"使"，在此用为派遣、出使。"介"的本义为两者之间，在此译为"前往"。"有知"，即有智慧。"大道"即直通的大路，与"道法自然"中的"道"无关。

"他"，第三人称指代词，在此指代的是下节的"大道甚夷"，即直道上的横穿小路。

传世本学者大多将"我"解读为"有道的治者"，即《老子》一书"道佑我王"的侯王们。此解显然与后句"民甚好解"的"民"字不匹配。"我"是已包括民和侯王都在内的"我们"。

大道甚夷，民甚好解。

译文：大道非常平坦，但民众们过分喜好走捷径邪径。

帛书乙本"解"字作"懈"。传世本作"径"。"解、懈、径"三字的词义都指偏门左道,即捷径、邪径。王弼对此节注曰:"言大道荡然正平,而民犹尚舍之而不由,好从邪径。"

朝甚除,田甚芜,仓甚虚。

译文:朝见(的规矩)一天比一天废弛(消除),田地一天比一天荒芜,仓廪一天比一天空虚。

秉承"无为而治"的老子是不是会讲出"朝甚除"这样的话,这太让人起疑了。这一节不伦不类,与前句两不搭界,似乎是后人的加塞。若删掉此节文句,则前一节讲的是下层民众的省力好解,后一节讲的是上层统治者的贪欲,前后系联似乎更顺溜一些。

服文采,带利剑,猒食而齎财有余,是胃盗夸。盗夸,非道也哉!

译文:穿有文彩的衣服,佩带锋利的青铜剑。独占精美食物,聚敛财货使之多余。这便是夸耀自己的阴私自利。(侯王们)夸耀独占贪婪的行为,不合乎自然之道。

汉代人托名著述的《韩非子·解老篇》改"盗夸"为"盗竽"。韩非曰:"竽也者,五声之长也。故竽先,则钟瑟皆随,竽唱,则诸乐皆和,今大奸作败矣。"高亨先生续貂曰:"夸,竽同声系,古通用。据韩说,盗竽犹今言盗魁也。竽以乐喻,魁以斗喻,其例正同。"事实上"夸"的古音读作hua或ha,乃是急速喘气声的拟音。于(竽)的古言读作xu,乃是人的长出气声的拟音。二字根本不在一个音系,古文未见通用之例。"盗夸"意谓夸盗。盗夸不能作盗竽,就像滥竽充数不能作滥夸充数!

陈鼓应将"盗夸"译作"强盗头子",似乎有些望文生义。

● 随感

此章是老子对时政的批判。老子认为,在社会快速变革时期,社会上层统治阶级贪图私利,下层民众则懒惰省力。这种"盗夸"行为是背"道"而驰的。

正因为如此,所以要"使我介有知,行于大道"。

帛书校勘本 德部十七	传世王弼本 五十四章
善建①者不拔②，善抱③者不脱④，子孙以祭⑤祀⑥不绝⑦。 脩⑧之身，其德乃真⑨；脩之家，其德有馀⑩；脩之乡，其德乃长⑪；脩之国，其德乃夆⑫；脩之天下，其德乃博⑬。 以身观⑭身，以家观家，以乡观乡，以国观国，以天下观天下。吾何以知天下之然⑮兹⑯？以此⑰。	善建者不拔，善抱者不脱，子孙以祭祀不辍。 修之于身，其德乃真；修之于家，其德乃馀；修之于乡，其德乃长；修之于国，其德乃丰；修之于天下，其德乃普。 故以身观身，以家观家，以乡观乡，以国观国，以天下观天下。吾何以知天下然哉？以此。

帛书译文

善于朝见者不会被拉扯住，善于搂抱者不会让其逃脱，子孙后代凭借着祭祀而不会让血缘断绝。

鞭策自身，呈现出的德行就会真诚。鞭策家族，呈现出的德行就会充裕。鞭策乡里，呈现出的德行就会长久。鞭策邦国，呈现出的德行就会蓬勃向上。鞭策天下，呈现出的德行就会广博。

以自身去观照他人之身，以自家去观照他人之家，以自乡去观照他人之乡，以自国去观照他人之国，以这个天下（时代）去观照别的天下（时代）。我何以知道天下必然是这样的呢？凭借上边所说的理由。

● 解字

①建。"建"是会意字，从聿从廴："聿"表手握书写之笔，"廴"表行走在道路上。"建"的构意源自画出路线让他人行走（建与见同一音系），可用为朝见。引申后，又有画出样式让他人建造义。

②拔。"拔"是"犮"的本义转注字。"犮"字金

文作"󰀀"，乃是在犬的后腿（或尾巴上）上增添一撇，表示揪扯狗腿，使之不能离去。在"犮"的左边增添手旁，便创设出转注字拔，承继初文的拉扯义。善建者不拔，意谓善于朝见者，不怕他人的拉扯。即上节的"行于大道"者。

③抱。"抱"是"包"的本义转注字。"包"字金文作"󰀀"，从勹从巳："勹"为长又，用为手臂的搂抱："巳"为胎儿包裹后的象形。"包"的本义为搂抱。在包的左边增添手旁，便创设出转注字抱，承继包的本义。

④脱。"脱"是"蜕"的假借字。"蜕"字从虫从兑，本义为蛇或变态类虫子的蜕皮。"脱"借"蜕"的形、音、义，以肉（月）置换本字的虫，表示人因擦伤或晒伤而脱皮。引申后，又有脱掉衣服义。引申泛指摆脱。

⑤祭。祭是会意字，甲骨文作"󰀀"，从肉从又从示，构意为手持肉块摆放在示桌上。"祭"的本义指用肉类食物祭奠鬼神。

⑥祀。"祀"是形声字，从示巳声："示"为类旁，表示与祭祀有关；"巳"为声义旁，表声且表胎儿义。"祀"便是祭祀掌管生育的神祇，不要让胎儿作祟，形成母死子亡的悲剧。

⑦绝。"绝"（絕）是会意字，从糸从色，两根会意："糸"表绳索，"色"表人被扼住咽喉（厄与色为同源分化字）。"绝"便是用绳勒住咽喉，使之断绝呼吸。引申后，泛指事物的中途断绝。

⑧脩。"脩"是"修"的变异体，是一个从肉（月）攸声的形声字。攸字金文作"󰀀"，从人从攴从晃动字根彡，构意源自手持枝条击打一人。攸的本义为教训、惩戒。在攸的下部再增添晃动字根"彡"，便创设出转注字"修"。在攸下增添肉（月），便创设出形

声字"脩",表示条状的肉干。"脩之身"即修理于身（条状肉干需要用刀修切，方能成为礼物，即束修）。

⑨真。"真"是会意字，甲骨文作"🔲"，从鼎从匕："鼎"为煮肉的青铜鼎，"匕"表匕刀。"真"的构意源自从鼎里直接扎出来的肉块，这才是真正的。引申后，又有真心实意义。真与伪互为反义词。

⑩馀。"馀"（餘）是形声字，从食余声："食"为类旁，表示与篮中食物有关；"余"为声义旁，表声且表冒尖义（上部如同伞状）。"馀"便是食物的充裕，引申泛指多馀。

⑪长。"长"（長）是依托象形字，甲骨文作"🔲"，乃是在人的头部增添长发状。"长"的本义为头发长长了，因而有长短之长、长大之长两重词义。引申指年长之人，又指长久。

⑫夆。"夆"为会意字，从夂从丰，两根会意："夂"以倒置的脚趾表示由上至下，"丰"则表示植物。"夆"便是倒挂而下的藤蔓植物（含有蓬勃向上义），此义由转注后的"逢、蓬"二字所承继，"夆"则成为汉字形声系统的声义偏旁。

⑬博。"博"是形声字，从心尃声："心"为类旁，表示与心思有关；"尃"为声义旁，表声且表网撒一大片义（尃的本义由转注后的"博、搏"二字所承继）。"博"便是心思（或恩惠）的广博。

⑭观。"观"（觀）是形声字，从见雚声："见"为类旁，表示与观看有关；"雚"为声义旁，表声且表圆瞪眼睛的猫头鹰。"观"便是猫头鹰双眼紧盯一处，引申泛指眼的巡视、审视，即观察。

⑮然。"然"是会意字，甲骨文作"🔲"，从肉从火从犬，构意源自燃火烤肉（狗会循味而来，守在旁边不离去）。"然"的本义为燃火。此义由转注后的"燃"字所继承，然则表示引申而出的，由此开始及自己燃烧

不须操劳义，即自燃。

⑯兹。"兹"是丝（丝）的同源分化字，甲骨文作"𢇁"，以两个糸的同体会意，表示将多个蚕茧的丝同时抽出，合成一股。"丝"的本义为丝绳，兹的本义为这几个（蚕茧），引申泛指这里、这样。"然兹"便是必然成为这样。

⑰此。"此"是会意字，从止从匕："止"表脚趾，"匕"表母畜。"此"的构意源自公畜趴在母畜背上而交配，或雄鸟站在雌鸟背上给雌鸟踏蛋。"此"的本义为孳尾，引申泛指虚化后的这个、这里、此处义。这里的"此"指上面的文句，"以此"即凭借着这些。

● 句读

善建者不拔，善抱者不脱，子孙以祭祀不绝。

译文：善于朝见者不会被拉扯住，善于搂抱者不会让其逃脱，子孙后代凭借着祭祀而不会让血缘断绝。

"善建者"与"善抱者"乃同一事物的对应双方：一个拔腿要走，一个搂抱住不让他脱身。老子在这里设置了一个"非此即彼"式的矛盾选择。此节紧接上一章"使我介有知，行于大道"。

傅佩荣不识"建、拔"二字的形、音、义由来，自以为是地将其错译为"善于建立的、不可以拔除"。不知世上何处有建立后不可拔除之物。

祭在此处指祭奠先祖，祀在此处指招安胎儿。先民认为，祭祀不止，血缘才能一脉相承而不绝。事实上，子孙在，祭祀便有。子孙无，祭祀自然断绝，两者相辅相成。

这一节的主语是谁？注意，《老子》这段话是说给大大小小的侯王们的，不是说给百姓和民众的！

修之身，其德乃真；修之家，其德有馀；修之乡，其德乃长；修之国，其德乃夆；修之天下，其德乃博。

译文：鞭策自身，呈现出的德行就会真诚。鞭策家族，呈现出的德行就会充裕。鞭策乡里，呈现出的德行就会长久。鞭策邦国，呈现出的德行就会蓬勃向上。鞭策天下，呈现出的德行就会广博。

以身观身，以家观家，以乡观乡，以国观国，以天下观天下。吾何以知天下之然兹，以此！

译文：以自身去观照他人之身，以自家去观照他人之家，以自乡去观照他人之乡，以自国去观照他人之国，以这个天下（时代）去观照别的天下（时代）。我何以知道天下必然是这样的呢？凭借上边所说的理由。

● 随感

此章紧接上面一章"使我介有知，行于大道"。

行于大道做什么，显然是求取"德"了。从表面上看，说出修身观身、修家观家、修国观国、修天下观天下这番话的老子，与孔子没有什么区别，无非是修身齐家治国平天下这套理论。但实际上，老子所说的修德，即所要修持的内容，不是儒家的仁义礼智信，而是道法自然的"道"和循道而行的"德"，即"敛之又敛，以至于无为"的那些东西。所以此章文中有其德"乃真、有馀、乃长、乃夆、乃博"的语句。观照他人的身、家、乡、国、天下，实际上是观照他人的"介然有知"了。

帛书校勘本
德部十八

含①德之厚者，比②于赤③子。蠚④虿⑤虺⑥蛇⑦弗螫⑧，攫⑨鸟孟⑩兽弗搏⑪。

骨筋弱柔而握⑫固⑬。未知牝⑭牡⑮之合而朘⑯怒，精⑰之至也。冬日号而不嚘⑱，和之至也。

知和曰常，知常曰明。益生曰祥，心使气曰强。

物壮⑲则老⑳，胃之不道，不道蚤已。

传世王弼本
五十五章

含德之厚，比于赤子。蜂虿虺蛇不螫，猛兽不据，攫鸟不搏。

骨弱筋柔而握固。未知牝牡之合而全作，精之至也。终日号而不嗄，和之至也。

知和曰常。知常曰明。益生曰祥。心使气曰强。

物壮则老，谓之不道，不道早已。

帛书译文

包含德行最厚重者，有比于那些赤裸的婴儿。马蜂毒蝎蠚虫蟒蛇不会蜇刺他，鹰隼猛兽不会抓捕他。

（婴儿）筋骨虽然柔弱但双手会牢牢抓握，不懂两性交合但拨弄后（幼小生殖器）会硬起来，这是先天生殖力至达的结果。终日哭号而不会悲哀忧伤，这是阴阳调和至达的结果。

知晓调和就是顺常，知晓顺常乃是明智之举。（万物）增益和生殖就是吉祥。由心中生发（派遣）出的后天之气就是愤发图强。

万物壮大便会走向老迈，这便是彰显出的道。这种彰显出来的道早已存在。

● 解字

①含。"含"是会意字，从今从口："今"表呻吟，"口"表人嘴。"含"便是口中含物（说不出话）而哼哼唧唧，即含物于口。引申泛指包含。

②比。"比"是会意字，甲骨文作"ff"，构意源自两个人一同回家（从、比二字构形相近，从字的

字义为出门远行）。"比"的本义由增符后的会意字"皆"，以及转注后的"偕"字相继承袭。"比"则由两个人的急速朝家奔跑，引申出比较、比对义。

③赤。"赤"是会意字，甲骨文作"🔥"，从火从大，构意源自以火烧人。"赤"的本义有二，一是大火烧掉衣服后的赤裸义；二是人肉人油着火后的黄红色义，即赤色。"赤子"即赤裸的胎儿，源自胎儿出生后的光裸。

④蠭。"蠭"（蜂）是形声字，从䖵夆声："䖵"为类旁，表示与成团的昆虫有关；"夆"为声义旁，表声且表（藤蔓）吊挂向下义。"蠭"便是窝巢吊挂向下的马蜂。"蠭"为古文，现今省形为蜂。

⑤蠆。"蠆"是萬的本义转注字。萬为象形字，甲骨文作"🦂"，构形源自蝎子。在萬下增添表示昆虫的虫，便创设出转注字"蠆"，承继萬字的蝎子义。萬则表分化而出的百千义，即一万之万。

⑥虺。"虺"是会意字，从尢从虫："尢"以一条腿拖在地上行走的人，表示拖腿而行义；"虫"则表示爬行类动物。虺便是尾巴拖在地上的蜥蜴，又指以身体爬行的毒蛇。

⑦蛇。"蛇"是同体会意字，金文作"🐍"，以两个虫的并列表示虫的本义，即蛇。小篆字体因音形变，将右旁形变为它（"䖵"则表示泛化后的爬行类及昆虫类，用为形声系统的类旁）。

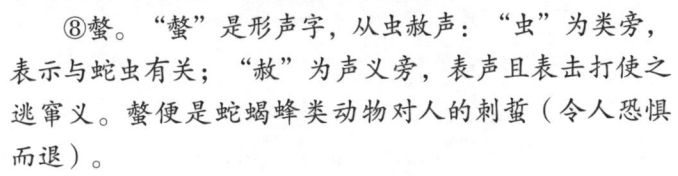

⑧螫。"螫"是形声字，从虫赦声："虫"为类旁，表示与蛇虫有关；"赦"为声义旁，表声且表击打使之逃窜义。螫便是蛇蝎蜂类动物对人的刺蛰（令人恐惧而退）。

⑨攫。"攫"是形声字，从手瞿声："手"为类旁，表示与手的捉拿有关；"瞿"为声义旁，表声且表目光敏锐的鹰隼。攫便是鹰隼类猛禽的伸爪捕捉。"攫鸟"意谓食肉类猛禽。

⑩孟。"孟"是会意字,金文作"🅐",从子从皿,构意源自婴儿在盆中击打戏水。"孟"的本义由转注后的"猛"字所承继,孟则专表人的姓氏。

⑪搏。"搏"是"尃"的本义转注字。"尃"字从甫从寸:甫为撒网之形,"寸"表手的执拿。"尃"的本义为用手抛撒捕网。在尃的左边增添手旁,便创设出转注字"搏",承继初文尃字的撒网捕捉义,引申后又有搏击、拼搏义。

甲骨文　金文　小篆　楷体

⑫握。"握"是形声字,从手屋声:"手"为类旁,表示与手的动作有关;"屋"为声义旁,表声且表哪一边义。"握"便是用手将物拿到另一边(或递给他人)。引申后,又有握持义。

⑬固。"固"是形声字,从囗古声:"囗"为类旁,表示与地窖囚禁有关(构形源自地穴);"古"为声义旁,表声且表急速说出义。固便是坚决不说,即顽固之固。引申后,又有牢固义。

"握固"即牢牢握持不放。这一行为源自婴儿的生理遗传特征,小手紧握,不从母体上掉下去。

⑭牝。"牝"是会意字,甲骨文作"🅑",从牛从匕:"匕"指交配时位居下边,呈现趴伏状的母兽。"牝"的本义为母牛。引申后,泛指母畜。

⑮牡。"牡"是会意字,甲骨文作"🅒",从牛从士。士的构形源自公畜或男人可勃起伸长的生殖器,泛指公畜。小篆和隶书字体在演变时,因表发声而改士为土(即汉字发展演变中的因音形变)。

⑯朘。"朘"是形声字,从肉(月)夋声:"肉"为类旁,表示与肉体有关;"夋"为声义旁,表声且表拉扯不前义。朘便是对肉体某一部位的来回揪扯,在此用为对小男孩生殖器的拨弄。"朘怒"即来回拨弄后的勃起——即俗语"小孩子的鸡巴,越拨拉越硬"。

⑰精。"精"是清的假借字。"清"字从水青声,本义指因水深而呈现浅绿色的水。"精"借"清"的

形、音、义，以米置换本字的水旁，表示用水淘洗过的纯米，即精米。引申后，又有纯粹义，古代又特指人的先天生殖力，即精、气、神之精。《正字通》："精，精气。"《灵枢》曰："生之来谓之精，此先天元生之精也。"

⑱嚘。"嚘"（嚘）是形声字，从口憂声："口"为类旁，表示与人的发声器官有关；"憂"为声义旁，表声且表忧虑义。"嚘"便是嘴里发出忧虑、忧愁之声。

⑲壮。"壮"是会意字，从爿从士："爿"以木板之形表示床铺，"士"表男性生殖器的勃起。"壮"便是男子到了性成熟期，睡梦中或起床前生殖器会不自觉勃起。壮的本义为壮大，引申后又有健壮义。

⑳老。"老"是会意字，从长从匕，金文作""，"长"表年长之人，"匕"表女人。老便是年长的老女人，此义由转注后的"姥"字所承继，老则表示引申后的年老义。

● 句读

含德之厚者，比于赤子。

译文：包含德行最厚重者，有比于那些赤裸的婴儿。

训诂学者将"赤子"解读为红赤色的婴儿，显然不妥。在中国人的造字理念中，兽类生出有毛，鸟类孵化后是红色的，人出生则显现为黄色。尤其是婴儿，一定有一个黄疸期。所以，与生育有关的"黄、僅、漢、勤、難"等字，内中都有一个黄字作为字根。所以，此处的"赤"只能作赤裸讲。赤子，即没穿衣服的婴儿。

蠭蠆虺蛇弗螫，攫鸟孟兽弗搏。

译文：马蜂毒蝎蠓虫蟒蛇不会蜇刺他，鹰隼猛兽不会抓捕他。

此节应是原初老子之后的某人缀加的文句——若无此两句，前后意义贯通。况且，凭借这些生活反常现象又怎能著书立说？真正智者的老子不可能相信并传播这些无稽之谈。

骨筋柔弱而握固，未知牝牡之合而朘怒，精之至也。冬日号而不嗄，和之至也。

译文：筋骨虽然柔弱但双手会牢牢抓握，不懂两性交合但被拨弄后（幼小生殖器）会硬起来，这是先天生殖力至达的结果。终日哭号而不会悲哀忧伤，这是阴阳调和至达的结果。

此节的关键词有二：一是"朘怒"。《说文新附》释曰："朘，赤子阴也。"实际上，朘与骏、俊、峻等字同一声义旁，都有拉扯不前义。将"朘"释解为赤子阴，显然会贻笑大方。

二是"不嗄"。后世学者大多将"嗄"解读为音声嘶哑。不嗄即不会声音嘶哑。《释文》疏曰："言赤子终日啼号而声不嘶哑者，为无心作声，和气不散。"实际上，所有的孩子在长久啼号后，声音都会嘶哑，有些孩子甚至会哭得背过气。"不嗄"的词义应解读为不会忧伤且唉声叹气。因而有后文"和之至也"，即阴阳调和的至达。

傅佩荣将"和之至也"解读为"这是和谐到极点的缘故"。"和"被解读为和谐，又是一个望文生义的典范。《老子·德部五》已明确地说："万物负阴而抱阳，冲气以为和。"两章中的"和"都作调和讲，古音读作hu。也就是打麻将时的和牌之"和"。

知和曰常，知常曰明。益生曰祥，心使气曰强。

译文：知晓调和就是顺常。知晓顺常乃是明智之举。（万物）增益和生殖就是吉祥。由心中生发（派遣）出的后天之气就是愤发图强。

傅佩荣将后两句解读为："贪求生活享受便叫作灾殃，意气操纵体力叫作逞强。""祥字本来解指吉祥，但文也指妖祥——灾疫。"当望文生义的台湾学者把"祥"解读为"妖祥"时，将老子的原本意思整个颠倒，你又有何话可说？

物壮则老，胃之不道，不道蚤已。

译文：万物壮大便会走向老迈，这便是彰显出的道。这种彰显出来的道早已存在。

此节的关键字词又是"不"字。《老子·德部一》中已有"不德""不失德"，《老子·德部十五》又有"不棘"。一个"不"字让古往今来的训诂学者大跌眼镜。"不"在此用为"丕"，词义为彰显。

傅佩荣将此节译为:"事物壮大了就会衰老,这称为不合乎道。不合乎道很快就会结束——包括宇宙自身在内。"

天下万物都必然经历"生成——壮大——死亡"这一过程,这就是真正的"道",这就是道法自然的"道",也是老子"各复归于其根"思想的另一种阐述。真正的道竟然让台湾时髦学者解读成"不合乎道",可见今人"不道"之"丕成"。

王国维先生曾经说过:一个研究小学(即文字学)的人,说起历史来大体可信。一个研究历史的人,说起思想史来(即诸子百家)也大体可信。王国维的言外之意便是:小学乃史学之根,史学乃经学之根。不研究文字的人,不要去说什么历史,不研究历史的人,不要去讲什么思想史。否则,说了便是胡说八道。

此节"物壮则老,胃之不道,不道蚤已"一文又重见于《老子·道部三十》。

● 随感

《老子》此章中的"赤子",既是比喻,又是具象的实体。幼小之物含"德"必厚,因为幼小事物是向上发展,充满生命力和生殖力的。所以有了"益生曰祥,心使气曰强"。然后便是"物壮则老"这一必然归宿。这便是从"含德之厚"到"胃之不(丕)道"的全过程。也就是"人法地,地法天,天法道,道法自然"的"因袭为常"的过程。

老子认为,由这一周期律彰显出的"道"早已存在了,这就是"道法自然"之道,这就是"不道蚤已"的道。也是"道在天地之先"的另一种表述。

将此章细细读来,你会发觉胡说八道者不仅今日有,古代也有。今日的学者在说什么"事物壮大了就会衰老,这称为不合乎道"。古代的学者则说什么"赤子放到荒郊野外,蛇蝎秃鹫猛兽不敢螫咬"。这是神话故事,是哲理阐述,或者翻抄于后稷故事?如此荒诞不经之语竟然著于书帛,真是尽信书不如无书。

帛书校勘本
德部十九

知①者弗言，言者弗知。
塞其㙀，闭其门。和其光，同其尘②。锉③其兑④而解其纷⑤，是谓玄同⑥。
故不可得而亲也，亦不可得而疏⑦；不可得而利，亦不可得而害⑧；不可得而贵，亦不可得而贱⑨。
故为天下贵。

传世王弼本
五十六章

知者不言，言者不知。
塞其兑，闭其门，挫其锐，解其分，和其光，同其尘，是谓玄同。
故不可得而亲，不可得而疏；不可得而利，不可得而害；不可得而贵，不可得而贱。故为天下贵。

帛书译文

知晓（道）的人不言说，言说的人不知晓（道）。

堵塞（居室墙壁上的）缝隙，紧闭大门。将自己火把上的光与别人火把上的光合为一，将自己脚下的尘土与他人脚下的尘土合为一（意谓共进退）。锉出角觿的尖锐部分，将纠结解开，这便是所谓的"玄同"。

所以，（人们）不因得到（道）而亲近于他，也不因得到（道）而疏远他。不因得到（道）而获取利益，也不因得到（道）而受到损害。不因得到（道）而使自己高贵，也不因得到（道）而使自己低贱。

所以，（道）受到天下（侯王们）的器重。

● 解字

①知。"知"是"智"的省形假借字。"智"字金文作"𣉻"，从夫从目标字根"日"，从口从于："夫"为古代的弓尺（形同圆规），"日"为目标字根；"口"为圆形字根（同古文员、巨二字中的"口"），"于"在此表示直出。"智"的本义为智慧（能够用圆规量圆又能量方，算出圆的周长和面积

者）。将"智"中的目标字根"日"省去，便创设出假借字"知"，专一表示知晓之义，即智者的结果。

②尘。"尘"（麤）是会意字，上边是三个鹿，下边是一个土，构意源自一群鹿飞奔而过扬起的尘土。"尘"的本义为尘土（楷书将其省变为从土从小的会意字）。

③锉。"锉"是"挫"的假借字。"挫"字从手坐声，本义为双手相互磨挫（源自以手挫磨麦穗）。"锉"借"挫"的形、音、义，以金置换本字的手旁，表示用金属锉刀锉磨。

④兑。"兑"是"锐"的省形字。"锐"是形声字，从金兑声："金"为类旁，表示与金属（制品）有关；"兑"为声义旁，表声且表直出义。"锐"便是金属利器的直出部分，引申泛指锐利。

⑤纷。"纷"（紛）是形声字，从糸分声："糸"为类旁，表示与丝绳有关；"分"为声义旁，表声且表分开义。"纷"便是将绳索丝线断为两截。引申后，又指绳头上纤维的乱而多。

⑥同。"同"是会意字，从凡从口，金文作"𠯑"："凡"表女人的肛门，"口"表女阴。"同"的本义为相同（两者都是孔洞），又有同时义（屎尿同时到来）。

⑦疏。"疏"是"毓"字的假借字，"毓"字从每从云从川："每"表女人，"云"表生育时头朝下的胎儿，"川"表羊水流出。"毓"的构意源自女性生育。"疏"借"毓"的形、音、义，以"足"转换本字的"每"，以新创设出的"疏"字表示生育时胎儿的腿脚先生了出来。又由这种难产引申出不多见，即生疏义，又引申出疏离义。"亲"与"疏"互为反义词。

⑧害。"害"是指事字，金文作"害"，构形源自割掉人的舌头（故而在口和舌之间增添一横，表示由此割掉）。"害"的本义为割舌，此义由转注后的割字所承继，"害"则表示引申而出的侵害义。"害"

与"利"互为反义词。

⑨贱。"贱"（賤）是"践"的假借字。"践"字从足从戋，本义为用足踩踏。"贱"借"践"的形、音、义，以"贝"置换本字的"足"旁，以创设出的假借字"贱"，表示践踏后的货贝不再值钱，即价值低贱义。"贱"与"贵"互为反义词。

● 句读

知者弗言，言者弗知。

译文：知晓（道）的人不言说，言说的人不知晓（道）。

知者不言，言者不知。何以如此？因为知者要言说的是"道"，即"道可道，非常道"的道。这个道原本无名，当其"名可名"时，已经"非常名"了。"知者"又指操行"不言之教"的人。注意，此处不可泛解，更不能将"知"字训为智者。

严灵峰认为，"此两智字，原俱作知，似当读去声，作智慧之智。"陈鼓应依据此说将这两句译作："有智慧的人是不言说的，多话的就不是智者。"难道"敏而好古"的孔子，以及四处讲课的傅佩荣、陈鼓应都不是"知者"？

"知者弗言，言者弗知"应与《道部二》"是以圣人居无为之事，行不言之教。《德部六》："不言之教，无为之益，天下希能及之矣"一节相互参见，理解"知者弗言"与"不言之教"的等同。

塞其兑，闭其门。和其光，同其尘。锉其锐而解其纷，是谓玄同。

译文：堵塞（居室墙壁上的）缝隙，紧闭大门，将自己火把上的光与别人火把上的光合为一。将自己脚下的尘土与他人脚下的尘土合为一（意谓共进退）。锉出角觿的尖锐部分，将纠结解开，这便是所谓的"玄同"。

此节言说三种状态："塞其兑，闭其门"——不与外界的人或物或事发生关系；"和其光，同其尘"——与内里的事物或人合而为一；"锉其锐而解其纷"——将纠结分解开来。这三种状态有些像黑格尔的正、反、合，或者说是肯定，否定，再否定的三段式。这就是老子因为

"闻道者日敚"所以推行"绝学弃智","以不知知国"实践观的哲思由来。由此至达,"以至于无为,无为而无以为"的境界。

"玄同",从字面意义讲,便是悬挂在那里起到了聚集归纳作用的同一。这里的"玄"与《老子·德部十四》中"玄德"之玄词义相同。

注意:此节与《老子·德部十五》部分文句完全相同:"塞其兑,闭其门……用其光,复归其明。"如果删掉此节,前后文句会更顺溜一些!

故不可得而亲也,亦不可得而疏;不可得而利,亦不可得而害;不可得而贵,亦不可得而贱。

译文:所以(人们)不因得到(道)而亲近于他,也不因得到(道)而疏远他。不因得到(道)而获取利益,也不因得到(道)而受到损害。不因得到(道)而使自己高贵,也不因得到(道)而使自己低贱。

此节与"知者弗言"的指称同一,都在言说"道"。故而两节应缀连起来。

故为天下贵。

译文:所以,(道)受到天下(侯王们)的器重。

此句应是后人的狗尾续貂。既然得失之间已无亲疏、利害、贵贱,何以又受到天下的器重?天下人(侯王们)或者天下邦国应该对得道、失道无所谓。这才符合老子"塞其兑,闭其门;和其光,同其尘"的和合为一的主旨,这才符合"锉其兑而解其纷"的否定之否定思想。

何况"故为天下贵"与"不可得而贵"在句式用字上相互抵牾。有人将此句置放于下一章,这也是一种不敢否定"前贤",只好退而求其次的做法。

● 随感

此章未见"道"字,但处处在言说"道"。

此章旨在言说"道"的合乎自然。天下人"闻道"而选择,得失之间无亲无疏、无利无害、无贵无贱,所以有循道贵德之举。

帛书校勘本
德部二十

以正①之邦②，以畸③用兵，以无事取④天下。

吾何以知其然也𠱠⑤？夫天下多忌⑥讳⑦，而民⑧弥⑨贫；人多利器，而国家兹昏；人多知巧，而奇物兹起；法⑩物兹章，盗贼多有。

是以圣人之言曰：我无为而民自化⑪；我好静⑫而民自正；我无事而民自富；我欲不欲而民自朴⑬。

传世王弼本
五十七章

以正治国，以奇用兵，以无事取天下。吾何以知其然哉？以此：

天下多忌讳，而民弥贫；人多利器，国家滋昏；人多伎巧，奇物滋起；法令滋彰，盗贼多有。

故圣人云：我无为而民自化；我好静而民自正；我无事而民自富；我无欲而民自朴。

帛书译文

> （凭借）征伐前往一个邦国，依仗（所统帅的）军队来作战，倚仗（自己国家的）无事，才能聚集天下之人（或诸侯小国）。
>
> 我何以知道是这样的呢？大凡天下的禁忌规章多了，民众就愈加贫困；人民的利器多了，国家就愈加混乱；人们的智慧多了，奇技淫巧之物便愈加多了；法律条款愈苛刻彰显，盗贼反而会愈多。
>
> 所以，圣人说：我们不去仿效而民众便会自生自灭，我们喜好安静民众则会自己走自己的路，我无所事事而民众自然富足，我们克制欲望而民风自会朴实。

● 解字

①正。"正"是会意字，甲骨文作"𠙸"，从口从止："口"表城邑，"止"以脚趾之形表行进。"正"的本义为征伐。此义由转注后的"征"字所承继，"正"则表示引申而出的直对义，即端直向前。引申后，又

泛指正确。

②邦。"邦"是会意字，从丰从邑："丰"表地界上栽植的树木，"邑"表城邑。"邦"的本义指以城邑为中心的诸侯国。帛书甲本作"邦"，乙本作"国"，当避刘邦之讳。"以正之国"即凭借征伐前往邦国。

③畸。"畸"是"倚"的假借字，"倚"则是"奇"的本义转注字。"奇"字甲骨文作"㐰"，构形源自断腿人依赖拐杖而行。在奇的左边增添人旁，便创设出转注字"倚"，继承初文的倚仗义。畸借倚的形、音、义，以"田"置换本字的"人"旁，便创设出假借字"畸"，表示农民对自己田地的倚仗。此处"畸"字仍作倚仗讲。

④取。同《老子·德部十一》中"取天下，恒无事"之取。

⑤㦵。"㦵"是"哉"的初文。"㦵"为会意字，甲骨文作"㦵"，从戈从血流字根川，构意源自戈啄到身上使伤口流血。金文将上部流血符号改为"才"（"才"表女性月经来临），小篆字体又将此字根形变为直出字根十。"㦵"的本义为遭到戈的啄伤而发出呼喊。在㦵的下边增添口，便创设出转注字哉，承继初文的本义，即今日的"唉呀"；"哉"在古文典籍中通常用为表示惊叹的语气词，如"乌摩哀哉"。

⑥忌。"忌"是形声字，从心己声："心"为类旁，表示与心有关；"己"为声义旁，表声且表捆束义。忌便是将心捆束起来，即心中有所顾忌。

⑦讳。"讳"（諱）是形声字，从言韦声："言"为类旁，表示与言语有关；"韦"为声义旁，表声且表包围义。"讳"便是说话有设限，不出特定的范围，即忌讳。

109

⑧民。"民"是会意字,甲骨文作"⊕",从目从十;"目"表眼睛,"十"为直出字根。"民"便是见到统治阶级中的人物时,眼睛只敢盯着地面,不敢仰面直视的社会下层民众。

⑨彊。"彊"是"璽"字的异构体。璽则是彌的本义转注字。"彌"字从弓从爾,构意源自弓两端专用来挂弦的零部件。由这种零部件(弓弭)套装于弓的两端表示弥补义。在"彌"的下部增添玉旁,便创设出转注字"璽",表示玉制的弓弭。隶书书写体将下部的玉省形为土,但词义未变。文句中的"璽"可对译为愈加。

⑩法。"法"(灋)是会意字,甲骨文作"",从廌从去从水:构意源自马不入水,但一匹马入水而过后,其他马便会效法。法的本义为效法,引申后又指必须效法遵循的法律。

⑪化。"化"是会意字,甲骨文作"",左为行走之人,右为倒置的头朝下之人(七)。化的本义为人的死亡,引申指事物的变化。在此特指民众的自生自灭。

⑫静。"静"是会意字,从青从争:"青"表铜器生锈,"争"表争夺,构意源自铜锈在无声无息中生长出来。静的本义为默不出声地去做,引申泛指安静。

⑬朴。"朴"(樸)是形声字,从木菐声:"木"为类旁,表示与树木有关;"菐"为声义旁,表声且表双手执拿石楔裂木为板义。"朴"便是刚刚裂解开来的木板。引申后,又有朴素、质朴义。

● 句读

以正之邦,以畸用兵,以无事取天下。

译文:凭借征伐前往一个邦国,依仗(所统率的)军事武装力量;倚仗(自己国家的)无事,才能聚集天下之人(或诸侯小国)。

"以正之邦"应为"正之邦",其中的"以",可视作后人缀加,也可以译作"凭借"。畸，可译为依仗。

后世学者，将畸等同于奇字，并借用《孙子·势篇》"凡战者，以正合，以奇胜，故善出'奇'者，无穷如天地，不竭如江河"，将"畸"识解为"奇巧诡秘"或"权诈手段"。例如，傅佩荣先生依据传世本便将此节译为："用正规方法治国，用出奇谋略作战，用无所事事才可取得天下。"你见过古今中外用无所事事夺取天下的事例吗？又见于《德部十一》："取天下，恒无事，及其有事也，不足以取天下矣"。

"取天下"一词，《老子》一书中有多处，大多都作聚集天下人（或天下小国）义。"无事"也就是无为。所以，以无为聚天下与以无事取天下词义相当。此处"无事"与最后一节"我无事而民自富"中的无事相同。

吾何以知其然也哉？夫天下多忌讳，而民瀰贫；人多利器，而国家兹昏；人多知巧，而奇物兹起；法物兹章，盗贼多有。

译文：我何以知道是这样的呢？大凡天下的禁忌规章多了，民众就愈加贫困；人们的利器多了，国家就愈加混乱；民众的智慧多了，奇技淫巧之物便愈加多了；法律条款愈苛刻彰显，盗贼反而会愈多。

"法物兹章，盗贼多有""天下多忌讳，而民瀰贫"。此节应与《道部·十九》"绝圣弃智，民利百倍；绝仁弃义，民复孝慈；绝巧弃利，盗贼无有"。《道部十八》："大道废，安有仁义；智慧出，安有大伪；六亲不知，安有孝慈；国家闷乱，安有负臣"。相互印证，以便对《老子》思脉掌握得更正确——批判时政，是为了推销理想之世界。

任继愈先生将"民多利器，国家滋昏"译作"民间的武器越多，国家越陷于混乱"。按照任先生的逻辑，美国是一个人人都可以拥有枪支的国家，所以……

是以圣人之言曰：我无为而民自化；我好静而民自正；我无事而民自富；我欲不欲而民自朴。

译文：所以，圣人之言说：我们不去仿效，而民众便会自生自灭，我们喜好安静民众则会自己走自己的路，我们无所事事，而民众自然富足，我们克制欲望而民风自会朴实。

"无为"在此应该译为"不去仿效"，不能译作无所作为或不去作为。"化"的本义为人的死去，所以"民自化"可译作民众的自生自灭——因为无为，因而无事。因为无事，民众便会自然而生，自然而死，而不是死在战场和工地上，更不会死于犯罪和惩罚。

"我好静而民自正"中的"正"，与"以正之国"中的"正"，二者用意不同：前者用为民众的自行其是，不能译为端正；后者译为征伐，不能译为政治或正确。

"我欲无欲"的词义很明确，便是我的欲望不去呈现出来，即克制欲望。

● 随感

这一章是老子"无为而治"思想的详细解说：侯王们"无为、好静、无欲"便会实现"以无事取天下"。

孔子和老子都是秉持"今不如昔，世风日下"思想的九斤老太类学者。区别仅仅在于孔子在张扬尧舜禹时代的凤凰朝仪，以及周公在世时的礼仪之邦；老子则宣扬原始部族时代的民众自化、自正、自富和自朴。一个退了五十步，另一个则退了一百步。以前的空想社会主义宣传者也以编造出的"原始共产社会"来命定共产主义社会的必然到来。老子与以前的空想主义宣讲者的区别点在于老子不往前看，不往前行，相同点则在于都美化原始社会或野蛮时代（现代考古学已证明，人类社会不存在空想社会主义者所描述的古代共产社会。那个时代是个野蛮时代，缺少食物时人会吃人，强者有交配生育权，弱者则无。这样的部族才符合强者生存，弱肉强食的自然法则）。由此可知，《老子》宣扬的小国寡民时代的美好图景原本就不存在。《老子》对当世社会的批判也是十分偏激的。

司马迁在《史记·老子韩非列传》中说："老子修道德，其学以自隐无名为务""李耳无为自化，清静自正"应与此章论述有关。

帛书校勘本
德部二十一

其正閲①閲，其民屯②屯；其正察③察，其邦夬④夬。
齂⑤，福⑥之所倚⑦；福，齂之所伏⑧。孰知其极⑨？其无正也。
正复为奇，善复为妖⑩。人之悈⑪也，其日固久矣。
是以方⑫而不割⑬，兼⑭而不刺⑮，直而不绁⑯，光⑰而不眺⑱。

传世王弼本
五十八章

其政闷闷，其民淳淳；其政察察，其民缺缺。
祸兮福之所倚，福兮祸之所伏。孰知其极？其无正。
正复为奇，善复为妖。人之迷，其日固久。
是以圣人方而不割，廉而不刿，直而不肆，光而不耀。

帛书译文

征伐的命令不出门（即不实施），下层民众便会驻扎不动。这里的征伐条律明察秋毫，邦国便会缺失一块（民众逃亡了）。

祸患，乃是福分的倚仗之处。福分，乃是祸患的潜藏之处。谁能知晓极致之处是祸还是福？那是没有必然或一定的。

秉承正确者反过来便成为奇谈怪论，善良表现得过头便是妖冶。人们感受此类迷惑，时日已经很久了。

所以，方正之物不要再随意切割，兼并（捆束）一处不要用刀黎开，端正向前时不要再用（绳索）牵拉，火把照亮此处时不要让眼睛向远处观望。

● 解字

①閲。"閲"是会意字，从门从糸："门"表门户，"糸"表绳索；构意源自用线索将栅栏门捆束（自外边关闭）起来。閲的本义为关闭笼舍之门，使动物不能跑出去。帛书整理小组注云："閲，从糸门声，疑即絫之异体。"释读显然不确。絫为会意字，构意源自母牛发情时，生殖器上吊挂向下的黏液，絫与闻同一音系，本

113

义为紊乱。"其正阛阓"的语义很简单:"正"(征)表出行,前一个阛用为动词,表示拴扣门户,后一个阛用为名词,表示圈养动物的栅栏门。

②屯。"屯"是指事字,甲骨文作"𡳿",乃是在一粒发芽生根种子的根部增添一撇,以字素标注的方式表示种子扎根向下。"屯"的本义为扎根向下,引申后又有驻屯义。

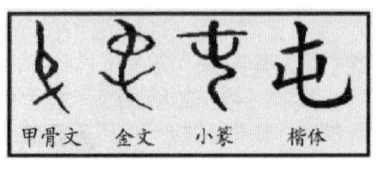

③察。"察"是会意字,金文作"𡨄",从宀从祭:"宀"表屋舍,"祭"表祭祀。察便是将宗庙中的祖先神自下向上一个不漏祭祀一遍。引申后泛指察验。

④夬。"夬"是指事字,甲骨文作"𠬝",乃是在"又"的手指处增添一个圆圈,表示手指由此抉断。金文将上部圆圈形变为"刀",词义也延伸为使之缺失。夬的本义有二:一是抉断,此义由转注后的抉字承继;二是缺失,此义由后造形声字"缺"字所承继。

⑤䄏。"䄏"是"祸"的异构体。《玉篇》:"䄏,神不福也,今作祸。""䄏"为会意字,金文作"𥛠",从犬从咼,构意源自狗将占卜用的卜骨咬烂吃掉,本义为神灵降下的祸患。小篆字体形变为祸(犬变为旡,旡又变为示)。

⑥福。"福"是会意字,从示从畐,两根会意:"示"表祭祀,"畐"以酒满坛表示富裕。福便是通过祭祀而获得神佑富裕。引申泛指福分。祸与福互为反义词。

⑦倚。"倚"是"奇"的本义转注字。奇字金文作"𠣛",构意源自跛足或一足者倚仗拐棍或假腿而行。后期金文增添"口"表示棍杖捣地之声。"奇"的本义为一条腿者依赖拐杖而行,此义由转注后的倚字所承继,奇则表示引申后的单数义。

⑧伏。"伏"是会意字,金文作"𠆦",从人从犬,构意为人像狗一样趴伏在地。"伏"的本义为人的趴伏

在地，引申泛指事物的尚未显现。

⑨极。"极"（極）是"亟"的本义转注字。亟字甲骨文作"⫯"，从人从两极字根二（同或、壬等字中的二），构意源自一个人长到极限便不再长了。金文增添表示双手画圆的"口"及表示用手丈量的"又"，写作"亟"。在初文"亟"的左边增添木旁，便创设出转注字"極"，承继初文的极限义（树木长到一定高度也不再长了）。

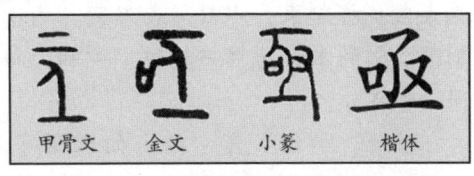

⑩妖。"妖"是"筊"的简省体，"筊"是形声字，从女笑声："女"为类旁，表示与女人有关；笑为声义旁，表声且表竹子的身姿弯曲妖娆。"筊"的本义指女人身姿像竹子一般柔软弯曲。"筊"字省掉女，便创设出今日的"笑"字（即弯折腰身的大笑）；省竹，便创设出今日的"妖"字，表示女子的妖娆。

⑪悉。"悉"是"悉"的异构体。"悉"则是"眯"字的假借字。眯，从目从米，构意源自眼中落入小米粒般的灰尘，本义为眯起眼睛。悉借眯的形、音、义，以心置换本字的目，表示心中的迷惑。《集韵》："悉，心惑也。"

⑫方。"方"是会意字，甲骨文作"𰀀"，从刀从穿通字根"一"。"方"的本义为刀的直对砍下，引申指方向、方面。又引申指由直线构成的方形。

⑬割。"割"是"害"的本义转注字。害字金文作"𠯑"，乃是在舌头和口的连通中间部分，增添一横，以字素标注的方式表示割掉人的舌头。"害"的本义为割掉舌头，在害的右边增添刀旁，便创设出转注字"割"，表示割掉舌头（引申泛指切割），害则表示引申而出的伤害及畏惧义。

⑭兼。"兼"是会意字，从又从双禾，构意源自一手握住两穗禾谷。"兼"的本义为一手抓住两物，即兼并一处。引申后，又有兼而有之义。

⑮剌。"剌"是会意字，从束从刀："束"表将物捆束或抓握起来，"刀"表刀割。构意源自收割水稻或割草。剌的本义为挥刀划过。"剌"与"利、黎"二字同一音系。

⑯绁。"绁"是"泄"的假借字。"泄"字从水从世，本义指摇动树干，让树叶上的雨滴倾泻下来。"绁"借"泄"的形、音、义，以纟置换本字的水，表示牵拉物体上能够使之抖动的绳索，又特指用来捆束动物或人的绳索（可牵拉而行）。

⑰光。"光"是会意字，甲骨文作"🝢"，从人从火，火在上，人在下，构意源自一人手持火把照亮。光的本义为火把照亮，引申泛指光明、光亮。

⑱眺。"眺"是形声字，从目兆声："目"为类旁，表示与眼睛有关；"兆"为声义旁，表声且表跳越壕沟逃亡义。"眺"便是目光由此处观望到他处，即眺望。

● 句读

其正闽闽，其民屯屯；其正察察，其邦夬夬。

译文：征伐的命令不出门（不实施），下层民众便会驻扎不动。征伐的条律明察秋毫，邦国便会缺失一块（民众逃亡了）。

此处之"正"应作"征伐"解。此句紧接上一章"以正之邦，以畸用兵""我无为而民自化，我好静而民自正"。三个"正"字，均用其本义，即出征、征伐。

周生春依据帛书本，将此节译为："政治昏昧，人民就淳厚。政治明辨，国家就分崩离析"。

传世本将此节"正"字妄改为"政"，将"邦"妄改为"民"。陈鼓应依据传世本将此节译为："政治宽厚，人民就淳朴；政治严苛，人民就狡猾。"社会学家和政治家会认可陈先生、周先生的论断吗？显然不会。

𥝍，福之所倚；福，𥝍之所伏。孰知其极，其无正也。

译文：祸患，乃是福分的倚仗之处。福分，乃是祸患的潜藏之处。谁能知晓极致之处是祸还是福？那是没有必然或一定的。

《淮南子·人间训》曰："夫祸之来也，人自生之；福之来也，人自成之。祸与福同门，利与害为邻，非神圣人，莫之能分"。"夫祸福之转而相生，其变难见也"。相比之下，《老子》与《淮南子》哪个说法更胜一筹？

正复为奇，善复为妖。人之悸也，其日固久矣。

译文：秉承正确者反过来便成为奇谈怪论，善良表现得过头便是妖冶。人们感受此类迷惑，时日已经很久了。

此节论述不伦不类，"正"字使用与前文及前章不符。疑为后人狗尾续貂。删掉此节，或移往他处，前后文贯通流畅。尽管此节文句很有哲理，也契合《老子》对时政的批判。

是以方而不割，兼而不刺，直而不绁，光而不眺。

译文：所以，方正之物不要再随意切割，兼并（捆束）处不要用刀"黎"开，端直向前时不要再用（绳索）牵拉，火把照亮此处时不要让眼睛向远处观望。

傅佩荣依据传世本将此节译为："因此，圣人方正而不会生硬勉强，锐利而不会伤害别人，直率而不会无所顾忌，明亮而没有耀眼光芒。"显而易见，这样的"圣人"不叫老子，应该叫作孔子。缺失小学功底的台湾学者，只能想当然地按照字面意义来解读，难免会指鹿为马——在前一章中，老子刚刚讲过："我无为而民自化，我好静而民自正。"本章前一节则重申："其正闽闽，其民屯屯；其正察察，其邦夬夬。"此处又讲"方而不割，兼而不刺，直而不绁，光而不眺"，这便是君王多事多欲而民逃亡，清静无为而民自正的原因所在。

此章应与前一章合并起来读。不仅因为《老子》一书原本不分章，更因为两章在说一件事，即"以无事取天下"。

● 随感

此章可以证明，帛书本《老子》要比传世本优越许多。但是，我们应该想一想，为什么传世本反而不如出土的早期文本？传世本为什么不能比出土本更优越、更精确？难道在学问传递过程中也是劣币驱逐良币吗？为什么在学问传递中不会出现剩饭越炒越香的情形？这个问题值得深思。

中国国学文本为什么不能"守朴"？

帛书校勘本	传世王弼本
德部二十二	五十九章

帛书校勘本：

治①人事天，莫若啬②。
夫唯啬，是以蚤服；蚤服是胃重③积④德；重积德则无不克⑤；无不克则莫知其极；莫知其极，可以有国⑥；有国之母⑦，可以长久。
是胃深⑧根固氐⑨，长生久视之道也。

传世王弼本：

治人事天，莫若啬。
夫唯啬，是谓早服；早服谓之重积德；重积德则无不克；无不克则莫知其极；莫知其极，可以有国；有国之母，可以长久。
是谓深根固柢，长生久视之道也。

帛书译文

治理人民服事上天（天帝），没有比藏而不用（更有效者）。

唯有藏而不用，因而需要尽早地臣服或服事（道）。尽早服事（道）便是常言所说的积攒德行。

积攒德行则会无往不克，无往不克则不知其极限，不知其极限便可以据有国家，据有一个邦国的封地和臣民，尔后便可以长久。

这就是常言所说的深根固柢，长生久存之道啊！

● 解字

①治。"治"是会意字，从水从台，两根会意："水"表积水，"台"表圈套。治便是将水引入低洼处并围堵起来，使之不能流动外溢（形同绳子拴牢）。引申泛指治理。

②啬。"啬"是会意字，金文作"𠳋"，从㐭从来（或从双禾），"啬"的构意源自将收获后的禾谷堆垛起来。"啬"的本义由转注后的"穑"字所承继，"啬"则表示引申后的吝啬义。"啬"在此处

用为藏而不用。

③重。"重"是会意字，金文作"䯲"，从人从东从土，构意源自背负很重的棍囊，腿脚离不开地面。"重"的本义为重压，引申后泛指物品分量不轻。重与轻互为反义词。

④积。"积"（積）是会意字，从禾从责："禾"表禾谷；"责"表串系起来（货贝）。"积"便是串系起来的禾谷穗（挂在通风处）。"积"的本义为积攒，引申泛指聚积。

⑤克。"克"是会意字，金文作"𠧞"，从十从早，两根会意："早"表吊挂起来的动物胴体，十表直下。"克"便是猛力向下击打动物脑袋，使之毙命。"克"的本义为攻克。

⑥国。"国"（國）是"或"的本义转注字。"或"字从戈从口从两极字根二："戈"表示戈矛武装，"口"表示城邑。"或"的本义为武装保卫的城邑及城邑四周的土地，即邦国。在"或"的外框增添内中已有的"口"，便创设出转注字"國"，承继初文的邦国义，或表示由两边土地引申而出的或然义。"有国"，据有邦国的缩略语，即获得封地和臣民的诸侯王，特指获得天命而可以"治人事天"的诸侯。

⑦母。"母"是依托象形字。甲骨文作"𠂉"，乃是在女字的胸口部增添表示乳房的两点。"母"的本义为母亲，即生育了孩子正在哺乳期的母亲。引申后又指事物的母体。"有国之母"即据有国家（封地和臣民）这个母体。

⑧深。"深"是会意字，从水从罙（罙）："水"表示积水或水流，"罙"表示以木棍探测穴洞。"深"的本义为水之深。

⑨氐。"氐"是会意字，金文作"𠂆"，从氏从土："氏"表从水面到水底，"土"则表示河床底部的淤泥。"氐"

的本义为水底，此义由转注后的"底"字所承继，氐则成为汉字形声系统的声义偏旁（如柢、抵等字）。

● 句读

治人事天，莫若啬。

译文：治理人民服事上天（天帝），没有比藏而不用（更有效者）。

"治人事天"应为"事天治人"，即侯王们奉行上天之命来治理人民。注意，这里用的是"人"而不是"民"。在古文典籍中，人与民有原则性区分：民通常表示被统治的下层民众，地位相当于农奴；人则表示与最高统治者有血缘族群关系的普通人。

"莫若啬"可直译为："没有比像收藏（更有效用者）。""啬"可意译为"藏而不用"，即前一章的"其正闵闵"及"方而不割"。也就是"以无事取天下"的另一种表述。

陈鼓应先生将此节译为："治理国家，养护身心，没有比爱惜精力更重要。"如此对译，似乎不妥。"事天"竟然成了养护身心，"莫若啬"竟然成了爱惜精力。

夫唯啬，是以蚤服；蚤服是胃重积德。

译文：唯有藏而不用，因而需要尽早地臣服或服事（道）。尽早服事（道）便是常言所说的积攒德行。

这就是"闻道者日敓. 敓之又敓，以至无为，无为而无以为"。服事于道的侯王，才能无为、无事、无欲，民众才能自正、自化、自富、自朴！

重积德则无不克；无不克则莫知其极；莫知其极可以有国；有国之母，可以长久。

译文：积攒德行则会无往不克，无往不克则不知其极限，不知其极限便可以据有国家，据有一个邦国的封地和臣民尔后便可以长久。

《老子》对"有国者"可谓关怀备至。淳淳善诱，诲人不倦地告知侯王们，如何能够"有国之母，可以长久"。

是胃深根固氐，长生久视之道也。

译文：这就是常言所说的（侯王们的）深根固柢，长生久存之道啊！

"深根固氐"意谓根深蒂固，"长生久视"意谓长生久存。"久视"可直译为长久注视辖区内的人或事。《左传·文公十六年》："夏五月，公四不视朔，疾也。"《左传·襄公二十五年》："崔子称疾，不视事。""视事"即处理政事，"久视"犹言长久保有"事天治人"的权力。

● 随感

老子在这一章沿用西周以来的"天帝、天命"观，因而有"治人事天"一语。从大量甲骨卜辞和商周青铜铭文可知：商人尊奉亚祖，即活在地下亚世界的祖先之神。尤其是死去了的历代神王（如上甲、大乙、武丁等先王）。周革殷命，周人尊奉的是天帝，即活在天空中的抽象祖先之神。当此之时，又由天帝和祖先神生发出上下帝（上帝在天，下帝即祖先神祇在亚），并且创造出天帝责备殷人，将天命转付周人的道统说，即"天命无常，唯德是辅"。例如，《国语·周语》云："古者，先王既有天下，又崇立上帝，明神而敬事之。"西周《大盂鼎》："丕显文王，受天有大命。"春秋以降，"天道、天命"观极其流行。"天道"一词，《左传》中凡九见，《国语》中凡七见。

此章"治人事天，莫若啬"应与传世本《老子·六十七章》中"天将救之，以慈卫之"一语相互参证。两处"天"均指天帝。

在老子的思脉中，道为至上，道在天地之上，道在天帝之先。《老子》一书的核心命脉是"以道立天下，其鬼不神"。但在这一章中，不见了道及德的至上至尊，道堕落为"长生久视之道也"，德也成为功利主义的"重积德则无不克"——由此看来，这一章（包括前面一章）一定是另有一个老子写就，或他人后续掺入。否则，差别不会如此离谱。

帛书校勘本
德部二十三

　　治大国若亨①小鲜②。以道立天下，其鬼③不神。
　　非其鬼不神也，其神不伤④人也；非其神不伤人也，圣人亦弗伤也。
　　夫两不相伤，故德交⑤归焉。

传世王弼本
六十章

　　治大国若烹小鲜。以道莅天下，其鬼不神。
　　非其鬼不神，其神不伤人；非其神不伤人，圣人亦不伤人。
　　夫两不相伤，故德交归焉。

帛书译文

　　治理大国如同烹饪小鱼。凭借"道"立于天下，那些害人之鬼便不会成为有法力的神祇。
　　不是鬼成不了有法力的神祇，（是因为）神不祸害人。不仅神祇不祸害人，圣人也不会祸害人。
　　神祇和圣人相互都不伤害人，所以，他们的德行，交合归一啊。

● 解字
　　①亨。"亨"与"享"是一组同源分化字。甲骨文作"🈳"，构形源自勃起的男性生殖器：亨以男女交合时的哼哼唧唧表示亨通义；享则由男女交合表示享乐义。在亨下增添火旁，便创设出转注字烹，承继初文的性成熟义（即俗语男女性交合后的生米已成熟饭）。引申后，又有烹饪义（将生食做成熟食）。此处用为烹饪。
　　②鲜。"鲜"是会意字，金文作"鱻"，从鱼从羊：由鱼和羊肉刚宰杀时的腥味，表示新鲜义。"亨（烹）小鲜"便是烹制小鱼（或指烧烤一小块新鲜羊肉）。《韩非子·解老》："事大众而数摇之，则少成功；藏大器而数徙之，则多败伤；烹小鲜而数挠之，则贼其泽；治

大国而数变法,则民苦之。是以有道之君贵静,不重变法。故曰:'治大国者若烹小鲜。'"

③鬼。"鬼"是"兇"的本义转注字。"兇"字甲骨文作"✡",从田从人;"田"为青铜脸壳的象形,"人"表活人。"兇"便是由活人戴上青铜脸壳扮演的回归来的死人。通常表示那些死于非命,总想归返人间的鬼,又特指其他部族死去者的灵魂(想要侵害另一部族的活人)。在"兇"下增添"厶"旁,便创设出转注字"鬼",承继初文的本义。

④伤。"伤"(傷)是"瘍"的假借字。"瘍"字从矢从入从昜,构意为箭矢像阳光一般直射而来。"瘍"的本义指受到密集箭矢的伤害。"傷"借"瘍"的形、音、义,以人置换本字的矢,表示受到箭矢伤害的人。引申泛指受伤。

⑤交。"交"是会意字,从文从向上字根"朩"。"交"的构意源自动物的爬跨交合,即郊野中动物的交配。"交"的本义为交配,引申泛指事物相互搭界交错(洞孔中插进一根棍),或交叉。

● 句读

治大国若亨小鲜。以道立天下,其鬼不神。

译文:治理大国如同烹饪小鱼。凭借"道"立于天下,那些害人之鬼便不会成为有法力的神祇。

"小鲜"意谓小鱼(或指一小块新鲜羊肉)。《抱朴子·广譬》:"小鲜窝身于龙池,而渔夫为之息网罟。"河上公注:"烹小鱼不去肠,不去鲜,不敢挠,恐其靡也。"为什么治大国若烹小鲜?因为在老子看来,只要实行"愚民、杀畸",执行"无为无事、守雌持静、不敢为天下先",这个国家自然便治理好了。不效仿,不刻意为之,自然像烹小鲜一样简单。当然,《老子》的国家一词仅指"小国寡民"的农耕部族小国,与后世地缘制大国无关。

"鬼、神"二字是这一节的关键词:"归"与"鬼"同音,本指那些死于非命而不愿离开人世,不得不在人世寻找替身的恶鬼(鬼下因而有厶)。神则指本部族所出的祖先之神,又特指具有佑护后人法力的神祇。"其鬼不神"便是说害人之鬼不会成为佑护之神,即常言所说,鬼神不同处。章太炎将"以道立天下,其鬼不神"解读为"盖天下有道,祸福有常,则鬼神不足畏矣(《国学讲演录》)"。如此解读,便有些一厢情愿了。因为老子在前边已讲过祸福相倚相伏,"其无正也"。祸福无正何以有常?如果说鬼不足畏尚且可信,章先生将"神不足畏矣"栽在老子头上,似乎有些不妥。《左传·庄公三十二年》曰:"国之将兴,明神降之,监其德也;将亡,神又降之,观其恶也。"这样的神祇你不畏惧吗?

傅佩荣将"以道立天下,其鬼不神"解读为"用道领导天下人,鬼就失去神妙作用"——哈哈,台湾时髦学者的国学水平真让人无语!

非其鬼不神也,其神不伤人也。非其神不伤人也,圣人亦弗伤也。

译文:不是鬼成不了有法力的神祇,(是因为)神不祸害人。不仅神祇不祸害人,圣人也不会祸害人。

此节王弼注曰:"道洽则神不伤人,神不伤人则不知神之为神。道洽则圣人亦不伤,圣人不伤人则不知圣人之为圣也。"王注有误:道立天下,体现的是无为(不去仿效)和自然而然。所以,鬼成不了神。鬼成不了神,不仅因为神与鬼之间不会相互仿效,更因为神不会像鬼那样(有欲有为)祸害人。二者有着本质功用上的差别。由此,才有神和圣人都不伤人的等同。

此处神鬼概念,似乎在暗喻道儒不两立(读者可参见德部第一章)。

任继愈先生认为,"鬼"在此指"异常之事"。将此节对译为:"并不是异常事变不起作用,而是它起的作用不能害人。并不是它起的作用对人无害,而是由于圣人根本不理会这类事变。"将"鬼神"二字如此对译,已是信口而言。

若将此章与《德部二十四》《德部二十五》连接起来读。删掉这一节与下一节,将"大国"内涵呈现来,文句可能更通贯一些。

夫两不相伤,故德交归焉。

译文：神祇和圣人相互都不伤害人，所以，他们的德行，交合归一啊。

神和圣人互相贯通，因为他们都不祸害人。更因为神和圣人都是"以道立天下"，都晓得"治大国若烹小鲜"这句名言后边深藏的道理，即"无为、无欲、无事"。凡鬼皆有欲、有为、有事，因而成不了神。《老子》讲"无为而无以为"，孔子则讲"知其不可而为之"。这便是这一章"神、鬼"二字的注脚。

司马迁在《史记·老子韩非列传》中说："世之学老子者则绌儒学，儒学亦绌老子。道不同不相为谋，岂谓是邪？"

● 随感

"道立天下，其鬼不神"一节，可参见《老子·德部一》："前识者，道之华也，而愚之首也。是以大丈夫居其厚，而不居其泊；居其实而不居其华，故去罢而取此。"老子明讲鬼神各行其道，实则在暗喻儒家之流与道家之流的各行其道。道学神通天下时，儒家之流便失去了他们的鬼差。此章与《德部一》同为贬黜儒学的经典之章。前章直述儒学前识者的等而下之，此章则暗喻道学与儒学之流的誓不两立。

孔子说："祭神如神在。"《老子》说："道立天下，其鬼不神。"《老子》相信神的存在吗？鬼神与道又是一种什么关系呢？谁能回答这一问题，给出让众人信服的说法？

帛书校勘本
德部二十四

大国者，下流①也，天下之牝也。天下之交也，牝恒以静朕②牡，为其静也，故宜为下也。

故大国以下小国，则取小国；小国以下大国，则取于大国。故或下以取，或下而取。

故大国者，不过③欲并畜人，小国，不过欲入事人。夫皆得其欲，则大者宜为下。

传世王弼本
六十一章

大国者下流，天下之交，天下之牝。牝常以静胜牡，以静为下。

故大邦以下小国，则取小国；小国以下大国，则取大国。故或下以取，或下而取。

大国不过欲兼畜人，小国不过欲入事人。夫两者各得其所欲，大者宜为下。

帛书译文

大国，（像）江河的下游，（像）普天下的母畜（性交时居于下方）。

天下动物的交配，母畜一直凭借静处（被动）而胜过公畜（的持久性）。因为母畜静处，所以适宜居处下方。

因而，大国凭借居处下流而对待小国，则会聚集小国。小国凭借居处下流而对待大国，则聚集于大国周围。所以，（大国与小国）或者居处下流以为聚集，或者居处下流而聚集。

所以，大国没有过分的欲望并且畜养投奔而来的人民。小国没有过分欲望并且能够输出服事大国的人。要让大国小国都实现其欲望，则大国必须居处下流。

● 解字

①流。流是"毓"的假借字。毓字金文作"𭥍"，从每从云从川："云"为倒子之形，"川"表羊水的流出。毓的本义为女人生产孩子（毓的古言读若liu，与"留"同一音系，后人参照育字的发音，将其混同）。"流"借"毓"的形、音、义，以"水"置换本字的"每"，

以创设后的假借字"流",表示羊水的流出。引申后,又指河水的流出及流动。"下流"即河的下游。

②朕。"朕"是会意字,金文作"朕",从舟从収从十,构意源自双手推送船只离岸,或指双手撑篙使船行驶。"朕"的本义由转注后的"勝"字所承继,"朕"则由独自掌控船只引申指第一人称,即吾。又用为古代君王的自称。

③过。"过"(過)是"咼"的本义转注字。"咼"为会意字,从冎从口:"冎"为骨字的初文,"口"为圆形字根(同智、员等字中的口)。"咼"便是有着圆形空腔直通另一端的大棒骨。在"咼"的左边增添"辵"旁,便创设出转注字"过",承继初文的通过、经过义。引申后,又有过犹不及义。

● 句读

大国者,下流也,天下之牝也。

译文:大国,(像)江河的下游,(像)普天下的母畜(性交时居于下方)。

王弼对此节注曰:"江海居大而处下,则百川流亡,大国居大而处下,则天下流之。故曰大国下流也。"帛书本《老子·道部二十九》亦云:"江海所以能为百浴王者,以其善下之也。"

天下之交也,牝恒以静朕牡。为其静也,故宜为下也。

译文:天下动物的交配,母畜一直凭借静处(被动)而胜过公畜(的持久性)。因为母畜静处,所以适宜居处下方。

人和动物的两性关系,在《老子》一书中有着特殊的具象意义,不仅有"天下之交也,牝恒以静朕牡",还有"天下有始,以为天下母""出生入死,而民生生"等。牝或雌性,不仅有其以静制动的特点,更有繁育后代的功能。前者符合老子的"无欲而安",后者符合《老子》的"以其生生"。此节,老子以两性交合时母畜居下位并静处来比喻道法自然中的"不敢为天下先"及"柔弱胜刚强"。

注意,此处"天下"一词,特指普天之下。

故大国以下小国，则取小国；小国以下大国，则取于大国。故或下以取，或下而取。

　　译文：因而，大国凭借居处下流而对待小国，则会聚集小国。小国凭借居处下流而对待大国，则聚集于大国周围。所以，（大国与小国）或者居处下流以为聚集，或者居处下流而聚集。

　　此节的关键词语是"取"字。"取"乃"聚"的构字字根，在此用为"聚"字。帛书《老子·德部十一》："将欲取天下，恒无事。"《老子·德部二十》"以无事取天下"等语句中的"取"也作"聚"字讲。"夺取天下"与"聚天下"词汇义完全不同，只有"聚天下"才符合老子"道恒无名，朴唯小而天下弗敢臣。侯王若能守之，万物将自宾"之说。

　　故大国者，不过欲并畜人，小国，不过欲入事人。夫皆得其欲，则大者宜为下。

　　译文：所以，大国没有过分的欲望并且畜养投奔而来的人民，小国没有过分欲望并且能够输出服事大国的人。要让大国小国都实现其欲望，则大国必须（像母畜一般）居处下流。

● 随感

　　整个春秋战国史，乃是一部吊民伐罪、大国吞并小国的战争史。正是秦始皇，最终完成了血缘族群小国封建制向地缘制君主专制帝国的蜕变。春秋战国的历史舞台，上演的是大国小国相互会盟伐异的故事，记载的是春秋五霸襄王制夷的故事，以及战国七雄合纵连横的故事。这些故事无不与大国小国之间的关系有关。

　　史书多有记载。《左传·襄公十九年》："小国之仰大国也，如百谷之仰膏雨焉。若常膏之，其天下辑睦，岂唯敝邑？"《左传·襄公三十年》："国无小，小能事大，国乃宽。"《左传·襄公二十七年》："凡诸侯小国，晋楚所以兵咸之，畏而后上下慈和，慈和而后能安靖其国，以事大国，所以存也。"《左传·襄公十九年》："小国幸于大国，而昭所获焉以怒之，亡之道也。"《左传·襄公二十八年》："君小国，事大国，而惰傲以为己心，将得死乎？"《左传·襄公七年》："小所以事大，信也；大所以保小，仁也。背大国，不信；伐小国，不仁。"

《老子》秉承《春秋》之说，强调国与国之间"持静、守雌、为下"的原则，旨在实现"小国寡民"的恒久不变，也是对国与国之间的吊民伐罪以及秦始皇帝"统一战争"的否定和批判。

《老子》强调大国小国的共存，是在什么时代？为什么要特意强求？笔者认为，《老子》其人刻意言说大国小国的共存，大概与楚霸王分封或汉初分封列国有关。这个《老子》旨在阐述一种社会愿景，在叙述一种立国依所在。

《老子》认为，大国对待小国时，就要像母畜一样，趴在下面，静静候着，任小国捅戳而不反抗。这样的比喻并不滑稽，是有其内在哲思的。

帛书校勘本
德部二十五

　　道者，万物之注也。善人之保①也，不善人之所保也。
　　美言可以市②，尊行可以贺③人。人之不善，何弃④之有？
　　故立天子，置三乡⑤，虽有共⑥之璧⑦以先⑧四马，不若坐⑨而进此。
　　古之所以贵为此者，何也？不胃求⑩以得，有罪以免与？故为天下贵。

传世王弼本
六十二章

　　道者万物之奥。善人之宝，不善人之所保。
　　美言可以市，尊行可以加人。人之不美，何弃之有？
　　故立天子，置三公，虽有拱之璧以先驷马，不如坐进此道。
　　古之所以贵此道者何？不曰以求得，有罪以免邪？故为天下贵。

帛书译文

　　道，像油注入灯盏般注入万物。所以，善良者得到了佑护，不善良者（持强者）也要得到佑护。
　　赞美的言辞可以促成买卖，尊敬他人的行为等于恭贺他人。一个人已经失去善良，还有什么可以丢弃的呢？
　　所以，设立天子，设置三卿。虽然（有人）双手捧着玉璧，走在四马之车的前面，（如此这般）还不如坐下来进献"道"。
　　古人所以贵重"道"的原因是什么？不就是说，求者便可以获得（所求），有罪的凭此可以免除吗？所以天下人才如此贵重（道）。

● 解字

①保。"保"为依托象形字，早期金文作"㺇"，构形源自一个人背负着一个孩子，子下一点表示手在后边托扶。后来为了对称，在

甲骨文　金文　小篆　楷体

"子"的左边又增添一点，又将"人"与"子"分离，遂有今日的"保"字。金文中另有一款，写作"葆"，从保从王，本义为扶助周王的太保（武王时的周公为保，康王时周公的儿子明也担任过太保一职。详见西周矢令方尊），帛书甲本作"葆"，乃是一个从艸保声的形声字，词义为对植物的保护，可视作保字的繁构。

②市。"市"是会意字，秦隶作"巿"，从止从屮从十："止"以脚趾之形表示前往；下边一竖乃直出字根"十"，在此表示直对；"屮"则是穿通字根，表示穿越而过。"市"便是有目标且直去直回的前往之处，即古代的集市。引申后，又有买卖义。

③贺。"贺"是"货"的假借字。"货"字从贝从化，本义指有来有去的财物。"贺"借"货"的形、音、义，以"加"置换本字的"化"，以创设出的假借字"贺"表示祝贺义。"贺"便是将财货添加在他人的财货之上，即嘉奖祝贺。

④弃。"弃"为会意字，金文作"𠔋"，上为倒子之形，表示已死的婴儿，中为瓮棺葬的象形，下为源自双手的"収"。"弃"的本义为抛弃死去的婴儿，引申泛指丢弃。

⑤乡。"乡"（卿）是会意字（卿与乡为同源分化字），金文作"𠨍"，乃是在表示食簋之形的"皀"，两边添置相向之人。"乡"的本义为乡党。由乡亲、乡邻引申为战国时代的社会最下层组织。同源分化出的"卿"则表示客卿义。引申后，又指春秋时代的三卿，即司徒、司马、司空。

⑥共。"共"为会意字，甲骨文作"𠬞"，从収从圆形字根口，构意源自双手捧物而出。共的本义由转注后的"拱"字所承

继。共则由双手共出引申出共同义。

⑦璧。璧是形声字，从玉辟声："玉"为类旁，表示与玉有关；"辟"为声义旁，表声且表可以躲避的坑洞义。璧便是内有孔洞的玉块，即玉璧。"共之璧"即双手捧拱而出的玉璧。

⑧先。先是会意字，金文作"￼"，从止从人，构意源自走在人前的前行人。先的本义为先行之人，引申泛指先前。"先四马"即走在四马驾车之前的人。

⑨坐。坐是会意字，小篆字体作"￼"，以两人对坐土堆之上表示蹲坐，即陕西人所说的跍蹴。引申后，又指坐在凳子或其他物体上。

⑩求。求是会意字，从又从水的简省形。构意源自一个人落水后的伸手求救。求的本义为求救，引申后泛指乞求、追求。

● 句读

道者，万物之注也。善人之保，不善人之所保也。

译文：道，像油注入灯盏般注入万物。所以，善良者得到佑护，不善良者（持强者）也要得到佑护。

"道者，万物之注也"，可直译为"道，乃万物的注入者"。

此节文句可参见《德部二十六》："大小多少，报怨以德。"旨在阐明明道君王对善者、不善者的一视同仁。即《德部十二》所言说的"善者善之，不善者亦善之；德善也"。

陈鼓应依据传世本将此节译为："道是万物的庇荫。善人的珍宝，不善的人所赖以保全。"

美言可以市，尊行可以贺人。人之不善，何弃之有？

译文：赞美的言辞可以促成买卖，尊敬他人的行为等于恭贺他人。一个人失去善良，还有什么可以丢弃的呢？

周生春先生将此节译为："赞美的言语可以买到，令人敬重的行为可以像贺礼一样奉送给人。人们的不善，有什么可摒弃的呢？"

故立天子，置三乡，虽有共之璧以先四马，不若坐而进此。

译文：所以，设立天子，设置三卿。虽然（有人）双手捧着玉璧，走在四马之车的前面，（如此这般）还不如坐下来进献"道"。

《老子》此节旨在进一步为"有国者"阐述，"道者，万物之注也"。因此有"道立天下"。"有国之母，可以长久"。

古之所以贵为此者，何也？不胃求以得，有罪以免与？故为天下贵。

译文：古人之所以贵重"道"的原因是什么？不就是说，求者可以获得（所求），有罪的凭此可以免除吗？所以天下人才如此贵重（道）。

此节是对上一节"不若坐而进此"的功用性回答，即"坐而论道"的进一步叙述。

● 随感

《老子》认为，设立一套政治制度和礼义制度，还不如坐而论道。听取他人的赞美，收受他人的礼物，都不如坐而论道。

这一章紧接"治大国若亨小鲜"之后，回答了为什么治理绝圣弃智后的小国寡民如同烹小鲜。在老子眼中，"有为"的各种事情，甚至拥戴天子，设立三公，拜访天子和列国，包括美言和尊行都不如坐而论道。这就是《老子》劝喻有国者要直奔问善（德善）的原由。

帛书校勘本
德部二十六

为无为。事无事，味无未①。大小多少，报②怨③以德。

图④难⑤乎其易⑥也，为大乎其细⑦也；天下之难作于易，天下之大作于细。是以圣人冬不为大，故能成其大。

夫轻⑧若必⑨寡信，多易必多难。是以圣人犹⑩难之，故冬于无难。

传世王弼本
六十三章

为无为，事无事，味无味。大小多少，报怨以德。

图难于其易，为大于其细；天下难事，必作于易，天下大事，必作于细。是以圣人终不为大，故能成其大。

夫轻诺必寡信，多易必多难。是以圣人犹难之，故终无难矣。

帛书译文

> 做那些不是仿效来的事。做事是为了天下没有事，品味是为了不再有不知的滋味。无论大小多少，都应该用德去报还他人的怨恨。
>
> 解决难事要从容易处入手，成就伟大要从微细处开始。天下的难事一定始于容易，天下的大事一定始于微小。因此，圣人从来不自以为伟大，所以能成就他的伟大。
>
> 轻易承诺者必然少能守信，多次变易必然会遇到诸多困难。因此，圣人始终把事情看得很困难，所以最后也没有遇到困难。

● 解字

①未。"未"是象形字，甲骨文作"未"，构形源自满月后抱出来的婴儿，一副手舞脚蹬的样子。"未"的本义有二：一是未来（一定能长大），二是未知（是男是女）。"味"则是从口未声的形声字："口"为类旁，表示人嘴；"未"为声义旁，表声且表未来义。"味"便是放进嘴里，尝后方能得知的味觉。

②报。"报"（報）是会意字，金文作"報"，从

幸从卩从又，构意源自一个人戴上手铐（幸）被强行牵拉回来。"报"的本义为汇报。引申后，又有报酬、报答义。

③怨。"怨"是形声字，从心夗声："心"为类旁，表示与心情有关；"夗"为声义旁，表声且表弯曲义。"怨"便是不能直出，弯绕在心中的一股闷气，即怨恨。

④图。"图"（圖）是"啚"的本义转换字。"啚"字从口从靣，构意源自在禾谷垛的顶端涂抹封泥。在"啚"上增添内中已有的"口"，便创设出转注字"图"，承继初文的涂抹义。引申后，又有图画义，又由涂抹封顶引申出图谋义。

⑤难。"难"（難）是会意字，金文作"難"，从堇从隹。构意源自母鸡孵蛋时，陷入想要趴窝的状态而不得出。"难"的本义为陷入而不得出。引申后，泛指困难、艰难。

⑥易。"易"是会意字，金文作"易"，乃是在鸟的翅膀处增添三撇（晃动字根），表示鸟禽扇翅起飞而离去。"易"的本义为变易。由水鸟飞禽在飞、走、游三种状态的自由变换，引申出容易义。难与易互为反义词。

⑦细。"细"（細）是会意字，从糸从囟："糸"表丝状物品，"囟"（田）为婴儿的囟门。"细"便是婴儿头上的细疏头发。引申后，泛指细小。

⑧轻。"轻"（輕）是形声字，从车巠声："车"为类旁，表示与车辆有关；"巠"为声义旁，表声且表直冲而过义。"轻"便是没有承载，因而一冲便过去了的车辆，引申泛指轻重之轻。

⑨必。"必"是会意字，从弋从八，构意源自手持标枪晃动而瞄准。"必"的本义为只可一次投中，即必须。

⑩犹。"犹"（猶）是会意字，金文作"𤞞"，从犬从酉，构意源自狗喝米酒（或吃酒糟），醉后不听指挥而持续某种行为。"犹"的本义为依然如此。

● 句读

为无为。事无事，味无未。大小多少，报怨以德。

译文：做那些不是仿效来的事。做事是为了天下没有事，品味是为了不再有不知的滋味。无论（恩怨）大小多少，都应用德去报还他人的怨恨。

帛书本《老子·德部十一》中"以至于无为，无为而无以为"即本章的"为无为"，"取天下，恒无事"即此章的"事无事"。帛书本《老子·道部二十五》中"故道之出言也，曰：淡呵，其无味也"即本章的"味无未"。

此节"报怨以德"，乃是针对孔子《以直报怨，以德报德》之说的批驳。

任继愈先生将此节译为："把无为当作为，把无事当作事，把无味当作味。不计较人家对我恩怨多少，我总是以德相报。"

图难乎其易也，为大乎其细也；天下之难作于易，天下之大作于细。是以圣人冬不为大，故能成其大。

译文：解决难事要从容易处入手，成就伟大要从微细处开始。天下的难事一定始于容易，天下的大事一定始于微小。因此，圣人从来不自以为伟大，所以能成就他的伟大。

夫轻若必寡信，多易必多难，是以圣人犹难之，故冬于无难。

译文：轻易承诺者必然少能守信，多次变易必然会遇到诸多困难。因此，圣人始终把事情看得很困难，所以最后也没有遇到困难。

注意：此处之"易"应译作变易，即遇到难事，改弦易辙，与前一节容易之"易"有别。

137

● 随感

此节的"大小多少,报怨以德"与上下文极不合拍,似乎是窜行或后人添加(或应移至前一章"人之不善,何弃之有"的前面)。但这并不影响老子的一贯思想,即"守雌持静":就像母畜趴在下面,任你捅戳而不反抗。这一思想,也是老子对孔子"以直报怨"的批判。

《论语·宪问》:"或曰以德报怨,何如?子曰:何以报德?以直报怨,以德报德。"孔子的意思是说,如果以自己的善良德行(直行且视而不见)回报他人的怨恨。那么又用什么来报还他人的德行呢?所以,儒家倡导,应该以怨恨报还怨恨,以德行报还德行。善有善报,恶有恶报;不是不报,时候不到。

在这一节中,老子与孔子的论点直接对立:应该报怨以德,从而消除怨恨。甚至认为"和大怨,必有余怨,焉可以为善"。只有做到"善者善之,不善者亦善之——才是直奔向善啊!相比之下,老子思脉更具宗教(基督)情怀,孔子只是一个奋进有为的政治未遂分子。值得深思的是,能说出此番话的老子必定成长于奴隶主贵族之家,因而有释迦牟尼的情怀。孔子生长于社会下层(少时贱),秉持义利相报乃是自然而然之事。

帛书校勘本
德部二十七

其安①也，易持②也；其未兆③也，易谋也；其脆④也，易判⑤也；其微⑥也，易散⑦也；为之乎，其未有也；治之乎，其未乱⑧也。

合抱之木，生于毫⑨末；九成之台⑩，作⑪于蔂⑫土；百千之高，始于足下。

为之者败⑬之，执⑭者失之，是以圣人无为也，故无败也；无执也，故无失也。

民之从事也，恒于其成而败之。故曰：慎冬如始，则无败事矣。

是以圣人欲不欲，而不贵难得之货；学不学，复众人之所过；能辅⑮万物之自然，而弗敢为。

传世王弼本
六十四章

其安易持，其未兆易谋。其脆易泮，其微易散。为之于未有，治之于未乱。

合抱之木，生于毫末；九层之台，起于累土；千里之行，始于足下。

为者败之，执者失之。是以圣人无为，故无败；无执，故无失。

民之从事，常于几成而败之。慎终如始，则无败事。

是以圣人欲不欲，不贵难得之货；学不学，復众人之所过，以辅万物之自然，而不敢为。

帛书译文

安静（不动）者，容易持握；尚无征兆时，容易图谋；生脆之物，容易分开来；微细之物，容易散落。

要作为啊，应在（事情）未发生时；要治理啊，要在（事情）未混乱时。

合抱的大树，生成于如毛发般的小苗。九层的夯筑高台，始于第一筐土。登上百人千人高的山巅，始于足下（第一步）。

仿效者终会失败，执拿者终究会失去。因此圣人不去仿效，所以不会失败；不去执拿（占有），所以不会失去。民众们做事，常常在快要成功时失败。所以说，在事情将要结束时，要像刚开始时那样谨慎，就不会遭致失败了。

因此，圣人的欲望就是不表现出欲望，不器重宝贵稀有物品。学习那些（常人）不学的知识，归返众人已经走过的道路，凭借这些辅佐道法自然之路，而不敢仿效。

● 解字

①安。"安"是会意字,从宀从女,构意源自王权母系制时代女人的住屋。女人有了屋室,走婚的男子便有了去处(不再处于野合的境地),孩子有了家后也不再乱跑。因此,"安"的本义为安宁,引申指安静。

②持。"持"是"寺"的本义转注字。"寺"字从止从寸,本义为捉拿(或扶住)他人的腿脚。在寺的左边增添"手"旁,便创设出转注字"持",承继初文的持拿义;在"寺"的左边增添"人"旁,便创设出转注字"侍",承继初文的服侍义,寺则表示引申而出的停留不动义。

③兆。"兆"是会意字,秦隶作"兆",从化从简省的水。"兆"的构意源自一个人逃过界河(或界沟)而不见了。"兆"的本义由转注后的逃和跳二字所承继,"兆"则表示引申后的征兆义,即烫炙龟甲这一面,让兆纹从另一面显现而出。引申后,又指事物的端倪。

④脆。"脆"是形声字,从肉危声:"肉"为类旁,表示与人体骨肉有关;"危"为声义旁,表声且表弯折压迫义。"脆"便是可以弯折之处(即手指关节可弯折发出声响处)。引申后泛指物品的生脆易折。

⑤判。"判"是"半"的本义转注字。"半"字金文作"半",从八从牛,本义为剖分已宰杀后的牛只。在"半"的右边增添"刀"旁,便创设出转注字"判",承继初文的剖分义。

⑥微。"微"是"散"的本义转注字。"散"字金文作"散",从人从山从攴:"人"表示趴伏之人,"山"为倒转字根,在此表示头上的草编,"攴"表击打。"散"便是埋伏起来准备击打他人。在"散"的左边增添表示道路的"彳",便创设出转注字"微",承继初文的本义,即隐而不见。引申后,又有微小义。

⑦散。"散"是会意字,金文有两款:一款作"✱",构形源自击打麻束使之分散;一款作"✱",构形源自将肉击打为肉糜。将两款合一,便有了小篆字体的散。"散"的本义为使之离散。引申后,又有散落四处义。

⑧乱。"乱"(亂)是会意字,金文作"✱",从𤔔从乙:"𤔔"表双手捆扎脐带,"乙"表示绳索,"乱"便是用绳索捆扎脐带(使之贴附在婴儿的肚子上)。"乱"的本义因此有二:一是混乱,二是治理。此节文中作"混乱"讲。

⑨毫。"毫"是形声字,从毛高声:"毛"为类旁,表示与毛发有关;"高"为声义旁,表声且表男性生殖器义。"毫"便是男根上的毛。引申后,又有纤毫、纤细义。

⑩台。"台"(臺)是会意字,金文作"✱",从高从之从土。小篆字体作"✱",从至从之从高省。本义指用土夯筑而成,上部高而平,通常用来作祭祀或瞭望的高台。

⑪作。"作"是"乍"的本义转注字。"乍"字甲骨文作"✱",构形源自衣服的剪裁缝制。"乍"的本义由转注后的"作"字所承继(引申泛指工作)。"乍"则表示分化而出的乍楞起来义。"作于毫末"即乍起于毫末。

⑫籞。"籞"是形声字,从竹累(纍)声:"竹"为类旁,表示与竹品有关;"累"为声义旁,表声且表累积义。"籞"便是装载物品的竹筐,在此用为盛土筐。

⑬败。"败"是会意字,金文作"✱",从双鼎从攴,构意源自打碎范模,将铸好的铜鼎裸露出来。"败"的本义为击打使之败坏。引申后,又有失败义。

⑭执。"执"(執)是会意字,金文作"✱",从幸从丮,两根会意:"幸"

表示手铐，"丸"为双手伸出之形。"执"的构意源自将双手铐起来，本义为执拿（此义由转注后的"挚"字所继承）。

⑮辅。"辅"是形声字，从车甫声："车"为类旁，表示与马车有关；"甫"为声义旁，表声且表撒网义。辅便是捆绑在车较与车辐之间的网状糸绳（用来增强车辐的承载力）。引申泛指辅助、辅佐义。

● 句读

其安也，易持也；其未兆也，易谋也；其脆也，易判也；其微也，易散也。

译文：安静（不动）者，容易持握；尚无征兆时，容易图谋；生脆之物，容易分开来；微细之物，容易散落。

为之乎，其未有也；治之乎，其未乱也。

译文：要作为啊，应在（事情）未发生时；要治理啊，要在（事情）未混乱时。

合抱之木，生于毫末；九成之台，作于纂土；百千之高，始于足下。

译文：合抱的大树，生成于如毛发般的小苗。九层的夯筑高台，始于第一筐土。登上百人千人高的山巅，始于足下（第一步）。

以上三节乃人生经验的老生常谈。疑为后出老子们的缀补。

为之者败之，执者失之，是以圣人无为也，故无败也；无执也，故无失也。民之从事也，恒于其成而败之，故曰：慎冬若始，则无败事矣。

译文：仿效者终会失败，执拿者终究会失去。因此圣人不去仿效，所以不会失败；不去执拿（占有），所以不会失去。民众们做事，常常在快要成功时失败。所以说，在事情将要结束时，要像刚开始时那样谨慎，就不会遭致失败了。

此节"民之从事也，恒于其成而败之，故曰：慎冬如始，则无败事矣"可能是后人续貂。"圣人无为也"，却让民众"慎终若始"，岂不自相矛盾？此节缀文更与后一章"古之为道者，非以明民也，将以愚之也"直接抵牾。

是以圣人欲不欲，而不贵难得之货；学不学，复众人之所过；能辅万物之自然，而弗敢为。

译文：因此圣人的欲望就是不表现出欲望，不器重宝贵稀有物品。学习那些（常人）不学的知识，归返众人已经走过的道路；凭借这些辅佐道法自然之路，而不敢仿效。

任继愈先生将"学不学，复众人之所过"对译为："（圣人）的学问就是不学，以纠正众人经常犯的过错"。似乎不妥。

此节可参见《德部十一》："为学者日益，闻道者日敚. 敚之又敚，以至无为，无为而无以为。无为而无以为。"

● 随感

帛书本《老子》此章比传世本多出二十字，源自后人为整齐五千字而作出的删减行为。

此章前边以及中间一节乃人生经验的老生常谈，疑为后人的狗尾续貂，只有"为之者败之，执者失之，是以圣人无为也，故无败也，无执也，故无失也""是以圣人欲不欲，不贵难得之货；学不学，复众人之所过，能辅万物之自然，而弗敢为"，才像《老子》的言语，才能体现《老子》对侯王们无微不至的教诲和关怀。

当然，这一节的真老子语应与前章的"为无为，事无事"浑然一体，因为它们的哲思和表述技巧均在同一高度。

帛书校勘本 德部二十八	传世王弼本 六十五章
古之为道者，非以明民也，将以愚之也。 夫民之难治也，以其知也。故以知知国，国之贼①也；以不知知国，国之德也。 恒知此两者，亦②稽③式④也。恒知稽式，是胃玄德。玄德深矣，远矣。与物反矣，乃至大顺⑤。	古之善为道者，非以明民，将以愚之。 民之难治，以其智多。故以智治国，国之贼；不以智治国，国之福。 知此两者亦稽式。常知稽式，是胃玄德。玄德深矣，远矣，与物反矣，然后乃至大顺。

帛书译文

上古实施"道"的人，不是教民众聪明，而是让民众愚昧啊。

民众难以治理，是因为他们智巧太多。因此，凭借智巧（让民众聪明）来治理国家，一定是国家的盗贼。凭借让民众不聪慧（愚昧）来治理国家，乃是治国的正确道路啊。

长久地知晓以上两点（法则），亦即明白了稽查（考核评判）的式样。长久知晓这一法则，就是日常所说的玄德。

玄德深奥啊，遥远啊。与通常的物性相反，以至于通达最大的顺应。

● 解字

①贼。"贼"是会意字，金文作"贼"，从鼎从人从戈。构意源自一个人毁坏并盗取铜鼎上的铜。"贼"的本义指败坏，引申指盗贼。

②亦。"亦"是依托象形字，甲骨文作"亦"：乃是在大形人物的两腋下边各增一点，以胳肢窝下的腋毛表示两边都有义。"亦"的本义为两边都有。

③稽。"稽"是会意字，从禾从尤从旨，构意源自品尝已经灌浆的禾（麦）穗。"稽"的本义为核实考察，即稽查。引申后又有计较、责难义。又由核查行人引申出停留义。

④式。"式"是会意字，从工从弋："弋"为标枪，"工"表穿通。"式"的本义为标枪的投出，由投出标枪（正中目标）引申出式样、范式义。

⑤顺。"顺"是会意字，金文作"顺"，从页从彡："页"表侧立之人的头部，"彡"为晃动字根。"顺"的构意源自人的不断点头。"顺"的本义为顺应。

● 句读

古之为道者，非以明民也，将以愚之也。

译文：上古实施"道"的人，不是教民众聪明，而是让民众愚昧啊。

陈鼓应将此节译为："从前善于行道的人，不是教人民精巧，而是使人民淳朴。"把"愚"字对译为淳朴，难道能化解老子的愚民思想，能改变老子的"绝学弃智"？

夫民之难治也，以其知也。故以知知国，国之贼也，以不知知国，国之德也。

译文：民众难以治理，是因为他们智巧太多。因此，凭借智巧（让民众聪明）来治理国家，一定是国家的盗贼。凭借让民众不聪慧（愚昧）来治理国家，乃是治国的正确道路啊。

老子认为"治大国若亨小鲜"。如烹小鲜般的治国方法便是愚民和杀畸：愚民便是使其无知、无欲。杀畸便是诛杀有思想持不同意见者。无知无欲便会恒久不前，杀畸便能让社会沉寂无事，最终通达治国之目标。法家人物（如韩非、李斯）自认是老子的信徒，认为老子是"愚民钳智"治国大法的鼻祖，读此则昭然若揭。

研读此节，可参见帛书《老子·道部十九章》中"绝圣弃知，而民利百倍；绝仁弃义，而复孝兹；绝巧弃利，盗贼无有"一节以及"见素抱朴，少私而寡欲，绝学无忧"一节的释读。

恒知此两者，亦稽式也。恒知稽式，是胃玄德。

译文：长久地知晓以上两点（法则），亦即明白了稽查（考核评判）的式样。长久知晓这一法则，就是日常所说的玄德。

"玄德"即悬德，通常指由"道"铺陈且垂挂向下的德行。

玄德深矣，远矣。与物反也，乃至大顺。

译文：玄德深奥啊，遥远啊，与通常的物性相反，以至于通达最大的顺应。

"玄德"是"善为道者"的追求，而结果则是大顺。"大顺"，即完全顺应着"道法自然"的趋势而行，即便这与所有的物性常识相反。

● 随感

老子的"愚民""杀畸"主张，是战国法家愚民思想的源头。后世学者遵行"为尊者讳"的封建伦理，大都要袒护老子。认为老子所要实行的是"让民众保持纯朴的本质"，而不是主张实行钳制思想的愚民政策。例如：

柳诒征《中国文化史》曰："老子所谓愚民，与后世所谓愚民之术不同。益如秦始皇焚书坑儒之愚民，只为固其子孙帝王之业起见，非欲使天下之人咸捐其小智私欲，而同见此甚精，甚真，甚信之本原。老子之所谓愚民，则欲民愚于入世之小智私欲，而智于此真精之道，反本还原，以至于大顺。故以后世愚民之术，归咎于老子者固非，但知老子主张被坏一切，不知老子欲人人从根本上用功者，亦绝不知老子之学也。"

王弼则对此注曰："明为多见巧作蔽其朴也，愚谓无知守真须其自然也。"

司马迁在《史记·老子韩非列传》中，把老子与韩非子写在同一列传中，可见司马迁是知晓老子的愚民与法家的愚民是没有本质区别的。绝学弃智、愚民杀畸政策在历史上的最佳表现，便是秦始皇的焚书坑儒是康乾盛世的大兴文字狱，便是五十万右派的炮制，青出于蓝者更加上了

"引蛇出洞式"的阳谋。

《老子》在人类文化史上的意义，便在于其高举反文明、反进步、反仁爱三面大旗，言他人不敢言，为有国者直陈专制帝国的本质和治国大法。舍此，老子便不是老子了，也就没有了"玄德深矣，远矣，与物反也，乃至大顺"式的感慨。

帛书校勘本
德部二十九

江海所以能为百浴王①者,以其善下之也,是以能为百浴王。

是以圣人之欲上民也,必以其言下之;其欲先民也,必以其身後②之。

故居上而民弗重也,居前而民弗害。天下皆乐③谁④而弗猒也。不以其无争⑤与?故天下莫能与争。

传世王弼本
六十六章

江海之所以能为百谷王者,以其善下之,故能为百谷王。

是以欲上民,必以言下之;欲先民,必以身后之。

是以圣人处上而民不重,处前而民不害。是以天下乐推而不厌。以其不争,故天下莫能与之争。

帛书译文

> 大江和大海之所以能成为百条峪水的流往之处,是因其一直处在低下(的位置),所以能成为百条峪水的流往之处。
>
> 因此,圣人要想居处在民众之上(领导民众),必须凭借他的言语卑下;想要走在民众之先,必须凭借他的身后有民众。
>
> 所以,(圣人)居于上位而民众不觉得有负重。(圣人)居前而民众不觉得是(遮挡)妨害,让天下(人)全都欢呼雀跃(跟进)而不厌烦。
>
> 不就是凭借不去争斗吗?是因为天下没有能与他争抢者。

● 解字

①王。"王"是指事字,甲骨文作"大",乃是在斧钺的把柄处增添一横,表示人手的持拿。"王"的构意源自血缘族群中能够刑杀自己人的首领。"王"的本义为君王。"王"又是古文"往"、"狂"二字

的构字字根："往"字金文作"𢓡"，从止从王，构意源自王率领族群集体前往一处（后人增符作徍，又省形为"往"）。"百浴王者"即百条山浴河流流往之处。此处之"王"作前往讲，与君王之王没有关系。

②後。"後"是会意字，甲骨文作"後"，从彳从幺从夂："彳"表道路，"幺"表绳索，"夂"为倒置的脚趾。"後"的构意源自用绳索牵拉不愿前行之人。"後"的本义为後边，即牵拉者後边之人。後与先互为反义词。

③乐。"乐"（樂）是会意字，甲骨文作"樂"，从木从双幺从白："木"表树木，双"幺"表示松柏树上流淌的黏脂（如同丝绳），"白"则表示柏树的籽实。"乐"的构意源自上古先民用作篝火材料的松树柏树（因含有油脂，砍倒便能燃烧，其他树种无此功能）。"乐"由篝火晚会时的歌舞及两性相悦引申出欢乐义。

④谁。"谁"（誰）是形声字，从言隹声："言"为类旁，表示与言语（鸣叫）有关；"隹"为声义旁，表声且表鸟禽义。谁便是鸟禽鸣叫。引申后，又指众多鸟禽中哪一只在叫，用为疑问代词的"谁"。"乐谁"即呼喊鸣叫的意思。

⑤争。"争"（爭）是会意字，金文作"𢦏"，从爪从又，中间一竖乃戈矛的把柄。"争"的本义为争夺，此义由转注后的"挣"字所承继。"争"则表示引申后的争斗义。

● 句读

江海所以能为百浴王者，以其善下之也，是以能为百浴王。

译文：大江和大海之所以能成为百条峪水的流往之处，是因其一直处在低下（的位置），所以能成为百条峪水的流往之处。

注意：此句的关键字是"王"。后世学者将其解读为君王，而不是当作前往之往的简省体。例如，任继愈先生便将此节对译为："江海之所以能成为一切小河流的领袖，由于它安于处在众多小河流的下游，必能做众多小河流的领袖。"

本章下句旨在推出"圣人"。圣人与君王不能共处，因此，王字不是君王。

是以圣人之欲上民也，必以其言下之；其欲先民也，必以其身後之。

译文：因此，圣人要想居处在民众之上（领导民众），必须凭借他的言语卑下；想要走在民众之先，必须凭借他的身后有民众。

注意："其欲先民也，必以其身后之"不可译作"想要居于人民之前，一定要退让于后"（傅佩荣语）。傅佩荣先生的望文生义解读形成无法自圆的内在矛盾（后文有"居前而民弗害"句）。谦和居下与率先示范是相辅相成的。

故居上而民弗重也，居前而民弗害。天下皆乐谁而弗猒也。

译文：所以，（圣人）居于上位而民众不觉得有负重。（圣人）居前而民众不觉得是（遮挡）妨害，天下全都欢呼雀跃（跟进）而不厌烦。

"乐谁"乃古代俗语，即乐呵呵的意思（"谁"字在此读 wei）。付奕本作"乐推"，郭店竹简本作"乐进"。后世学者大多将"推"释为荐举，"乐推"即乐于推举，即推举圣人为首领。傅佩荣先生则将"乐推"解读为"乐于拥戴"。如此一来，"弗猒"便被释为"不嫌弃"。

不以其无争与？故天下莫能与争。

译文：不就是凭借不去争斗吗？是因为天下没有能与他争抢者。

"不以其无争与"一句中有两个否定词。负负为正，可理解为凭借着这一点（下之、后之）来争夺。传世本省掉一个否定词，将疑问句变为叙述句。

研读此节，可参见帛书《老子·德部二十四》中"故大国以下小国，则取小国""夫皆得其欲，则大者宜为下"。

● 随感

《老子》一书中的圣人，原本指血缘族群中的首领，即部族社会中的克里斯玛（Chrismatic）型人物。老子认为这种首领具备的德行是：言语谦和身先士卒，居上民众没有压力，居前民众没有恐惧。这些品质与"无为、不争、不敢为天下先"相匹配。这样的圣人即老子理想中的得道明君，即尊道贵德的侯王们。

《老子》用江海汇聚百峪，十分形象地为"有国者"解释，怎么才能成为遵道贵德的圣人。

帛书校勘本
德部三十

　　小国寡民，使有十百人器而勿用；使民重死而远徙①。又周②车无所乘③之，有甲④兵无所陈⑤之。使民复结绳而用之。

　　甘⑥其食，美其服，乐其俗⑦，安其居。叟⑧国相望⑨，鸡犬之声相闻，民至老死不相往来。

传世王弼本
八十章

　　小国寡民，使有什佰之器而不用；使民重死而不远徙。虽有舟舆，无所乘之，虽有甲兵，无所陈之。使民复结绳而用之。

　　甘其食，美其服，安其居，乐其俗。邻国相望，鸡犬之声相闻，民至老死不相往来。

帛书译文

　　保持（血缘族群制）小国，让（每个族群）人口变少，即使有可为十人百人（同时烹煮食物的）器皿也不使用；让民众看重死亡而不断迁徙（到无冲突无战争的地方）。即便有可驾乘来往的马车也不乘用，有武装的兵士而不列兵对阵。让民众归返到使用结绳记事（的时代）。

　　吃自己的食物，穿自己的服装，陶醉在自己的风俗中，安逸于自己的居室。即使相邻之国能够相互看到、鸡犬声能相互听到，（下边的）民众直到老死也互不往来走动。

● 解字

　　①徙。"徙"是会意字，金文作"㣟"，从彳从走，两根会意："彳"表道路，"走"表行走。"徙"的本义为迁徙离去。

　　②周。"周"是会意字，金文作"甹"，从用从口："用"表裹裆布，"口"表肛门（写作倒三角形时则表女阴）。"周"的本义为围裹一圈的兜裆布，又指西周男性贵族使用的吊市(周的古音读作diao)。小篆字体又将从田从口的周字与之合并，故有周围义，又有周旋义。"周

车"即可以来往或四处周旋的马车。后世学者将"周"字音训为舟，认为"舟、周同音古通"，不妥。

③乘。"乘"是会意字，甲骨文作"𠅞"，从木从大。构意源自一人跨站在大树上面。金文增添"舛"形，后世隶作乘。"乘"的本义为登临其上，在此用为乘车。

④甲。"甲"是象形字，甲骨文作"⊕"，构形源自在十字木架上蒙覆皮革制作的盾牌。"甲"的本义为盾牌，又用为商代十大部族之一的徽号，即甲部族。由盾牌防护引申指兵士身上防护性的皮革铠甲。

⑤陈。"陈"（陳）是会意字，从阝（阜）从东："阝"表台阶，"东"表棍囊。"陈"便是让棍囊靠在台阶边上。"陈"的本意为陈列。"有甲兵无所陈之"，意谓让穿着铠甲的兵士没有机会列阵，即废弃战争。

⑥甘。"甘"为依托象形字，甲骨文作"ㅂ"，乃是在口中增添表示食物的一点。甘的本义为含食物于口中，引申后又有甘美、甘甜义。"甘其食"犹言粗粝之食吃得很甘甜。

⑦俗。"俗"是会意字，从人从谷："人"表不同族群的不同人，"谷"表人的吃和吐。"俗"便是不同族群的食物吃法，引申泛指风俗、民俗。

⑧吝。"吝"（吝）是会意字，金文作"㗊"，从文从双口："文"的构形源自母畜（牛）生殖器，双"口"则表示肛门与产门的同在。"吝"的本义为相邻，即紧挨着的双方。引申后，又有母畜不再发情（产门作用失去）不得不杀掉的吝惜义。今字又作"邻"。

⑨望。"望"是"朢"的因音形变体。"朢"字金文作"𦞦"，从臣从月从壬，构形源自有月的夜晚站在土堆上观看远方。"朢"的本义为瞭望（又指月圆之时），引申后又有观望义。将"望"中之"臣"改为"亡"字，以强调发声，遂有因音形变的"望"字。

153

● 句读

小国寡民，使有十百人器而勿用；使民重死而远徙。又周车无所乘之，有甲兵无所陈之。使民复结绳而用之。

译文：保持（血缘族群制）小国，让（每个族群）人口变少，即使有可为十人百人（同时烹煮食物的）器皿也不使用。让民众看重死亡而不断迁徙（到无冲突无战争的地方），即便有可驾乘来往的马车也不乘用。有武装的兵士而不列兵对阵。让民众归返到使用结绳记事（的时代）。

注意，此节重点有多处：一是小国寡民，句前应补译"使之成为"或"保持"。

二是"十百人器"应是十人百人所用的烹煮器皿，即类似后母戊鼎那样的青铜器。大型青铜炊食器的主要功用是氏族之间聚集到一起而会盟联欢。此处指不做氏族会盟联欢之类的事。该句紧跟"小国寡民"，应是小国寡民用不着的东西。

"使民重死而远徙。"帛书整理者云："远与重对言，作动词用。远徙犹言疏于迁徙而避免移民。"这样解读便把意思全搞反了——甲兵无所陈，民至老死不相往——这便是重死而远徙的真正目的。传世本改作"使民重死而不远徙"。妄加"不"字，尽失《老子》此节的意趣和上古先民生活真相（小型族群必须逐水草避祸患而不断迁徙）。

小国寡民，古书多有记载。《战国策·赵策三》："古者四海之内，分为万国，城虽大，无过三百丈，人虽众，无过三十家。"《尚书·尧典》："协和万邦"。《左传·襄公七年》："禹会诸侯于涂山，执玉帛者万国"。

甘其食，美其服，乐其俗，安其居。叟国相望，鸡犬之声相闻，民至老死不相往来。

译文：吃自己的食物，穿自己的服装，陶醉在自己的风俗中，安逸于自己的居室，即使相邻之国能够相互看到、鸡犬声能相互听到，民众直到老死也互不往来走动（更不会合并为一个大族群）。

● 随感

在这一章中,老子将"无欲、无智、无为"的结果作了一幅图景式的展望。

何以叫作无欲?表面上的意思是,躲到没有人烟之处。既便找不到没有人烟处,不得不与其他部族国家相互为邻,也要让下层民众做到"老死不相往来"。其实,老子的话需要深层领会。只有无欲才能实现"小国寡民",无欲便是减少或没有男女交合之欲,没有了色欲(宋儒朱熹称之为:灭人欲、存天理),便没有人口的生殖。没有了人口,或者让人口减少到五大洲各有一对男女。他们分别迁徙到五大洲,想用十百人器也凑不够人数,更不要说列兵布阵了。只是,这时没有了因人口过多而呈现出的人与人之间的争斗,自然界的老虎、狮子、豹子、狗熊或野狼会不会把寥寥无几的"寡民"塞了牙缝?

相比孔子的务实和脚踏实地,老子多了几分玄想,多了几分天真和想当然。就像资本主义原始积累时期的思想家幻想人类有一个"原始共产主义社会"(考古学家已证明这是一个灾荒年和战争期间人吃人肉,和平年代强者有性交权、弱者没有性交权的野蛮时代)。老子编造出了一个理想王国——小国寡民,绝学弃智,民若赤子,乐其俗,安其居民至老死不相往来的部族小国。

《老子》说这些话的目的是什么,是探讨治国方略?还是在建立一套宗教说辞?《老子》真的要让社会退回到结绳记事的时代吗?

帛书校勘本 德部三十一	传世王弼本 八十一章
信言不美①，美言不信。知者不博②，博者不知。 善者不多，多者不善，圣人无积。既以为人，己俞③有，既以予④人矣，己俞多。 故天之道，利而不害；人之道，为而弗争。	信言不美，美言不信。善者不辩，辩者不善。知者不博，博者不知。 圣人不积，既以为人，己愈有，既以与人，己愈多。 天之道，利而不害；圣人之道，为而不争。

帛书译文

真实的话语不华美，漂亮的话语不真实。凭借智巧的人不广博，知识广博的人不智巧。

和善者不多占有，多占有者不和善。圣人不会积攒（财物）。凭借已经为他人做过的，自己感到更富有；凭借已经给予他人的，自己感到更满足。

所以，天之道，有利万物而不侵害，圣人之道，仿效（道）而不去争夺。

● 解字

①美。"美"是会意字，甲骨文作"𦍌"，从羊从大，构意源自男人像公羊一般矫健。"美"的本义为人之矫健，引申泛指美丽、美好。

②博。"博"是"尃"的本义转注字。"尃"字从甫从寸，构意源自用手抛撒猎（渔）网。在"尃"的左边增添表示直出的"十"，便创设出转注字"博"，承继初文的网撒一大片义。引申后又泛指广博。

③俞。"俞"是会意字，甲骨文作"𦥑"，从舟从㣇，本义为舟

船行驶直达彼岸。此义由转注后的"渝"字所承继，"俞"则表示引申后的更加义，并成为汉字形声系统的声义偏旁。例如传世本中的"愈"，从心俞声，表示心想抵达他处。

④予。"予"是会意字，金文作"㐬"：上为倒三角形"▽"，表示女阴，下边"丁"形表示男根的插入。"予"的本义为男女性交时的插入。由插入后的射精，引申泛指给予。

● 句读

信言不美，美言不信。知者不博，博者不知。

译文：真实的话语不华美，漂亮的话语不真实。凭借智巧的人不广博，知识广博的人不智巧。

"知者不博，博者不知"，相当于今天的专而不博，博而不专。此类句式又见于《德部九》："知者弗言，言者弗知。"

侯外庐先生认为："辩者不善，博者不知，显然也是针对孔墨而发。孔子博学，墨子善辩，孔墨之外，谁又是博者辩者？"

善者不多，多者不善，圣人无积。既以为人，己俞有；既以予人矣，己俞多。

译文：和善者不多占有，多占有者不和善。圣人不会积攒（财物）。凭借已经为他人做过的，自己感到更富有；凭借已经给予他人的，自己感到更满足。

故天之道，利而不害；人之道，为而弗争。

译文：所以，天之道，有利万物而不侵害；圣人之道，仿效（道）而不去争夺。

此节应与帛书本《道部五》"天地不仁以万物为刍狗，圣人不仁以百姓为刍狗"相互参证。参见《德部十四》："道生之，德畜之，物刑之而器成之……生而弗有，为而弗寺，长而弗宰，是胃玄德。"

此节的疑点在于"为"字的使用。"为而弗争"可译为"有所作为而不争"，但已偏离老子"无为、无以为"的惯常用法。因此，可勉强译作"仿效（道）而不去争夺"。这一节所述乃生活经验的老生常谈。尽管用了"天之道"和"人之道"，但仍缺少哲理深度，与真实的老子相去甚远。此节话语大概源自众多老子中相对朴实、粗浅的一员。

任继愈先生依据传世本，将此节对译为："天的道，利物而不害物，圣人的道，做了而不争功。"可备一说。

● 随感

此节"天之道，利而不害，人之道，为而弗争"。句式同于《德部四十二章》："故天之道，敓有馀而益不足。人之道，敓不足而奉又馀。"但两章"人之道"的用意截然不同：一个是褒，一个则是贬。一个是圣人之道，一个是人间之道。为什么会出现这种差异？因为《老子》一书原本非一人所著！

帛书校勘本
德部三十二

天下皆胃我大，大而不宵①。夫唯不宵，故能大。若宵，久矣其细也夫！

我恒有三琛②，市而琛之：一曰兹，二曰检③，三曰不敢④为天下先。

夫兹，故能勇⑤；检，故能广；不敢为天下先，故能为成器长。

今舍⑥其兹且⑦勇；舍其检且广；舍其后且先，则死矣！

夫兹，以单⑧则朕，以守则固。天将建之，如以兹垣⑨之。

传世王弼本
六十七章

天下皆谓我道大，似不肖。夫唯大，故似不肖。若肖，久矣其细也夫！

我有三宝，持而保之。一曰慈，二曰俭，三曰不敢为天下先。

慈，故能勇；俭，故能广；不敢为天下先，故能成器长。

今舍慈且勇；舍俭且广；舍后且先，死矣！

夫慈，以战则胜，以守则固。天将救之，以慈卫之。

帛书译文

天下人都说"道"为大，道大且不与他物相似。凭着与谁都不相像所以能大。若（与其他东西）相似，长久以后便会细小起来。

我（道）长久以来有三件佑护用的宝物，兜售并佑护于你：一是（恒久）肃穆，二是自我约束（收敛），三是不敢为天下先。

因为脸面神色肃穆，所以有了威勇；因为有了自我约束，所以志向广远；因为不敢为天下先，所以成为让众人信服的首领。

现今（有人）舍弃肃穆而呈威勇，舍弃约束自省而呈（志向的）广远，舍弃保守而求取创新。这是走向死路啊。

如此啊，凭借（它）迎战就能胜利，凭借（它）防守必能牢固。天要引导一个人，就用慈祥环绕佑护他。

● 解字

①宵。"宵"是形声字，从宀肖声："宀"为类旁，表示与屋室有关；"肖"为声义旁，表声且表肖似义。"宵"便是一所房屋与其他房屋的相似。"不宵"即不相似。

②琛。"琛"是"葆"的简省体。"琛"则是"保"的增符会意字，构意源自西周时的"太保"，即佑护周王的最高行政长官（周公旦是武王的太保，周公儿子明则是康王的太保）。"三琛"即"三保"，即三种佑护我的法宝。

③检。"检"（檢）是"验"的假借字。"验"为形声字，从马佥声："马"为类旁，表示与马匹有关；"佥"为声义旁，表声且表两面义。"验"便是察验马身的两边，引申泛指查验。"检"借"验"的形、音、义，以"木"置换本字的"马"旁，表示对木牍（古代用以书写信件或公文）的查验、检视。"检"在此节文句中表示对自身的检视，含有收敛的意思。

④敢。"敢"是会意字，金文作"𢼑"，构意源自手执兜网直对野猪。"敢"的本义为勇敢，即敢于上前。

⑤勇。"勇"是形声字，从力甬声："力"为类旁，表示与人的力气有关；"甬"为声义旁，表声且表穿通而出义。"勇"便是将力量一下子使出来。引申后又有勇敢义，即敢于以力相搏。

⑥舍。"舍"是会意字，金文作"舍"，从余从口："余"以雨伞之形表示简陋屋顶，"口"表四边的围墙。"舍"的构意源自长途跋涉者在路上临时住宿的帐篷。"舍"因而有屋舍义，又有舍弃义（住一晚便往前赶路）。

⑦且。"且"是象形字，金文作"🕭"，构形源自男性生殖器。且的本义为男根，由男根的勃起挺立引申出姑且、并且、而且义，又用为表示状态持续下去的虚词。

⑧单。"单"（單）是会意字，金文作"🕭"，乃是在干杈的上部增添两个尖框，强调干杈的尖头，中间则是表示目标的"曰"。"单"的本义有二：一是由干杈既能攻又能守，生发出的单一义；其二是由干杈功用在其分叉的尖端，以及端直向前生发的端头义。此处的"单"乃是古文"战"字的省形，表示战斗。

⑨垣。"垣"是形声字，从土亘声："土"为类旁，表示与土有关；"亘"为声义旁，表声且表回旋义。"垣"便是围绕一周的围墙。"以兹垣之"犹言恒久地环绕（保护）。

● 句读

　　天下皆胃我大，大而不宵。夫唯不宵，故能大。若宵，久矣其细也夫。

　　译文：天下人都说"道"为大，道大且不与他物相似。凭着与谁都不相像所以能大。若相似（其他东西），长久以后便会细小起来。

　　此节中的"我"代指道，即帛书本《老子·道部二十五》所说："有物昆成，先天地生。肃呵，湷呵，独立而不孩，可以为天地母。吾未知其名也，字之曰道。吾强为之名曰大。"

　　此节中的"宵"，后世学者大多解为"肖似"，但从深层意义讲，应解为"仿照他人屋室而建造自己的屋室"。

　　建造屋室，因为要利用原来的材料，所以"久矣其细也夫"。这就是说，道不像天下万物那样，有生死循环。道没有生也没有死，不需要循环重构，故能大，故能恒为一，故曰大一。

　　我恒有三琛，市而琛之：一曰兹，二曰检，三曰不敢为天下先。

　　译文：我（道）长久以来有三件佑护用的宝物，兜售并佑护于你：一是（恒久）肃穆，二是自我约束（收敛），三是不敢为天下先。

兹，不可译为慈爱。慈爱不符合老子的天地不仁，圣人不仁。兹字的构意源自面部表情的长久不变，即不形于色，含有肃穆庄严的意思。

检，意谓约束、收敛。即下一节的"夫检，故能广"。

注意，这三样宝物是兜售给有国者的。现代的叫法应是最高领导人。这三件"宝物"，对老百姓没有丝毫用处。

夫兹，故能勇；检，故能广；不敢为天下先，故能为成器长。

译文：因为面部神色肃穆，所以仪态威勇；因为有了自我约束，所以志向广远；因为不敢为天下先，所以成为让众人信服的首领。

以上两节关键字词：一是集市之"市"，译为兜售比较妥帖。二是"成器长"，按字面可直译为"成长起来的有才器首领"。"成器"一词至今仍用在口语中，不成器即不成才器，成器即成才器！三是不敢为天下先，确切词义为不去创新，不做天下人未做过的事。

兹，讲一个人的仪态表情；检，讲一个人的内心收敛；不敢为天下先，说的是一个人的行为方式。"三保"的三个层级，在政治实践中十分必要。显而易见的是，中国的领导人大多都能做到这一点。

任继愈先生将"慈"译作"宽容"，周生春先生译作"柔慈"。有待商榷。

今舍其兹且勇；舍其检且广；舍其后且先，则死矣！

译文：现今（有人）舍弃肃穆而呈勇武，舍弃约束自省而呈（志向的）广远，舍弃保守而求取创新。这是走向死路啊！

《老子》旨在批判舍本逐末的行为。兹与勇，检与广，后与先的因果关系需要细加推究。

夫兹，以单则朕，以守则固。天将建之，如以兹垣之。

译文：肃穆啊，凭借（它）迎战就能胜利，凭借（它）防守必能牢固。天要引导一个人，就用恒久环绕佑护他。

第一个"兹"仍可对译为肃穆，第二个"兹"应译作恒久。两个"兹"的词义不同。疑此节为后人续貂。

周生春先生将此节译为："柔慈，将它用于作战就能打胜仗，用于防守就坚固不拔。天要立谁，这就像（慈母）用柔慈来援助、护卫他一样"。如此对译，似乎不妥。

此节的关键词是"建"。"建"的词义为引导（画图）。后世学者不识"建"字的形、音、义由来，按照文句推演，将"建"译读为扶持（徐志钧语）或救助（陈鼓应语），均不妥。

● 随感

《老子》的"三保"是售卖给侯王们，即"有国者"的。况且，这三件东西卖给普通民众也没有什么用，甚至有弊无利。

此章是老子"道佑我王"，推行"圣人之道"的进一步阐述。

细究此节文句，给人的印象是：老子一方面在讲无为，讲收敛，讲"不敢为天下先"，但却在结论部分告诉你，如何"能勇、能广、能为成器长"，实现"单（战）则朕（胜），守则固"。读懂这一节，便知老子究竟在贩卖什么，即"市而琛之"的是什么货色——有权有势的侯王们，应该尽可能地装扮出无能、愚笨、天真，以便能够在他人自以为强大时将他打趴下，也就是俗语说的扮猪吃老虎。侯王们如果不能阴柔处下，倘若果敢行事则会"彊梁者则不得其死"。老子对有国者的忠告是："舍其兹且勇；舍其检且广；舍其后且先，则死矣！"

李零因此说，"老子的智慧"代表的是一种老辣的智慧。这种"老辣的智慧"，售卖给普通民众有何用？只能够售卖给侯王们！有兴趣的读者，可以读一读四大帝王注释的《道德经》。即唐太宗李世民、宋徽宗赵佶、明太祖朱元璋、清世宗康熙皇帝分别注释的《道德经》。

帛书校勘本
德部三十三

　　故善为士者不武①；善单②者不怒③；善朕④敌⑤者弗与；善用人者为之下。
　　是胃不争之德，是胃用人，是谓肥⑥天，古之极也。

传世王弼本
六十八章

　　善为士者不武；善战者不怒；善胜敌者不与；善用人者为之下。
　　是谓不争之德，是谓用人之力，是谓配天，古之极。

帛书译文

> 　　所以，善于做武士者不去威吓（他人）。善于战斗者没有愤恨（的表情）。善于战胜敌人者不与敌人纠缠。善于用人者对人谦下退让。
> 　　这便叫作不争的德行，叫作（善于）用人，叫作配享天命，过去以来的最高准则（极限）。

● 解字

　　①武。"武"是会意字，金文作"武"，以戈从止，构意源自挥舞兵戈迫近（征伐）他人。武与戍、舞二字同一音系（源自舞动枝条发出的声响）。"武"的本义为威吓，引申后又有武装、武力及武器义。不武即不去威吓他人。

　　②单。此节"单"字乃"战"（戰）字的省形。可参见前一章的解字。

　　③怒。"怒"是形声字，从心奴声："心"为类旁，表示与心情、心思有关；"奴"为声义旁，表声且表拉扯义。怒，便是弱者遭到拉扯强迫，心中泛起不愿但又无奈的愤恨。引申泛指愤怒。

　　④朕。"朕"是"胜"（勝）字的转注初文。"朕

敌"即战胜敌人。同前章解字。

⑤敌。"敌"（敵）是形声字，从攴商声："攴"为类旁，表示与击打搏斗有关；"商"为声义旁，表声且表血缘族群义。"敌"便是不同血缘族群间的击打搏杀，引申泛指敌对、敌人。

⑥𦞦。"𦞦"是"配"的异构体。"配"是会意字，金文作"配"，从酉从己，构意源自自己喝自己面前的酒，引申泛指匹配，配享。"𦞦"与"配"的区别在于配享的是酒还是肉（月），故互为异体字。

● 句读

故善为士者不武；善单者不怒；善朕敌者弗与；善用人者为之下。

译文：所以，善于做武士者不去威吓（他人）。善于战斗者没有愤恨（的表情）。善于战胜敌人者不与敌人纠缠。善于用人者对人谦下退让。

徐志钧将此章首字"故"释读为发语词，不妥。此章与上章联系紧密——前有"以单则胜，以守则固"，后有"故善为士者不武；善单者不怒……"《老子》一书原本是连续而下的几大块文章，后人将其拆分为僵硬的八十一章。

此节"善"字作善于讲。

此节"不武"应译为"不去威吓"。陈鼓应将此句译为"善做将帅者不逞勇武"。士与将帅相差甚远，此处之"士"应是古代的上士、中士、下士。读者可参见《老子·德部三》：上士闻道……中士闻道……下士闻道……

"弗与"一词，傅奕本、景龙本作"不争"。"弗与"即不纠缠，也就是不缠斗的意思。据此，帛书"弗与"不但不是"不争"，而且比"不争"更妥帖更充分。

细究此节，可参见前一章："夫兹，故能勇；检，故能广；不敢为天下先，故能为成器长"。

"善用人者为之下"一句，与前三句不在一个层面上，疑为后人续貂添足。

是胃不争之德，是胃用人，是胃肥天，古之极也。

译文：这便叫作不争的德行，叫作（善于）用人，叫作配享天命，（乃是）过去以来的最高准则（极限）。

● 随感

"配天"一词，古已有之：西周《尗簋》："经雍先王，用配皇天。"《宗周钟》："我唯司配皇天。"《书·多士》："殷王亦罔敢失帝，罔不配天其泽。"《诗·周颂·思文》："思文后稷，克配彼天。"所谓"配天"，便是侯王接受天帝的命令，分享人间的统治权力。理解《老子》书中的"配天"，需要参证的知识是：熟读西周青铜铭文和先秦典籍，了解皇天、天帝、天道、天命、上天、老天爷概念之间的异同；理解周革殷命之际，由亚祖到天帝的信仰转化；理解《左传》《国语》《论语》《老子》等书中"天之道"及"天道"一词的延袭使用。

细究全文：德部三十一章以及本章（还有三十四章、三十五章、三十六章），从内容到文风，甚至立足点都与其他章节大相径庭，这一部分应该是由一个与初始老子不同的后老子所添加，或可称之为兵家老子。

帛书校勘本
德部三十四

用兵又①言曰：吾不敢为主②而为客③；不敢进寸而退尺。
是胃行④无行，攘⑤无臂⑥，执无兵，乃无敌。
祸莫大于无敌，无敌近⑦亡吾琛矣。
故抗⑧兵相若，而依⑨者朕矣。

传世王弼本
六十九章

用兵有言：吾不敢为主而为客；不敢进寸而退尺。
是谓行无行；攘无臂；扔无敌；执无兵。
祸莫大于轻敌，轻敌几丧吾宝。
故抗兵相加，哀者胜矣。

帛书译文

率领军队者（军事家）有教导说：我不敢为主（首先发动战争）而宁愿为客（接受他人的战争挑衅），不敢进攻寸土而后又退却一尺。

这便叫作行走没有道路，扯拉（他人）找不着手臂，想执拿却没有兵器，（想战斗）前方却没有敌人。

祸患莫大于没有敌人，没有敌人靠近便会失去我之三保（即前文的一曰兹、二曰检、三曰不敢为天下先）。

所以，兵士对阵时（人数不相上下时），紧缩团聚的一方（不去四下分散进攻的一方）可获得胜利。

● 解字

①又。此处"又"字乃"有"字的初文。"又"为象形字，甲骨文作"㇇"，构形源自伸出持拿之手。"又"的本义为持有，此义由增符后的"有"字所承继，又则表示引申而出的又一次义。

②主。"主"是指事字，金文作

| 金文 | 小篆 | 楷体 |

"主"，乃是在灯盏之形的下部增添一横，表示手的持拿挪动。"主"的本义由转注后的"炷"字所承继。主则表示引申而出的主人义，自己站立不动，他人向自己（灯下）靠拢。"主"与"客"互为反义词。

③客。"客"是会意字，金文作"客"，从宀从各："宀"表屋室，"各"表人的走来。客便是由他处走进自己屋室的人，即客人。引申后，表示与己相对的另一方，即主客之客。

④行。行为象形字，金文作"行"，构形源自十字交叉道路。行的本义有二：一是道路，二是行走。又由多人行走在道路上引申出行列义。"行无行"即行走没有道路。前一行字为动词，表行走。后一行字为名词，表示道路。

⑤攘。"攘"是形声字，从手襄声："手"为类旁，表示与手的动作有关；"襄"为声义旁，表声且表哭嚷义。"攘"便是将哭嚷之人扯拉走，引申泛指拉扯。"攘无臂"便是拉扯却没有手臂。

⑥臂。"臂"是形声字，从肉（月）辟声："肉"为类旁，表示与肉体有关；"辟"为声义旁，表声且表躲避义。"臂"便是能够以活动方式躲避他人抓拉的手臂。

⑦近。"近"为形声字。从辵斤声："辵"为类旁，表示与行走有关；"斤"为声义旁，表声且表斧斤义，在此用为砍伐。"近"便是走到跟前（方能砍伐）。"近亡"即走近后便失去，也就是俗语所说的"迷失"。

⑧抗。"抗"是形声字，从手亢声："手"为类旁，表示与手的动作有关；"亢"为声义旁，表声且表立停不动义。"抗"便是两人以手相互拉扯，即抵抗、对抗。

⑨依。"依"是形声字，从人衣声："人"为类旁，表示与人的行为有关；"衣"为声义旁，表声且表衣服义。"依"便是穿上衣服以御寒。引申泛指依赖，又有依靠义。此处用为紧缩团聚。

- 句读

　　用兵又言曰：吾不敢为主而为客；不敢进寸而退尺。

　　译文：率领军队者（军事家）有言说：我不敢为主（首先发动战争）而宁愿为客（接受他人的战争挑衅），不敢进攻寸土而后又退却一尺。

　　将主客理解为战争的发起者和接受者，才有后边一句：不敢进寸而退尺。有了进攻一方便有进攻后在反击下的退却。如同二战时期的德国军队，先是攻入苏俄土地，然后在苏俄及盟军的反击下，被占领并被肢解为东德、西德。

　　此节是老子"不敢为天下先"及"不争"思脉的具体阐述。

　　是胃行无行，攘无臂，执无兵，乃无敌。

　　译文：这便叫作行走没有道路，扯拉（他人）找不着手臂，想执拿却没有兵器，（想战斗）前方没有敌人。

　　此节旨在言说进攻者退却时的狼狈状，与上一节"不敢进寸而退尺"相承接。

　　这一节后世学者解读多有谬误。例如，陈鼓应先生依据传世本"是谓行无行；攘无臂；扔无敌；执无兵"将此节解读为："这就是说，虽然有阵势，却像没有阵势可摆；虽然要奋臂，却像没有臂膀可举；虽然面临敌人，却像没有敌人可赴；虽然有兵器，却像没有兵器可持。"如此解读，不仅语意全错，而且拗口。你见过一个人要奋臂却没有臂膀可举，虽然有兵器却像没有兵器可持的情形吗？

　　后儒的错释，首在不识"行"字的两个基本词义，道路和行走。陈先生竟然将"行无行"中的"行"解读为"阵势"。其次，不识"攘"字的本义为扯拉，即俗语中的"生拉活扯"。再次，乃是被"乃、扔"二字所迷惑，"乃无敌"应对译为"面前没有敌人"。

　　祸莫大于无敌，无敌近亡吾琛矣。故抗兵相若，而依者朕矣。

　　译文：祸患莫大于没有敌人，没有敌人靠近便会失去我之三琛（即前文的一曰兹、二曰检、三曰不敢为天下先）。所以，兵士对阵时（人数不相上下），紧缩团聚的一方（不去四下分散进攻的一方）可获得胜利。

　　此章三节环环相扣，此节紧接上节"无敌"之状。

此节中的"若",传世本皆作"加"。《古本》:"今注音多循伪文,解成相交之义,失其旨也。"《义解》:"两边举众,名曰抗兵,多少均齐,故云相若。"帛书本作"若",传世本作"加",一字之殊,其义远胜传世本。

　　传世本将"依"改为哀字,遂有后世"哀兵必胜"之胡说八道。"哀兵必胜"这一讹误,通过多个《老子》译本已传至国外,遂即成为世界军事著作及军事思想中的最大笑柄。你见过一支悲凄哀号的军队打过胜仗,而且是必胜吗?实际上,"依者"即"不敢为主而为客;不敢进寸而退尺"的用兵者。如此用——乃是老子思脉中"三葆"思想在军事学中的具体运用。

　　注意,"依"字的古音有二;一读yi,一读ai,即陕西关中方言中的"依着、靠着"。这大概便是"依"字被讹误为哀的原因。

帛书校勘本
德部三十五

　　吾言易知也，易行也。而天下莫之能知也，莫之能行也。
　　夫言又宗①，事又君。夫唯无知也，是以不我知。
　　知我者希，则②我贵矣。是以圣人被褐③而裏④玉。

传世王弼本
七十章

　　吾言甚易知，甚易行。天下莫能知，莫能行。
　　言有宗，事有君。夫唯无知，是以不我知。
　　知我者希，则我者贵。是以圣人被褐怀玉。

帛书译文

　　我的话很容易知晓，很容易实行。但天下却没有知晓者，没有实行者。
　　言论有宗旨，行事有主次。这一点都没人知晓，因此不知晓我（的道理）。
　　知晓我（的道理）的人少，我（的道理）就更宝贵啊。因此，圣人穿着粗葛衣服但怀里藏着美玉（尚未被人认识到）。

● 解字

①宗。"宗"是会意字，金文作"宗"，从宀从示，构意源自在祖庙中祭祀先祖。"宗"的本义为一脉相承的祖先们，即祖宗。引申后，又有宗族义。

②则。"则"（則）是会意字，金文作"则"，从双鼎从刀，构意源自依照实物用刀雕刻范模，或运用范模铸造出一个实物。"则"的本义为由这个塑造出另一个，引申后，又用为连接词，表示由此到彼的转折。"则我贵矣"犹言仿效吾（道）者便贵。

③褐。"褐"是"葛"的假借字。"葛"字从艹葛声，本义指相互揪扯的葛藤。"褐"借"葛"的形、音、义，以衣置换本字的艹旁，表示用葛布制做的衣服，引申后

又有褐色义。

④褱。"褱"是会意字，金文作"🧾"，从衣从㴒："衣"表人的胸前，"㴒"表泪珠成两行落下。褱便是胸前可怀抱之处，此义由转注后的怀（懷）字所承继。引申后，又有怀抱义。

● 句读

吾言易知也，易行也。而天下莫之能知也，莫之能行也。

译文：我的话很容易知晓，很容易实行。但天下却没有知晓者，没有实行者。

夫言又宗，事又君。夫唯无知也，是以不我知。

译文：言论有宗旨，行事有主次。（由于）这一点都没人知晓，因此不知晓我们（的道理）。

此节中的"又"作"有"讲。

知我者希，则我贵矣。是以圣人被褐而褱玉。

译文：知晓我们（的道理）的人稀少，我们（的道理）就更宝贵啊。因此，圣人穿着粗葛衣服但怀里藏着美玉（尚未被人认识其价值）。

此处"圣人"一词指坐而论道的宣讲者，不是有国的君王。此章节的终点是同一章节的文字中，既用"吾"，何以又要用"我"？

● 随感

这一章的标题便叫作"老子的哀叹"。全文用的是古代的白话文，易懂易知。老子何以要自我安慰？因为"知我者希，则我贵矣"。老子何以要感慨？因为"夫唯无知，是以不我知"。所以，才有了"弗笑，不足以为道"。

《老子》的道学有两大特点：其一，"道"是《老子》创设出的专有概念，这一概念是华夏"天之道"与荆楚"太一神教"杂交后的新品种，被当时的主流意识视为异端。故天下莫之能知也。

其二，《老子》倡导"无欲、无为、守雌、虚静、兹检、不敢为天下先及不争"，这些都与人类本性中的贪欲、畏惧以及争先向前相违背。在现实生活中,"灭人欲,存天理"之类的话只能说一说,做是做不来的。《老子》书中处处流露并感叹这些道理不被人知,自己不被人知晓,原本是很自然的。根本的原因在于,《老子》的"圣人之道"是售卖给那些有权有势的侯王们的,本身就是弱势群体的老百姓要这些东西根本没有用。但是,作为强势者的侯王们哪个又愿意"灭人欲"呢?

问任何一个中国人,孔子与老子的书哪个容易知晓,哪种理论容易实践?得到的答案是什么呢,你又是怎么认为的呢?

由《德部三十一章》到此章,文风、文句以及哲理深度都与前后文不一致。疑这几章由不同于初始老子的一位"后老子"所作。

帛书校勘本
德部三十六

知不知，尚①矣；不知知，病矣。是以圣人之不病也，以其病病也，是以不病。

传世王弼本
七十一章

知不知，上；不知知，病。夫唯病病，是以不病。圣人不病，以其病病，是以不病。

帛书译文

> 知晓（他人）不知道的（道），乃人上人啊；不知晓应该知晓的，乃是有了毛病。因此，圣人是没有毛病的（人上人）。凭借着他知晓不知道（道）的弊端，所以是没有毛病的人。

● 解字

①尚。"尚"为象形字，构形源自躺在地上的女性胴体，甲骨文作"𠈋"。"尚"的本义为仰面躺在地上的女人，此义由转注后的"躺"字所承继，尚则表示引申后的可以趴在其上义（尚与上同一音系）。

● 句读

知不知，尚矣；不知知，病矣。

译文：知晓（他人）不知道的（道），乃人上人啊；不知晓应该知晓的，乃是有了毛病。

"知不知"，"不知知"一句有未显示出的主语和宾语：主语是侯王，宾语是"道"。

此节的"尚"字作人上人讲，即上德、上士之"上"。"病"字从字面讲是有毛病的人；从形象讲，乃是被疾病困扰的人。

"知不知，不知知"的解读。自古便大相径庭。有人将"知不知"解读为：知道却不自以为知道。有人解读为"知道自己有所不知道"。

因此,"不知知"便被解读为"不知道却自以为知道"——上述解读大多受到《论语》"知之为知之,不知为不知,是知也"的影响。

陈鼓应将此节译为:"知道自己有所不知道,最好;不知道却自以为知道,这是缺点。"如此对译似乎太不严谨了。

是以圣人之不病也,以其病病也,是以不病。

译文:因此,圣人是没有毛病的(人上人)。凭借着他知晓不知道(道)的弊端,所以是没有毛病的人。

"以其病病",可直译为"凭借知晓病(不知知)者何以有病"。

陈鼓应先生将"以其病病,是以有病",对译为"正因为他把缺点当作缺点,所以他是没有缺点的"。把缺点当作缺点的人便是没有缺点的人,这话怎么听起来都有些怪怪的。

将帛书本与王弼本比对,便知王弼本的文句前后颠倒且复出。

● 随感

此章紧扣上一章"吾言易知,易行也……"。提出圣人(侯王)和普通人的区分——圣人知晓他人不知晓的,普通侯王不知道应该知晓的。二者之间"知"和"不知"的东西,便是《老子》的"道",便是老子所倡导的"无欲、无为、守雌、虚静、兹、俭和不敢为天下先"。

此章言简意赅,针对性很强,其论述围绕着对"道"的知晓与否。标题可标为:不知道"道"者是病人。陈鼓应先生认为,"本章是就不知的态度来说的。有些人只看到事物的表层,便以为洞悉事物的真相,或一知半解,强不知以为知……"此话用在陈先生对此节文句的解读上,完全正确。若用在《老子》的此节文句上,则有些膝盖上钉掌了。

帛书校勘本
德部三十七

民之不畏畏，则大畏将至矣。
毋伵①其所居，毋猒其所生。夫唯弗猒，是以不猒。
是以圣人自知而不自见也；自爱而不自贵也。故去罢而取此。

传世王弼本
七十二章

民不畏威，则大威至。
无狎其所居，无厌其所生。夫唯不厌，是以不厌。
是以圣人自知不自见；自爱不自贵。故去彼取此。

帛书译文

> 下层庶民不畏惧应该畏惧的，那么（侯王的）最大畏惧便会来临。
>
> 不可阻挡他们的安居，不可按压他们的求生。只有不按压（他们），因此（他们）不会猒急逃奔。
>
> 因此，圣人有自知之明而不处处显现（自己），但求自爱而不自显高贵。所以舍弃后者（自见、自贵）而获取前者（自知、自爱）。

● 解字

①伵。"伵"是当（當）的异构体。"当"（當）字从尚从甲："尚"表仰面躺在地上的女人，"甲"以盾牌之形表示阻挡。"当"的本义为阻挡男性的性要求（此义由转注后的"挡"字所承继）。"伵"字从人从甲，构意为人持盾牌阻拦他人的进攻，本义为阻挡。所以，"伵"与"挡"（当）互为异构体。

● 句读

民之不畏畏，则大畏将至矣。

译文：下层庶民不畏惧应该畏惧的，那么（侯王的）最大畏惧便会来临。

"畏畏"，前一"畏"字作动词，表示畏惧；后一畏字作名词，表示所畏惧的事物。此节应与《老子·德部三十九》"民恒且不畏死，若何以杀曜之也"一句联系起来解读。方能知晓民 应畏惧什么？"大畏将至矣"的主语应是统治者，即侯王。此处侯王也是下节"毋伸其所居，毋猒其所生"的主语。

毋伸其所居，毋猒其所生。夫唯弗猒，是以不猒。

译文：不可阻挡他们的安居（或迁徙），不可按压他们的求生。只有不按压（他们），因此（他们）才不会猖急逃奔。

此节有三个"猒"，前两个猒乃是厌、压二字的初文，按压也可理解为压制。后一个猒应是"猏"字，在此用为猖急逃奔而去。

陈鼓应依据传世本，将此节译为："不要逼迫人民的居处，不要压榨人民的生活，只有不压榨人民，人民才不厌恶统治者。"什么叫作"不压榨人民的生活"？历代的统治者哪个"不压榨人民的生活"？人民"不厌恶"哪个统治者？陈先生的解读过于宽泛而与古代现实太远。

是以圣人自知而不自见也；自爱而不自贵也。故去罢而取此。

译文：因此，圣人有自知之明而不处处显现（自我），但求自爱而不自显高贵。所以舍弃后者（自见、自贵）而获取前者（自知、自爱）。

"自见"可译为显现自我，或译为表现自我。

● 随感

此章话语，充分体现了老子对"圣人"，即侯王们无微不至的关怀。前边讲如何对付社会下层民众，后边一节则讲如何以自知、自爱的方式善待自己。只是前后两节内容不相连。疑前半部应归并于《道部三十九》，放在"若民恒且不畏死"一句之前。

王弼本将后一"畏"字改为威，将"伸"改为狎，已尽失《老子》原作的旨趣。

帛书校勘本
德部三十八

勇于敢则杀①，勇于不敢则栝②。此两者或利或害。天之所亚③，孰知其故？

天之道，不单④而善朕⑤，不言而善应⑥，弗召而自来。单而善谋⑦。

天罔⑧裋⑨裋，疏而不失。

传世王弼本
七十三章

勇于敢则杀，勇于不敢则活。此两者，或利或害。天之所恶，孰知其故？是以圣人犹难之。

天之道，不争而善胜，不言而善应，不召而自来，绰然而善谋。

天网恢恢，疏而不失。

帛书译文

凭借勇气而敢想敢干者遭到打杀，将勇气用来支撑柔弱（苟存）便会活下去。这两种勇哪个是利哪个是害。上天厌恶（勇于敢者），谁知道其中的缘由？

上天的法则，不战而善于得胜，不说而善于得到回应，没有召唤便会自动前来。交战时善于谋划。

天之网（道）像沙尘暴一般蒙覆向下，稀疏但从没有漏失（覆盖到一切应到之处）。

● 解字

①杀。"杀"（殺）是"杀"的本义转注字。"杀"为指事字，甲骨文作" "，乃是在树枝折断的图形上方增添一撇，以字素标注的方式表示大树杈由此被折断（杀的发声也来自扯断树杈时发出的喀嚓声，乃是一个拟声字）。在"杀"的右边增添表示击打的"殳"，便创设出转注字殺，承继初文的本义。引申后，泛指对生命体的击杀、打杀。

②栝。"栝"是"渚"（活）的假借字，"活"则

是"昏"的本义转注字。活的本义指因流动而发出声响的水流（其发声也来自水流动时的guō-guō声）。引申泛指活动之物，又引申指死活之活。"梧"借"活"（活）的形、音、义，以木置换本字的水旁，表示活在木笼之中，引申后泛指活物。"勇于不敢则梧"，犹言将勇气用在求活意志上便会苟存（屈辱地活下去）。

③亚。"亚"（亞）是象形字，甲骨文作"亞"，构形源自商朝埋葬先王的十字型大墓。"亚"的本义指人死后所在的另一个世界，即亚世界。引申后，又有第二的意思，又有埋压在内里义。"亚"又是"恶"的构字字根，表示那种压在胸中又想吐出来的感觉，即恶心。引申后，又指压在心里的厌恶感。

④单。此处之"单"乃是"战"（戰）字的初文，参见《老子·德部三十二》"单"字释义。

⑤朕。此处之"朕"乃是"胜"（勝）的初文，参见《老子·德部二十四章》"朕"字的解字。

⑥应。"应"（應）是形声字，从心雁声："心"为类旁，表示与心之活动有关，雁为声义旁，表声且表驯化后的猎鹰（"雁"是鹰字的转注初文）。"应"便是放出后会自行捕捉动物，然后返回到主人身边的猎鹰。"应"的词义为本应如此。引申后，又有回应、反应义。

⑦谋。"谋"是形声字，从言某声："言"为类旁，表示与言语有关；"某"为声义旁，表声且表果实甘甜义。"谋"便是把话说得像果子一般甘甜。又由说话甘甜者必有所图引申出图谋、谋划义。

⑧罔。"罔"是"网"的增符会意字。"网"是象形字，甲骨文作"网"，构形源自上古时代渔猎用的网具。在"网"的下部增添表示逃亡的亡，便创设出增符会意字"罔"，承继"网"的本义。"罔"字经由转注后，又由網字承继其本义。

⑨袿。"袿"是形声字，从衣圣声："衣"为类旁，表示与衣服（包裹）有关："圣"（gu）为声义

旁，表声且表用手扬起灰土义。"垩"的本义为沙尘暴的蒙覆，引申泛指物的罩覆。

注意：甲骨文中已有"圣"字，乃是一个从又从土的会意字。古文字的"圣"与"聖"字的简化字毫无关系。

● 句读

勇于敢则杀，勇于不敢则栝。此两者或利或害。天之所亚，孰知其故？

译文：凭仗勇气而敢想敢干者遭到打杀，将勇气用来支撑柔弱（苟存）便会活下去。这两种勇哪个是利哪个是害。上天厌恶（勇于敢者），谁知道其中的缘由？

《老子》讲述勇敢者被杀，柔弱者活下去这一特定现象，是为了提出质问："天之所恶，孰知其故？"老子在《德部四十一章》则明确指出："坚强，死之徒也；柔弱，生之徒也。"

此节应与《老子·德部五》："彊梁者不得其死。"《德部三十二》："今舍其兹且勇；舍其检且广；舍其后且先，则死矣"等相互参见，与春秋时越王勾践在吴王身边屈辱求活的事迹相互印证。此处话语是否就是有些人的处世哲学"好死不如歹活着"的原始出处？

人，是否应该像动物般屈辱地活在木笼子里，而不要奋力抗争到死。《老子》给出的结论超乎常人，超乎常理。

任继愈先生将此节前两句译为："勇敢到一切都不怕则死，勇敢有所不敢就有活路。"似乎有些弯弯绕。

天之道，不单而善朕，不言而善应，弗召而自来。单而善谋。

译文：上天的法则，不战而善于得胜，不说而善于得到回应，不用召唤便会自动前来。交战时善于谋划。

"单而善谋"一句乃后人狗尾续貂。此句与前三句句式不合拍：前三句为否定句式，后一句成了肯定句式。况且，"单而善谋"的语意与"不战而善胜"的语意相互抵牾。

这一章不见"道生天地、道在天地之先、天法道"等《老子》专有思脉,反而将道堕落为"天之道"。这一章文句只见"天之所恶",不见"道之所恶",上天所厌恶的竟然是苟延残喘,谁知其故?

天罔袿袿,疏而不失。

译文:天网像沙尘暴一般蒙覆向下,稀疏但从没有漏失(覆盖到一切应到之处)。

此句紧接"天之道"一句。"天罔"乃形象比喻;"天之道"乃直陈法则。

● 随感

《老子》认为"天之道"是柔弱不争的,人们自然应该像"天之道"一般,戒除"勇于敢",实现勇于不敢。显而易见的是,老子的思想也可能被庸俗化,即"好死不如歹活着"的先哲版。如果一意的旨意就是让人们宁可苟延残喘,像猪狗般活着,也不要像英雄般死去,这是否已经背离了《老子》的本意。

老子在两千多年之前,已经超前给了我们柔弱苟存的理由,给了我们苟活乃天之道这一哲思。这就是中国有许多的亡国皇帝,敢于苟活并且能够苟活的原因。

这就是中国人"好死不如歹活","识时务者为俊杰"等苟存哲学能够登上大雅之堂的原因所在。幸矣?悲矣?

如果《老子》"勇于敢则杀,勇于不敢则梧"所倡导的对象是君王,而不是普通百姓,甚意义又是如何呢?

帛书校勘本
德部三十九

　　若民恒且不畏死，若何①以杀瞿②之也？使民恒且畏死，而为畸者，吾③得而杀之，夫孰敢矣？
　　若民恒且必畏死，则恒又司④杀者。
　　夫代司杀者杀，是胃代大匠⑤斲⑥。夫代大匠斲，则希不伤其手。

传世王弼本
七十四章

　　民不畏死，奈何以死惧之？若使民常畏死，而为奇者，吾得执而杀之，孰敢？
　　常有司杀者杀。
　　夫代司杀者杀，是谓代大匠斲，夫代大匠斲者，希有不伤其手矣。

帛书译文

> 　　倘若民众一直都不怕死，怎能凭借刑杀使之畏惧？（统治者）必须让民众一直都怕死，（对那些）有所倚仗而不怕死者，我立即抓获并刑杀掉他们，谁还敢（不畏死）啊？
> 　　倘若要让民众都必须怕死，那么，便一直都要有掌管刑杀的人（和官职）。
> 　　代替刑杀者去杀人，如同代替大（木）匠去砍削木头。代替大匠砍削木头，很少有不砍伤自己的手的。

● 解字

①何。"何"字原本是依托象形字，甲骨文作"𠂇"，构形源自一个人肩荷兵戈。金文作"𠂇"，在内里增添表示兵士呼喊的"口"，从而成为一个增符会意字。"何"的本义为肩荷兵器，此义由转注后的"荷"字所承继。"何"则表示引申而出的从何处来、前往何处义，即何处、何地及为何。通常用为疑问代词。

②瞿。"瞿"是形声字，从目瞿声："目"为类旁，表示与眼睛有关；瞿为声义旁，表声且表鸟禽瞪大眼睛而直视。"瞿"的本义指鸟禽被人捉拿后眼露恐惧直盯而视（即吓傻时的状态），在此用为使之恐惧（此义今作懼）。

③吾。"吾"是会意字，从五从口：五表手掌伸出，口表人嘴。吾便是伸手捂住他人嘴巴，此义由转注后的"捂"字所承继。"吾"则由捂嘴后的自辩发声，引申出自我义，即单数第一人称。

④司。"司"是会意字，甲骨文作"司"，构意源自手成圈形护在口上。"司"的本义为嘶声禁止（"司"与"后"为同源分化字）。引申后又有司令及司掌义。"司杀者"，即司掌刑杀的人。

⑤匠。"匠"是会意字，从匚从斤：匚表框箱，斤表斧斤。"匠"的构意源自木工将诸多工具装在框（筐）箱之中。"匠"的本义为木匠，引申泛指手工艺者，即匠人。

匠	匠	匠
金文	小篆	楷体

⑥斲。"斲"是会意字，从㔾从斤："㔾"以木匠的墨斗之形表示圆木上的墨线，"斤"表斧子。"斲"便是木匠用斧斤砍削木料上的多余部分。"斲"与"凿"音同意近。

● 句读

若民恒且不畏死，若何以杀瞿之也？使民恒且畏死，而为畸者，吾得而杀之，夫孰敢矣？

译文：倘若民众一直都不怕死，又怎能凭借刑杀使之畏惧？（统治者）必须让民众一直都怕死，（对那些）有所倚仗而不怕死者，我抓获并刑杀掉他们，谁还敢（不畏死）啊？

此节的重点词是"畸"，传世本作奇。王弼注曰："诡异乱群谓之奇也。"《文子·道原》："矜伪以惑世，畸行以迷众。"畸行犹言歪门邪道。"为畸者"可释读为"离奇古怪的人"。王注不妥。此处之

"畸"同《老子·德部二十》："以正之国，以畸用兵。"畸应解读为倚仗，可直译为凭借着不怕死（而行事的人）。

任继愈先生依据传世本将此节对译为："百姓不怕死，为什么用死来吓唬他们？如果百姓果真怕死，对那些捣乱的人，我把他们抓来杀掉。"

在任先生的解读中，"为奇者"成了"捣乱的人"。这也是传世本逊于帛书本的例证之一。

任法融先生将此节译为："犯分越理的凶顽之徒，习性恶劣，内心奸诈，外行蛮横，根本不怕遭惩罚。既知如此，怎么能以国法、禁令去威吓他呢？对这类不怕天道惩罚的凶顽之徒，究竟如何惩处才好呢？以死刑将他处斩于市，以彰法令，行吗"？

注意：研读此节，可与帛书本《老子·德部十三》"盖闻善执生者，陵行不辟兕虎，入军不被兵革……夫何故也，以其无死地焉"一章互证。也可参见下章："民之轻死也，以其求生之厚也。是以轻死。"

若民恒且必畏死，则恒又司杀者。

译文：倘若要让民众都必须怕死，那么，便一直要有掌管刑杀的人。

《老子》在教唆"有国者"干什么呢？答案是，杀掉勇于敢者，杀掉为畸者。也就是说，杀掉有骨气的人，杀掉有独立见识的人！这就是《老子》"古之为道者，非以明民也，将以愚之也"。这就是《老子》"以知知国，国之贼也，以不知知国，国之德也"的具体作法：杀畸！

夫代司杀者杀，是胃代大匠斲。夫代大匠斲，则希不伤其手。

译文：代替刑杀者去杀人，如同代替大（木）匠去砍削木头。代替大（木）匠砍木头，很少有不砍伤自己的手的。

此节旨在述说，君王要设立专管刑杀的官职，把司杀的责任委托给他人，自己不要掌管和实施司杀，以免落下仇怨和错误。就像宋高宗授意秦桧杀死岳飞一家那样，让秦桧手沾鲜血，似乎此事与宋高宗毫无关系。用《老子》的话讲，便是"有道侯王远离司杀"。

《老子》在教唆有道侯王杀掉执不同政见者，杀掉有文化、有思想的人。而且关怀备至地告诉"有国者"：不可自己动手，一定要有秦桧那样的"司杀者"。

● 随感

《老子》此章有三重排比：先是"若民恒且不畏死"，其次是"使民恒且畏死"，最后是"若民恒且必畏死"。其结论也不相同，先是"若何以杀瞿之也"，其次是"为畸者，吾得而杀之，夫孰敢矣"，最后是"则恒又司杀者"。

"夫代司杀者杀，是胃代大匠斲。夫代大匠斲，则希不伤其手。"此章文义呈现给我们一个二难选择：一、老子是一个冷酷的教唆犯，是中国历次焚书坑儒和反右倾的主谋；二、这一章是后人的狗尾续貂？

难道在《老子》的小国寡民理想社会中，不仅有"甘其食，美其服，乐其俗，安其居"，以及"周车无所乘之，甲兵无所陈之。使民复结绳而用之"，还需要专业的"司杀者"？《老子》真不愧是历代君王之师，老辣的智慧谁又能及？仅凭这一节文句，《老子》便永远是法家韩非的老师！《老子》便永远都是残暴帝王之师！《老子》永远是封建专制之师！

"太史公曰……老子所贵道、虚、无，因应变化于无为，故著书辞称微妙难识……韩子引绳墨，切事情，明是非，其极惨礉少恩，皆原于道德之意，而老子深远矣！"（《史记·老子韩非列传》）

为什么四大君王都注释过《道德经》一书？老子深远矣！

帛书校勘本	传世王弼本
德部四十	七十五章

人①之饥②也，以其取食挩③之多，是以饥。
百生④之不治也，以其上之有以为也，是以不治。
民之轻死也，以其求生之厚也，是以轻死。夫唯无以生为者，是贤⑤贵生。

民之饥，以其上食税之多，是以饥。
民之难治，以其上之有为，是以难治。
民之轻死，以其求生之厚，是以轻死。夫唯无以生为者，是贤于贵生。

帛书译文

> 人们无食可吃，是因为吃饭的人中说话和传话的人过多，所以人们吃不饱。
> 百姓无法管治，是因为上层的侯王们有所作为，所以难以管治。
> 下层民众们看轻死亡，是因为他们把活着看得过分厚重（艰难），所以看轻死亡。只有那些不凭借（冒死）求生而活着的民众，乃是获得尊贵一生的民众。

● 解字

①人。"人"是象形字，甲骨文作"𠆢"，构形源自行走之人。人的本义为行人，引申泛指人类。"人"在古文中常用为自由人，即可自由行走之人。"人"与"民"互为反义词；"人"为社会上层（即同一血缘族群的百姓），民则指社会下层农奴。此章文句中，有"人、百生、民"三个概念，其所指对象不同。

②饥。"饥"（飢）是形声字，从食几声："食"为类旁，表示与进食有关；"几"为声义旁，表声且表案几（趴伏在地）义。"饥"便是因无食而趴伏在路边的人，引申后泛指饥饿。"饥"与"饿"古为两字，

词义不同,《说文》中认为"饥,饿也";"饿,谷不熟为饿"。饥在文句中用为无食。

③跪。"跪"是形声字,从足兑声:"足"为类旁,表示与腿足行走有关;兑为声义旁,表声且表说话义,"跪"便是走来发布(或传达)命令的人。"跪之多"即不劳动而说话指挥的人太多。

"跪"与租税之"税"造字方法和词义完全不同。"跪"是"税"字的假借本字。传世本改"跪"为"税",已形成高低优劣之分,也尽失其旨趣。

④生。"生"是依托象形字,甲骨文作"![]",构形源自一株小草从地下钻了出来。"生"的本义为草木生出。"百生"一词即百姓,乃青铜铭文中的常用词语,犹言同一个女性祖先繁衍而出的众多后人。郭沫若在《中国古代社会研究》中说:"百姓在古金文中均作'百生',即同族之义。"

⑤贤。"贤"(賢)是形声字,从贝臤声:"贝"为类旁,表示与货贝有关;臤为声义旁,表声且表伸手摘取义。"贤"便是眼明手快能够求取货贝的人,即有钱人。又由此引申出贤能义。

● 句读

人之饥也,以其取食跪之多,是以饥。

译文:人们无食可吃,是因为吃食者中说话和传话的人过多。所以,人们吃不饱。

注意:人与民的词义完全不同,人是社会的中间阶级,是同一血缘族群的百姓,因而是可以自由地四处行走的人。"人"与后文的"民"指代的不是一类人。帛书本"跪"字指跑腿传话的人,即今天打电话发文件的官吏们,用专业话语说,叫作脱产干部。

"人之饥"是因为官吏听差太多,而不是收税太多!读者可向《老子》一书的注译者提问:战国时代的各国什么时候开始向农民收税?这本书写在"初税亩"前，还是"初税亩"后？

周生春先生竟然将此节译为："人们陷于饥饿（以致轻死），是因为他们获取食物的途径太多，因此而陷于饥饿"。

百生之不治也，以其上之有以为也，是以不治。

译文：百姓无法管治，是因为侯王们有所作为，所以难以管治。

注意：此处"百生"与前文的"人"字词义相近，但所指包含其他族群的人，即下层社会民众。"上"指君上，即侯王。此节言说侯王们有所作为（征战、土木建设、巡猎、宴饮等），百姓便会仿而效之，百姓因而皆成为"跷"者，不做原本应做的事，疏离了对土地的依附，"是以不治"。

民之轻死也，以其求生之厚也，是以轻死。

译文：下层民众们看轻死亡，是因为他们把活着看得过分厚重（艰难），所以看轻死亡。

"民之轻死"犹言"民不畏死"。《鹖冠子·天权》："人之轻死，生之故也。"下层民众看轻死亡，不怕死，乃是因为他们想要活下去，不得不死中求生。

此处之"民"讲的是被统治的下层民众，与前边"人"及"百姓"不同。"人之饥也""百生之不治也""民之轻死也"，三句的主语不同，传世本均作"民"，显然已混淆了不同阶级或社会阶层的生活现状及具体需求。

夫唯无以生为者，是贤贵生。

译文：只有那些不凭借（冒死）求生而活着的民众，乃是获得尊贵一生的民众。

"贤"在此句中用为获得（摘取），"贵则用为尊贵"。

历代的官员们，都可以用此话对验牢房里的囚徒，问一问何以是"贤贵生"。

● 随感

《老子》此章针对时政给予批判。但我们需要提出设问："人之饥也"，"百姓之不治也"，"民之轻死也"，指的是哪个时代？是战国末期？是秦始皇大兴土木时期？还是楚汉战争时期？

帛书本保留了《老子》一书的原初风貌，一个"跂"字，能够让那些热衷于"食税"的解读从此销声匿迹吗？三个"民"字能够让那些谎称传世本仍是最好的本子的注译者感到羞愧吗？

有一位译述者说："如果从其内容上加以探究，帛书《老子》却具备了讹字、脱文、衍误、错简之诸种缺点，明白地说：是一种从来最古的本子，但却不是最好的版本。"此类谎言，露出不识古文字的冒牌学者，欲盖弥彰，不得不为自己开脱的马脚。

帛书校勘本
德部四十一

人之生也柔弱，其死也䯊①信坚强。

万物草木之生也柔稡②，其死也椊③槁④。故曰，坚强，死之徒也；柔弱，生之徒也。

是以兵强则不胜，木强则兢⑤。故强大居下，柔弱居上。

传世王弼本
七十六章

人之生也柔弱，其死也坚强。

万物草木之生也柔脆，其死也枯槁。故坚强者死之徒，柔弱生之徒。

是以兵强则不胜，木强则兵。强大处下，柔弱处上。

帛书译文

人活着时（身体）是柔弱的，死了的时候就变成筋骨僵硬的了。

草木生长时枝条是柔脆的，死了的时候就变成枯槁的了。所以，坚强通向死亡，柔弱通往生存。

因此，军队逞强（不知临机变阵）则不胜，树木逞强（不晃动）则会折断。所以，坚强的东西最终倒在地面（而死去），柔弱的东西仍居处其上（而生存）。

● 解字

①䯊。"䯊"是形声字，从骨互声："骨"为类旁，表示与骨头有关；"互"为声义旁，表声且表长久义。"䯊"便是骨头的长久存在。"䯊信坚强"一词，犹言人死后骨头僵硬挺直不可弯曲。《管子·内业》曰"筋信而骨强"，意与此近。

②稡。"稡"是"淬"的假借字。"淬"为形声字，从水卒声，本义指猛然间用水将火熄灭。"稡"借"淬"的形、音、义，以"米"置换本字的"水"旁，表示在水中将谷粒揉搓淘洗干净。引申泛指纯粹。

③棒。"棒"是"库"的假借字。"库"字从广从车，本义指停放马车的车库，引申后泛指盛放物品的库房。"棒"借库的形、音、义，以"木"置换本字的"广"，以新创设出的假借字棒，表示放置在库房中的陈旧木料。"棒"与"枯"音近义通。"棒槁"即"枯槁。"

④槁（槀）。"槁"是形声字，从木高声："木"为类旁，表示与树木有关；"高"为声义旁，表声且表高大义。"槁"便是独处而高大的树木。枯槁一词犹指干枯后的大树。

⑤兢。"兢"是同体会意字，金文作"䇶"，从双兄从双丰："兄"表人的说话，"丰"为抖晃字根。"兢"的构意源自人说话时的抖战，即战战兢兢。"木强则兢"之"兢"，用为晃动折断。

注意："竟"的构意源自呼喊声的传布，故有边境义。競的构意源自两个人的争相诉说，故有竞争义。兢、竟、競三字音近但形义不同，不可混淆。

● 句读

人之生也柔弱，其死也𩊚信坚强。万物草木之生也柔粹，其死也棒槁。故曰，坚强，死之徒也；柔弱，生之徒也。

译文：人活着时（身体）是柔弱的，死了的时候就变成筋骨僵硬的了。草木生长时枝条是柔脆的，死了的时候就变成枯槁的了。所以，坚强通向死亡，柔弱通往生存。

《老子》以形象比喻告知读者，柔弱乃生存之象，坚强乃死亡之状。

是以兵强则不朕，木强则兢。故强大居下，柔弱居上。

译文：因此，军队逞强（不知临机变阵）则不胜，树木逞强（不晃动）则会折断。所以，坚强的东西最终倒在地面（而死去），柔弱的东西仍居处其上（而生存）。

此处"兵"字指军队。"兵强则不朕"一句可参见帛书《老子·德部三十三》"善朕敌者弗与"一节释解。

　　"兢"字，王弼本作"兵"，傅奕本、河上本、景龙本作"共"。《异议》曰："'木强则兵'与义难通，河上公本作'木强则共'更无义矣。"

　　"木强则兢"一句，以往学者通常解作"树木强大就会遭受砍伐"，这是错误的解释。《列子·黄帝篇》引老聃曰："兵强则灭，木强则折。"可证"兢"与"折"词义相通。"战战兢兢，如履薄冰"为《诗经·小雅》中的诗句，含有在冰上滑倒的意象。因而，"兢"可释解为树木的倒下，且与"故强大居下，柔弱居上"一句相匹配。

　　陈鼓应先生依据传世本将此节译为："因此用兵逞强就会遭受灭亡，树木强大就会遭受砍伐。凡是强大的，反而居于下位；凡是柔弱的，反而占有上位。"

● 随感

　　《老子》此章以形象类比法证明柔弱胜刚强：柔弱乃生之途，刚强是死之途。读者需要注意的是，这种比喻不具备逻辑真理价值，只是一种形象比附式的经验之谈。因为，你也可以用形象比附来证明：刚强必能存活，苟且者反而死的更快。

　　此章可与《德部三十八章》："勇于敢则杀，勇于不敢则栝。"《德部四十三章》："天下莫柔弱于水，而攻坚强者莫之能朕。"相互参证。

193

帛书校勘本
德部四十二

天之道，犹张①弓与，高②者印③之，下者举④之；有馀者敚之，不足者补⑤之。

故天之道，敚有馀而益不足。人之道，敚不足而奉又馀。

夫孰能又馀而有以取奉⑥于天者，唯又道者乎。

是以圣人，为而弗又，成功而弗居也。若此，其不欲见贤也。

传世王弼本
七十七章

天之道，其犹张弓欤？高者抑之，下者举之；有馀者损之，不足者补之。

天之道，损有馀而补不足。人之道则不然，损不足以奉有馀。

孰能有馀以奉天下，唯有道者。

是以圣人为而不恃，功成而不处，其不欲见贤。

帛书译文

> 天道运行，就像张弓射箭一般，高于目标时便抑之向下，低于目标时便举而向上。（拉弓时的）强度若有多余便贬损它，若有不足便补充它。
>
> 天道的法则，是损失（食物）多余者而补充给（食物）不足者。人间奉行的规则是夺取不足者的食物而奉献给食物多余者。
>
> 谁又能损有余者以取来奉献给天下（不足者），只有道和尊道贵德的人。
>
> 所以，得道的圣人有所作为而不自恃己能，功成而不居处。如果这样，更不愿意显现（自己获得的）财富。

● 解字

①张。"张"（張）是会意字：从弓从长，构意源自将反曲复合弓的弓弦挂上。张的本义为挂上弓弦，引申后又有伸张义。又由拉动弓弦引申出拉弓搭箭准备射出去。

②高。"高"为依托象形字，甲骨文作"髙"，构形源自男性生殖器的勃起向上。高的本义为男根的高挺向上，引申后泛指高低之高。

③印。"印"是会意字，金文作"𠂤"，构意源自以手向下按压跪跽之人的脑袋。在"印"的左边增添"手"旁，便创设出转注字抑，承继初文的本义，即抑制按压。"印"则表示引申后的印章义。此处"印"字乃是"抑"字的初文。

甲骨文　金文　小篆　楷体

④举。"举"（舉）是"舁"的本义转注字。"舁"（与）字金文作"𦥑"，从臼从収从与，构意源自两人四只手编连成井字型，以便抬起他人而行。在"舁"的下部再增添一只手，便创设出转注字"举"，承继初文的抬举义。

⑤补。"补"（補）是形声字，从衣甫声："衣"为类旁，表示与衣服有关；"甫"为声义旁，表声且表网撒一片义。"补"便是在衣服上补缀一块补丁，即缝补，引申泛指补充。

⑥奉。"奉"是会意字，金文作"𠬝"，从㞢（丰）从収：㞢表根茎有土待移栽的植物，"収"表双手。"奉"的本义由转注后的"捧"字所承继，"奉"则表示引申后的恭奉义（双手作揖，以表尊让）。

● 句读

天之道，猶张弓与，高者印之，下者举之；有餘者敚之，不足者补之。

译文：天道运行，就像张弓射箭一般，高于目标时便抑之向下，低于目标时便举而向上。（拉弓时的）强度若有多余便贬损它，若有不足便补充它。

此节"张弓"一词，释家通常按照《说文》解读为"施弓弦也"。高亨云："道施弦於弓时，弦之位高则抑之。故曰高者抑之。弦之位下

195

则举之,故曰下者举之。弦之长有余则损之,故曰:有余者损之。弦之长不足则补之,故曰:不足者补之。"

实际上,此节前句用举弓瞄准目标时的或高或低予以比喻,后句用箭达目标时的远近给予比喻。

读者可参见《德部四》:"反也者,道之动也;弱也者,道之用也"。两章均用弓箭来比附。

天之道,损有馀而益不足。人之道,敓不足以奉有馀。

译文:天道的法则,损失(食物)多余者而补充给(食物)不足者。人间奉行的规则是夺取不足者的食物而奉献给食物多余者。

注意:此节"有馀"及"不足者"一句,具体指食物的富余和不足,乃是"人之饥,以其上食跣之多"的进一步阐述。天之道也涉及动物和植物,因而可以食物对解。以往学者或者将此句解读得毫无生活来源,空洞无物,或者将其与复合反曲弓的挂弦强拉硬扯到一起。

此节可参见帛书本《德部十六章》:"猒食而齎,财有馀,是胃盗夸。盗夸,非道也!"

夫孰能又馀而有以取奉于天者,唯又道者乎。

译文:谁能损有余以奉献给天下(不足者),只有道和尊道贵德的人。

帛书本"天者"应为"天下者"。此处缺字。

是以圣人,为而弗又,成功而弗居也。若此,其不欲见贤也。

译文:所以,得道的圣人有所作为而不自恃己能,功成而不居处,更不愿意显现(自己获得的)财富。

此节言说圣人之道与人之道的区别:人之道是损不足以捧给有余者,圣人之道是损有余而捧给不足者。人之道与圣人之道相对立,不同于《德部三十一》"天之道利而不害,人之道为而弗争"中的人之道。一个是人间(俗人)之道,一个是圣人之道。

"其不欲见贤"一句,前人解读多有不同。张默生解读为"他总是不愿意自己来表彰自己的才能"。

实际上,"见贤"一词中的"见"字,其本义已转注为"现",在此可解读为出现或显现。"贤"的本义指眼明手快收获货贝最多者。所谓"见贤思齐"乃是说,见到有钱者便想与他一样。成语中的"见贤", 此节文句与"其不欲见贤"的"见贤"词义完全不同。

"不欲见贤"不能译成"不想表现出自己的贤能", 也不能泛泛地译成"不想见贤思齐"。准确的译法应是: 不要故意显现出自己的财富。即《德部十六》: "猒食而齋, 财有馀, 是胃盗夸。盗夸, 非道也哉!"

● 随感

《老子》此章以射箭为喻, 阐述天之道与人之道的根本对立。句式同《德部三十一章》: "故天之道, 利而不害; 人之道, 为而弗争。"但《德部三十一章》的"人之道"指圣人之道, 本章节的"人之道"指人间之道, 或者说是俗人之道。为什么会出现这种矛盾或差错？答案只有一个:《老子》一书原本非一人一时所著!

帛书校勘本
德部四十三

天下莫柔弱于水，而攻①坚强者莫之能朕，以其无以易之也。

水之朕刚②也，弱之朕强也，天下莫弗知也，而莫能行也。

是故圣人言云：受③国之詢④，是胃社⑤稷⑥之主；受国之不祥⑦，是胃天下之王。正言若反。

传世王弼本
七十八章

天下莫柔弱于水，而攻坚强者莫之能胜，以其无以易之。

弱之胜强，柔之胜刚，天下莫不知，莫能行。

是以圣人云："受国之垢，是谓社稷主；受国不祥，是为天下王。"正言若反。

帛书译文

> 天下之物没有比水更柔弱的，然而洞穿坚硬物体没有能胜过水的。（水）凭借它的这一质性没有可以顶替者。
>
> 水胜过刚硬之物，柔软胜过刚强啊。这个道理天下人没有不知晓的，但却没有人能实行（它）。
>
> 因此，圣人说：能够承受一个国家（所有人）的指责辱骂者，才配叫作社稷的主人。能够承受一个国家的不祥征兆者，才配叫作天下的君王。正面的话听起来就像反话。

● 解字

①攻。"攻"是形声字，从攴工声："攴"为类旁，表示与击打有关；"工"为声义旁，表声且表穿通而过义。"攻"的本义为洞穿（钻进）物体，引申指进攻敌方。

②刚。"刚"（剛）是"纲"（綱）的假借字。"纲"字从糸冈声，本义指网具上的粗大纲绳。引申后，又有坚韧义。"刚"借"纲"的形、音、义，以刀置换本字的糸旁，以新创设的假借字"刚"，表示用刀

割断纲绳。引申后又有刚才义，又有坚刚义。

③受。"受"是会意字，甲骨文作"䎑"，从爪从又从舟。构意源自在无人摆渡的河流上，由驾船人互相交付舟船。小篆字体将内中的"舟"改形为穿通字根"冂"，但词义未变。"受"的本义由转注后的"授"字承继，"受"则表示分化而出的交付义。

④詾。"詾"是"詬"的异构体。"詬"是一个形声字，从言后声："言"为类旁，表示与言语有关；"后"为声义旁，表声且表吼叫义（司、后二字为同源分化字）。"詬"便是一边诉说一边吼叫。

将"后"改形为"句"，便创设出异构体"詾"字。《玉篇》："詾同詬。""詾"的本义为辱骂。

⑤社。"社"是会意字，从示从土："示"表祭祀，"土"表土地。"社"的构意源自上古时代祭祀土地的习俗（在东南西北中五方各取一小块土，在祭坛上给予祭祀）。"社"的本义为社坛，引申后又有土地义。

⑥稷。"稷"是会意字，金文作"稯"，从禾从畟："禾"表禾谷庄稼；"畟"表在田地里间苗和补苗（谷子需要间苗和补苗），或指倒退着插秧。"稷"的本义为栽植庄稼，引申泛指庄稼。社稷犹言自己的田地、自己的庄稼，与国家词义相当。

⑦祥。"祥"是形声字，从示羊声："示"为类旁，表示与祭祀有关；羊为声义旁，表声且表（羊的）柔弱顺从义。"祥"便是经由祭祀使神祇顺从人意，即吉祥。

● 句读

天下莫柔弱于水，而攻坚强者莫之能朕，以其无以易之也。

译文：天下之物没有比水更柔弱的，然而洞穿坚硬物体没有能胜过水的。（水）凭借它的这一质性没有可以顶替者。

水之朕刚也，弱之朕强也，天下莫弗知也，而莫能行也。

译文：水胜过刚硬之物，柔软胜过强硬啊。这个道理天下人没有不知晓的，但却没有人能实行（它）。

是故圣人之言云：受国之詢，是胃社稷之主；受国之不祥，是胃天下之王。正言若反。

译文：因此，圣人说：能够承受一个国家（所有人）的指责辱骂者，才配叫作社稷的主人；能够承受一个国家的不祥征兆者，才配叫作天下的君王。正面的话听起来就像反话。

陈鼓应先生依据传世本，将"受国之垢"解读为"承受全国的屈辱"。似不妥。《老子》此节旨在给侯王打预防针：当你实施愚民杀畸、绝学弃智、不仁不爱、柔弱守雌等政策时，一定会遭到全国人的辱骂，尤其是一班学者们的辱骂，但这恰恰证明你是得道明君。

"正言若反"一句，乃是此节的点题，或者是破题式告诫。如果有人问你，有没有意义在文章的结尾处画蛇添足再缀加一句呢，这一句是否是传抄者或讲解者的狗尾续貂呢？你会如何回答？

● 随感

此章以水的柔弱胜刚强、水性趋下居卑，阐明君王之道亦同此理。

《老子》一书的最大特点，便是用形象类比法来推演他的君王之道。他从水的至柔至弱、流向低处来说明柔弱胜刚强，卑下胜高傲。这种类比法对普通百姓有一定的说服力和影响力，但不具有科学保真性。我们也可以举出皮毛是柔弱的，钢针是刚强的，钢针能轻而易举地穿透皮毛，来证明刚强必胜柔弱。

无论形象如何比附，《老子》旨在告诫"有国者"，当你实行反文明、反进步、反仁爱的尊道贵德行为时，一定会受之垢，受之不祥。但内中奥秘你一定要心领神会：反动者自有反动的道理。

帛书校勘本 德部四十四	传世王弼本 七十九章
和大怨，必有馀怨，焉①可以为善？ 是以圣人执左②芥，而不以责③于人。故有德司芥④，无德司彻⑤。 夫天道无亲，恒与善人。 德三千卌一。	和大怨，必有馀怨，安可以为善？ 是以圣人执左契，而不责于人。有德司契，无德司彻。 天道无亲，常与善人。

帛书译文

调和大的怨恨，必定有余留下（调和不了）的怨恨。怎么可以算是妥善呢？

因此，圣人手执契券的左半时，不会追债于人。所以，有德者执掌契券的左半边（而不会去追债），无德者则会跑去追债。

天道没有亲疏之别（偏爱），永远抬举善人。

《老子·德部》文字数总括为三千零四十一字。

● 解字

①焉。"焉"是会意字，甲骨文作"𪔵"，构形源自头上有瘤的大雁。金文作"𪔶"，将上部改为表示征伐的"正"，构意为每年都会南北迁徙的大雁。"焉"的本义为大雁的迁徙。引申后，又由大雁从何而来、到何处去义，由此用为文言虚词。

②左。"左"为会意字，金文作"𠂇"，从ナ从工，"ナ"为左手之形，工表穿通。"左"的本义为左手，古人以右手吃饭，故右字从口；用左手擦屁股，故左字

从工。"左芥"乃契约或借据的左半边,也称之为"左契"或"左券"。此处"左"字疑为"右"字之误。

③责。"责"是会意字,金文作"責",从束从贝,构意源自用尖锐之物为海贝穿孔,使之成为货贝。"责"的本义为责任(不穿孔的海贝不能用为货贝)。引申后又有以责任为难他人义,即责难。"责"又是"债"字的构字字根,此节中的"以责于人"即追债于人。

④芥。"芥"是形声字,从艸介声;"艸"为类旁,表示与草本植物有关;介为声义旁,表声且表分置两边义。"芥"便是茎秆两边开花结实的芥科植物。"芥"与"介"均有两边义。"右芥"犹言右介,即右边。在此指契约的右半边。

⑤僇。"僇"是形声字,从力徽声:"力"为类旁,表示与力气有关;"徽"为声义旁,表声且表依照前进时的原路撤退义。"僇"便是专门往返跑路,给人传话的人。此处"司僇",特指前往他人居住处追债(或追讨契税)的人。

● 句读

和(盉)大怨,必有馀怨,焉可以为善?

译文:调和大的怨恨,必定有余留下(调和不了)的怨恨。怎么可以算是妥善呢?

"大怨"一词,照字面讲是大的怨恨,也可理解为怨恨很深。"馀怨"可解读为遗留的怨恨,但实际指调和后仍残留的怨恨根子。

《老子》此节的言外之意是:种了怨,再和解,不如不种怨。

是以圣人执左芥,而不以责于人。故有德司芥,无德司僇。

译文:因此,圣人手执契券的左半边时,不会追债于人。所以,有德者执掌契券的左半边（而不会去追债），无德者则会跑去追债。

此处"无德""有德"与帛书《德部一》的"上德不德，是以有德……"一句中的"有德""无德"相同。

帛书甲本作"右介"，乙本作"左芥"。传世王弼本作"左契"。孰是孰非？《战国策·韩策》："操右契而为公责德于秦魏之主。"注："左契，待合而已，右契，可以责取。"《史记·平原君虞卿列传》："且虞卿操其两权，事成，操右券以责……"可证"左芥"应是"右契"之误。可证传世王弼本《老子》与帛书乙本同源同流。

夫天道无亲，恒与善人。

译文：天道没有亲疏（偏爱）之别，永远抬举善人。

"天道"一词由西周时期的天帝之命，即西周青铜铭文中的"天命、天帝、天之道"沿袭而来。此处"天道无亲，恒与善人"乃"天命无常，唯德是辅"的另一种说法。《国语》作"皇天即付中国民越厥疆土，于造先王"。

"天之道"一词《老子》一书多见。"天道"一词在《老子》一书中仅见两处。另一处是《德部十》中的"不窥于牖，以知天道"。如何解释"天道"这一概念，它与道、它与天帝、它与天之道是什么关系？"天道"的内涵是否与"道在帝之先"，"道乃天地之母"相矛盾？

注意，"与"在此处作"抬举"，不作给予讲。

《德》三千卌一。

译文：《老子·德部》文字数总括为三千零四十一字。

帛书乙本在此节文后有上述五字。此为《老子·德部》四十四章的最后一章，故有《德》三千零四十一字的记数。

● 随感

此章应是一个人对另一个人，就某一件事所讲的话语，不是普泛意义上的立说。三节文字各自成文，似乎并不连接。疑此章乃一位后《老子》所作。

下道部

帛书校勘本
道部一

道①，可道也，非恒道也；名②，可名也，非恒名也。

无名，万物之始也；有名，万物之母也。

故恒无欲也，以观其眇③；恒有欲也，以观其所噭④。

两者⑤同出，异⑥名同胃。玄⑦之又玄，众眇之门。

传世王弼本
一章

道可道，非常道。名可名，非常名。

无名，天地之始；有名，万物之母。

故常无，欲以观其妙；常有，欲以观其徼。

此两者同出而异名，同谓之玄。玄之又玄，众妙之门。

帛书译文

"道"这个字，可以指人工修筑的大道。但不是（我要说的）恒久之道。名称，可以指称人或事物，但不是恒久不变者（道）的名称。当（道）无名时，它就是万物的初始。有了名称时，它便是万物的母亲。

所以，恒久没有欲望时，可以观看他人（或动物）的交合。有欲望并恒久不去时，可以观看（聆听）雌性生产时的叫唤声。

两者（万物之始与万物之母）同时出现，两处名称却说的是同一件事。悬挂的脐带相衔接（如同道向下通达万物）通向女帝（道）的产门。

● 解字

①道。"道"为会意字，金文作"𧗟"，从彳从止从首，构形源自西周时期人工修筑的从宗周镐京到成周洛阳的大道。道与人走出来的小路不同：大道可辨识对面走来

人的面孔，故从首。路为走出的小路，故从足。"道"的本义为人工修筑的大道。《老子》以形象比喻的方法，用"道"这一概念指称天帝之上的最高存在，即天之道、地之道和人之道的总括。

中国道教协会会长任法融先生说："在现代，一些人根据西方哲学概念，把道解释成了物质、精神或规律。这些解释都不符合《老子》本义。'道'既不是有形的物质，也不是思虑的精神，更不是理性的规律；而是造成这一切的无形无象、至虚至灵的宇宙本根。"此可备为一说。

②名。"名"是会意字，甲骨文作"㕛"，从夕从口。构意源自夜晚时，两人相遇而自报姓名。"名"的本义为一个人的自称（古人有姓有名有字，由三部分组成），引申后泛指事物的名称概念。

③眇。"眇"是会意字，从目从少："目"表眼睛；"少"表物之分半。"眇"便是睁一只眼闭一只眼地观看，即瞄准。引申后，又有观看不清时眯缝眼睛努力观看义。

"以观其眇"，在此指观看男女（或动物）交合时的（瞄准）进出。"眇"由其瞄准义在此借指男根在女阴中的进出。

④噭。"噭"是"敫"的本义转注字。敫字金文作"敫"，从白从方从攵："白"为目标字根，"方"表直对前往，攵表击打。构意源自瞄准目标，狠命往一个人的头上击打。"敫"的本义由转注后的"噭、徼"二字承继："噭"表被击打者的呼叫、叫喊。"徼"表一边呼叫一边逃跑。"噭"与"叫"音同义近。

⑤者。"者"是依托象形字，甲骨文作"𣥂"，下为目标字根"日"，上为火烧草木之形。"者"的构意源自野火由一点向四处顺风蔓延。"者"的本义由转注后的"著"字所承继，"者"则表示引申后的这一处

义,又用为汉语虚词中的断句词。

⑥异。"异"(異)是会意字,金文作"異",构意源自一个人将面具戴在脸上,"异"的本义由音转转注后的"戴"字所承继(戴发哉声)。"异"则表示引申而出的离异,即分开义。引申后,又有另一处义。

⑦玄。"玄"是象形字,甲骨文作"8",构形源自胎儿身上的脐带(玄、午为同源镜像分化字)。"玄"的本义为脐带。由胎儿产出后,脐带仍通向母体产门,连接着仍在子宫内的胎盘,引申出悬挂向下义。"玄之又玄"乃是说,道从无限高处向下悬挂(通向万物)。就像胎盘通过脐带连接(哺育)着胎儿。参见帛书《德部二十八》"玄德深矣,远矣"解读。

"玄之又玄"的物象通常指由无数脐带相连接(女生女代代不停),并由此追溯最原初的那个女人。

● 句读

道,可道也,非恒道也;名,可名也,非恒名也。无名,万物之始也;有名,万物之母也。

译文:"道"这个字,可以指人工修筑的大道。但不是(我要说的)恒久之道。名,可以指称人或事物,但不是恒久不变者(道)的名称。当(道)无名时,它已是万物的本初。有了名称时,它便是万物的母亲。

此节《老子》以名实论来证明"道"的先验存在。集合了"天道""地道"以及"圣人之道"的自然之道,当其没有名称时,已是万物的本初。当其具有了名称时,它便是万物之母。所以,道,不仅是恒久的,也是先验的。研读此节,可参见《德部十五》:"天下有始,以为天下母。"《道部二十》:"有物昆成,先天地生。"《德部五》:"道生一、一生二、二生三、三生万物"。也就是说,道在天帝之上,道在天地之先,道为万物之母。

帛书本比传世本多一"也"字,从而使断句容易起来——王弼本以"无名""有名"断句,司马光、王安石、苏轼等人则以"无""有"断句,梁启超等人因循司马、王、苏的说法,把"无""有"变成独立概念。显然,后进者要略逊一筹。

故恒无欲也,以观其眇;恒有欲也,以观其噭。

译文:所以,恒久没有欲望时,可以观看他人(或动物)的交合。有欲望并恒久不去时,可以观看(聆听)雌性生产时的叫唤声。

此节文字,讲述男女两性交合和临盆生产,夹在上下文之间,有些不类不伦。疑为错行。是否应移至"异名同胃"一句之后,"玄之又玄"之前!

注意,又是帛书本多出的一个"也"字,让依附王弼本的司马、王、苏断句成为主观无据。

两者同出,异名同胃。玄之又玄,众眇之门。

译文:两者(万物之始与万物之母)同时出现,两处名称却说的是同一件事。悬挂的脐带相衔接(如同道向下通达万物),通向女帝(道)的产门。

此节四句错行:前两句是"无名""有名"的结语;后两句是"恒无欲""恒有欲"的结语。

此节可参见《德部四》:"吾不知其谁之子也,象帝之先。"《道部二十》:"有物昆成,先天地生。"

● 随感

《老子》此章为传世本的第一章,也是《道部》的第一节。

此章首字为"道",首句为"道,可道也,非恒道也"。与"德"部首句"上德不德,是以有德"相对应。故有道部经与德部经的划分。实际上,道、德二字在形象和寓意上也相互关联:

"道"是可看清对面来人"面孔"的大路,即人工修筑的大道。道与路的区别在于:世间本无路,走得多了便成了路;世间本无道,将路截弯取直,两边扩充便成了直通大道。

"德"字的构意源自赶马车时的命令语("驾"为开步行走;"德"的古音读dei,语义为端直向前;"阿"的古音读wo,语义为拐弯;"御"yù的词义为止步)。由命令马车端直向前,引申出人在大道上的直行向前。由不走近路、不抄小路引申出人在社会中的行事规范，即德行。道与德密切相关，有道才有德，有道须有德，"道德相随，德道相依"。

"道"是《老子》哲思的逻辑原点，是《老子》所认知的世界的原初本体，又是其所认知的宇宙演化规则（即后文的朴小呈现为道大）的起始。所以，道生一（一指囫囵本体或指太一），一生二（二指天与地，故有天道、地道），二生三（三指动物、植物及人三者），三生天下万物（各类自生自育）。所以，"道"是万物之始，也是万物之母。"两者同出，异名同胃。"

《老子》给"道"立下了三个先验定义：一是"有物昆成，先天地生……可以为天地母"；二是"无状之状，无物之象""吾不知其谁之子也，象帝之先"。其三便是"无名，万物之始也；有名，万物之母也"。究其原因，老子的目的是什么？老子要将楚地的太一信仰与北方的天帝信仰捏合为一个唯一神宗教。这个最高的神祇便是"道"。

帛书校勘本
道部二

天下皆知美之为美，亚已。皆知善，斯①不善矣。

有②无之相③生也，难易之相成也，长短④之相刑⑤也，高下⑥之相盈也，音⑦声⑧之相和也，先后之相隋⑨。恒也。

是以圣人居⑩无为之事，行不言之教。

万物昔而弗始。为而弗侍⑪也，成功而弗居也。夫唯弗居，是以弗去。

传世王弼本
二章

天下皆知美之为美，斯恶已。皆知善之为善，斯不善已。

故有无相生，难易相成，长短相较，高下相倾，音声相和，前后相随。

是以圣人处无为之事，行不言之教。

万物作焉而不辞，生而不有，为而不恃，功成而弗居。夫唯弗居，是以不去。

帛书译文

天下人都知晓美（的物品）为什么美，（对不美的事物）厌恶感便生发而出。都能知晓什么是善，就会修正（砍削）不善者。

据有和失去互相接替（即生死轮回），难出和易走互相成全（相互成为比对的依据），长与短互相（比对）成形，高举与垂下互相盈余，人发出的音与乐器发出的声相互融合，先行与后进相互紧随（一同前往某处）。恒久啊。

所以，圣人居处在不是仿效来的事情之中，实施不言说的身教。

万物有以往而没开始。（圣人）有所作为而不围侍（舍不得离去），功业有成而不居处。正是这般不居处，因此不会失去。

● 解字

①斯。"斯"是会意字，从其从斤："其"表簸箕，"斤"表斧斤。"斯"的构意源自木工的锛子。

"斯"的本义由转注后的"鐁"、"撕"二字所承继，"斯"则表示引申后的砍削义。又用为汉语虚词中的指示代词，表示这、此。由代词又虚化为连词，表示于是、就。

②有。"有"是会意字，金文作"㞢"，从又从肉（月），构意源自右手持拿肉块。"有"的本义为据有，引申后泛指存有，有与无互为反义词。

③相。"相"是会意字，从木从目："木"表树木，"目"表眼睛，"相"的构意源自围着树木仔细端详（看这棵树是否恰好能制作某种物品）。"相"的本义为端详，引申后，又有相互义。

④短。"短"为后造会意字，从夫从豆："夫"（夫）表示与弓尺相似的圆规；"豆"由油灯的灯焰表示黄豆。"短"的构意源自用圆规丈量黄豆的直径，本义为长短之短（短与端同一音字），即空间上的距离小。

⑤刑。"刑"是会意字，金文作"刱"："井"表人背上的鞭痕，刀上加叉表示荆条编扎的刑鞭。"刑"的本义为实施鞭刑（刑的荆条义由转注后的荆字所继承），引申后泛指刑罚。"刑"又是"形"的假借本字，以弥漫字根"彡"置换本字的刀，表示鞭痕的显现，即形形色色。

此处之刑乃形字的通假。"长短相刑"即长与短互相比对而出。

⑥下。"下"是象形字，甲骨文作"一"，构形源自一物置放在一块木板或一块石板的下面。"下"的本义为物在其下，引申泛指上下之下。引申后，又有垂下义，与高举之高互为反义词。

⑦音。"音"是会意字，从辛从曰，构意源自人或动物受到尖锐之物捅戳而发出的叫声。"音"的本义为无词语内容的叫声。引申后，又指器物发出的音响声，又特指不同部族方言中的语音。

⑧声。"声"（聲）为"磬"的假借字。"磬"是

会意字，甲骨文作"殸"，从殳从石从声（声为吊挂起来的三角磬板），"磬"的本义为石磬。"聲"借"磬"的形、音、义，以"耳"置换本字下部的"石"，以创设出的假借字"声"表示乐器发出的声响。"音声之相和也"指的是人的歌吟声与乐器发出的声响互相和鸣。

⑨隋。"隋"是会意字，从阝从左从肉（月）："阝"表台阶，"左"为左手，"肉"为肉块，构意源自左手持拿肉块跟随他人而行（古人用右手抓食而吃，用左手擦屁股，隋中之左表示持拿）。"隋"的本义为跟随他人而行，此义由转注后的随字所承继，"隋"则专用于朝代名。

⑩居。"居"是会意字，从尸从古："尸"为蹲踞之人，"古"（古）为头朝下正在生出的胎儿。"居"的构意源自女性以蹲踞之姿生育孩子。"居"的本义为蹲踞，此义由转注后的"踞"字所承继，"居"则表示引申后的居处义。

⑪侍。"侍"是形声字，从人寺声：人为类旁，表示与人有关；"寺"为声义旁，表声且表持拿义。"侍"的本义为侍从，即专一侍候他人的人（为他人捧拿东西）。引申后，又有侍候义。

● 句读

天下皆知美之为美，亚已。皆知善，斯不善矣。

译文：天下人都知晓美（的物品）为什么美，（对不美事物的）厌恶感便生发而出。都能知晓什么是善，就会修正（砍削）不善的行为。

此节文中的"亚已"即恶已。"已"表显现而出。"恶已"犹言厌恶显现出来。这里的恶与美丑之丑毫无关系。美丑互为反义词，美恶不是反义词。与下文对举，可知美与不美、善与不善互为相反概念。

"斯"在文中用为动词。"斯不善矣",犹言铲除或剔除不善的行为。

陈鼓应依据传世本将此节译为"天下都知道美之所以为美,丑的观念也就产生了,都知道善之所以为善,不善的观念也就产生了"。相形之下,帛书本要比传世本更具动态感,更生活化——知晓什么是美便会对不美产生厌恶,知晓善良,便会对不善者产生抵触和排斥。这才是两千年前的《老子》想要表达的意思。

有无之相生也,难易之相成也,长短之相刑也,高下之相盈也,音声之相和也,先后之相隋。

译文:据有和失去互相接替(即生死轮回),难出和易走互相成全(相互成为比对的依据),长与短相互(比对)成形,高举与垂下互相盈余,人发出的音与乐器发出的声相互融和,先行与后进者相互紧随(一同前往某处)。

注意:此节文中的"有、无","难、易","长、短","高、下","音、声","先、后"都应从文字的本义上解读。不可皮相或形而上解之。傅佩荣将此节对译为"有与无互相产生,难与易互相形成,长与短互相衬托,高与低互相依存,音与声互相配合,前与后互相跟随",将"有无之相生"解读成有中能生出无,无中能生出有,这便成了彻头彻尾的诡辩(除了道之无可生出万物之有外,无不能生出有)。将"先后之相隋"解读为"前与后互相跟随",更是对人类智商的亵渎——后边可以跟随前边,前边怎么跟随后边?

恒也。

译文:恒久啊。

此句前边有错行,"万物昔而弗始"一句应在此句之前。"万物昔而弗始,恒也"可对译为:"万物有以往而没有初始,恒久啊。"古往今来的中国学者,除了老子没有人能说出如此抽象又具象的哲学语言(似乎堪比相对论的有界无限论)。此句可参照前一章:"无名,万物之始也;有名,万物之母也。"便能相得益彰,相互发凡。

高明在《帛书老子校注》中说:"帛书甲、乙本此节经文远优于今本,尤其是最后有'恒有'二字则前后语意完整,'无此'二字则语意未了，似有话待言之感。"

是以圣人居无为之事，行不言之教。

译文：所以，圣人居处在不去仿效的事情之中，实施不言说的身教。

此节可参见《德部十九》："知者弗言，言者弗知"。参见《德部十二》："百生皆注其耳目焉，圣人皆咳之"。

万物昔而弗始。为而弗侍也，成功而弗居也。夫唯弗居，是以弗去。

译文：万物有以往而没开始。（圣人）有所作为而不围侍（舍不得离去），功业有成而不居处。正是这般不居处，因此不会失去。

此节有两处要点：

一是"万物昔而弗始"应移至前一节中。

二是"无为之事"应对译为不仿效的事，犹言"用不去仿效的方式来做事"。《老子·德部一》"上德无为而无以为也"乃是"为而弗侍也"一句的内涵。此处"无为"不能对译为"不作为"。

陈鼓应将此句译作"有道的人以无为的态度来处理世事"，"无为"则被译作"顺任自然"，有了"什么都不主动地去做"这一层意思。显然，这一解读背离了"为而弗侍"一句的原初本义。

● 随感

在这一章中，老子以鲜明的生活经验为依托，将有与无、难与易、长与短、高与下、音与声、先与后等相对概念，配以"相生、相成、相形、相盈、相和、相隋"等动态语言，叙述了每组概念的相互依存、相互融合。

这一节，也是《老子》阴阳对立或相对主义的集大成者。

《老子》喜好讲一件事物的正反两面，不是"去罢取此"便是"正言若反"。而且认定"万物负阴而抱阳，冲气以为和"。有人认为这是辩证法，是人类的高级思维方法。著述《西方哲学史》的罗素则认为：辩证法没有科学真理价值，这种思维方式不是导致悖论，便是陷入诡辩。二元论的辩证法是一元因果论的摧毁者，即逻辑实证主义的大敌，因而也是科学思维方式的大敌。

将一件事物分成对立的两元，人类在史前时期已经具备：有男便有女，有上便有下，有高便有低，有前便有后。古希腊的芝诺、赫拉克利特更是将二元论发挥到极致。然而，在希腊民主制议会辩论的要求下，由柏拉图和亚里士多德创建的一元因果形式下的逻辑成为科学的逻辑实证主义方法，人类思维因此迈入一个新的阶段。

　　因此，《老子》的阴阳二元论思维不可无限度拔高。读者更应该明白二元思辨思维的本质缺陷。

帛书校勘本
道部三

不上贤，使民不争；不贵难得之货，使民不为盗；不见可欲，使民不乱。

是以圣人之治也，虚①其心，实其腹，弱其志，强其骨。

恒使民无知、无欲也。使夫知者不敢、弗为而已，则无不治矣。

传世王弼本
第三章

不尚贤，使民不争；不贵难得之货，使民不为盗；不见可欲，使民心不乱。

是以圣人之治，虚其心，实其腹，弱其志，强其骨。

常使民无知无欲。使夫智者不敢为也。为无为，则无不治。

帛书译文

> 不尊尚有钱人，使民众不争夺；不器重稀缺物品，使民众不偷盗。不显现自己的欲望，使民众不混乱。
>
> 因此，圣人在治理天下时，要空虚民众的心，要填实他们的肚腹，要弱化民众的志气，强化他们的筋骨。
>
> 恒久地使民众处于无智、无欲的阶段。要让那些已开窍的聪明人，不敢也不去仿效（有智有欲者），这样便没有不可治理的天下。

● 解字

①虚。"虚"是会意字，小篆字体作"𧆪"，从虍从丘，"虍"以老虎张口表示物之大；"丘"则表示土丘。构意源自内里不是石头而是土壤的大土丘（或指可挖大墓坑的土丘）。"虚"的本义为内里松软。虚与实互为反义词。

● 句读

不上贤，使民不争；不贵难得之货，使民不为盗；不见可欲，使民不乱。

译文：不尊尚有钱人，使民众不争夺；不器重稀缺物品，使民众不偷盗。不显现自己的欲望，使民众不混乱。

此节"不上贤，使民不争"一句，傅佩荣先生译作"不推崇杰出的人才，人民就不会竞争较量"。"不见可欲，使民不乱"傅佩荣译作"不展示可欲的事物，人民的心思就不会被扰乱"。文句中的"贤"和"欲"，本义被错释。贤的本义不是圣贤，而是有钱！欲的本义是欲望，不是可欲的事物。

是以圣人之治也，虚其心，实其腹，弱其志，强其骨。

译文：因此，圣人在治理天下时，要空虚民众的心，要填实他们的肚腹；要弱化民众的志气，强化他们的筋骨。

恒使民无知、无欲也。使夫知者不敢、弗为而已，则无不治矣。

译文：恒久地使民众处于无智、无欲的阶段。要让那些已开窍的聪明人，不敢也不去仿效（有知有欲者），这样便没有不可治理的天下。

此节的核心是"愚民"——使下层民众无知无欲，即便出现少数有智有欲的开窍者，也要迫使他们装出一副无知无欲的样子。"无知、无欲"与"不敢、弗为"相辅相成。研读此节，应与《老子·德部三十》"使民复结绳而用之。甘其食，美其服，乐其俗，安其居。叜国相望，鸡犬之声相闻，民至老死不相往来"相互参照。研读此节必须结合《老子·德部三十九》"使民恒且畏死，而为畸者，吾得而杀之，夫孰敢矣"一节，充分理解老子的冷峻和残暴。

注意，《老子》的愚民政策，仍要借助暴力手段，这便是法家人物将老子视作鼻祖的由来。当然，老子要镇压的只是那些从无知无欲中挣脱出来的"知者"，是那些不肯被愚的"畸者"，是那些不愿意"弱其志"的强者。而且，一定要杀鸡给猴看，达到"夫孰敢矣"的目的。

●随感

　　历代封建统治者惯常运用《老子》的观点，作为愚民治国的圣贤依据：一方面大力愚民，使民如野鹿，含哺而熙，鼓腹而游。使民无知无欲，自然澹泊、不争、不乱，没有志向和骨气。另一方面则严厉打击有思想有骨气敢质问的知识分子。从秦始皇的焚书坑儒到康乾盛世的文字狱，再到上个世纪的反右运动，都是《老子》"愚民、杀畸"思想的顺延而下——当然，这种治国模态，只能存在于人口与自然资源相对平衡时。一旦人口越过平衡点，为了果腹，为了生存，民众不得不铤而走险，走上反抗起义之路，形成了"坑灰未冷山东乱，刘项原来不读书"的历史常态。

　　依据此节文字，便知《老子》一书的主旨何以是"道佑我王"。《老子》一书不是写给普通百姓看的，更不是写给想寻找自我、想找到一些灵感的知识分子们看的。《老子》一书旨在寻找治国大纲。此节的治国大纲在《老子》之后延续使用了两千多年，你说老子伟大不伟大！

帛书校勘本
道部四

道冲①而用之，有弗盈也。渊②呵！似③万物之宗。

锉其兑，解其纷，和其光，同其尘。

湛④呵！似或⑤存。吾不知其谁之子也，象⑥帝之先。

传世王弼本
四章

道冲，而用之或不盈。渊兮，似万物之宗。

挫其锐，解其纷，和其光同其尘。

湛兮，似或存。吾不知谁之子，象帝之先。

帛书译文

> 道冲激而出便有了（它的）功用，（天地间）有道但不会盈溢。渊深啊，如同天下万物的祖宗。
>
> 锉出（角觿）的锐利，将纠结分解开。将（自己火把上的）光与他人火把上的）光合为一处。（与他人共进退）让脚下的尘土合而为一。
>
> （道）沉没不见啊，好像四周都存在着。我不知（道）是谁家的孩子，它的形象在天帝之前。

● 解字

①冲。"冲"（冲）是形声字，从水中声："水"为类旁，表示与水流有关；"中"为声义旁，表声且表从中贯穿义（冲字古为三点水，今字为两点水）。"冲"便是水流从孔洞中喷涌而出，"冲"因而有冲激、冲锋义。

②渊。"渊"是"冏"的本义转注字。"冏"字甲骨文作"🝆"，构形源自瀑布下方的水潭。在"渊"的左边增添"水"旁，便创设出转注字"渊"，承继初文的本义。

③似。"似"是"以"的本义转注字。"以"字甲骨文作"𠂊"，构意源自手持绳套的人。"以"的本义为这样做便能将手中绳套甩出去。在"以"的左

边增添"人"旁，便创设出转注字"似"，表示一次接一次甩出绳套，并由此引申出相似义。"以"则表示由初文本义引申出的凭借义。

④湛。"湛"是形声字，从水甚声："水"为类旁，表示与水流有关；"甚"为声义旁，表声且表含在口中义（甚字从甘从匹）。"湛"便是沉没于水流之中（被水所包含）。湛与沉音同义近。

⑤或。"或"是会意字，金文作"或"，从戈从口从两极字根二："戈"表武装守护，"口"表城邑。或便是武装守护的以国都为中心的四周土地。或的本义由转注后的"國、域"二字所承继，或则表示引申而出的从这一边到另一边义。引申后，又有或者义。"似或存"犹言好像四边都存在着。

⑥象。"象"是象形字，甲骨文作"象"，构形源自殷商时期存活在黄河流域的大象。"象"的本义为大象。引申后，有形象义，又有相像义。

● 句读

道冲而用之，有弗盈也。渊呵！似万物之宗。

译文：道（自然）冲激而出便有了（它的）功用，（天地间）有道但不会盈溢。深渊啊，如同天下万物的祖宗。

此节可参见《德部四》："反也者，道之动也；弱也者，道之用也。"可参见《道部十一》"卅辐共一毂，当其无，有车之用……，故有之以为利，无之以为用。"

参见《道部一》："无名，万物之始也；有名，万物之母也。"知晓"道"何以是"万物之宗"。

锉其兑，解其纷，和其光，同其尘。

译文：锉出（角觿）的锐利，将纠结分解开。将（自己火把上的光与他人火把上的）光合为一处。（与他人共进退时）让脚下的尘土合而为一。

此节重文，夹在上下文中，不伦不类，应是《老子·德部十九》部分文句的混入。删掉此节缀文则文意句式都通畅。

湛呵！似或存。吾不知其谁之子也，象帝之先。

译文：（道）深沉而不见啊，好像四周都存在着。我不知晓（道）是谁家的孩子，它的形象在天帝之前。

《道部二十五》讲"有物昆成，先天地生。萧呵，漻呵，独立而不孩，可以为天地母"，此章节又讲"湛呵，似或存。吾不知其谁之子也，象帝之先"。《老子》的道在天地之前，在天帝之先，可以为天地母，似万物之宗，乃是一个先验的存在。

● 随感

把《老子》当作唯物主义哲学家的人，往往有意疏乎这一段文字。"道"在帝之先，"道"是一个凌驾在"天帝"之前和之上的"无象"。那么，"道"便是一个绝对的信仰对象；信则有，不信则无（似或存）。

"道"在春秋时代，通常指道路，又指一个人的所做、所行，即道行，又由此引申指主张、学说、法则。将道扩张到"天之道"，即天的所做所行，天的主张，乃春秋时代的流行看法（"天之道"在《左传》中凡九见，在《国语》中凡七见）。《老子》进一步将"天道"抽象，将"道"的功用扩大，使之成为万物之宗、世界本原，成为"帝之先"、"太一之上"、"在天地先"、"万物之母"，从而成为道学家的立论基础，道家的最高神祇（有兴趣的读者可比较《论语》与《老子》两书中关于"道"的论述及使用）。

《老子》此章旨在阐释"道"的由来："道"在天帝之先——旨在用"道"取代华夏文化中的天帝信仰，设立"道"的最高存在及"道"的先验存在。

道教协会会长任法融先生因而认为："道既不是有形的物质，也不是思虑的精神，更不是理性的规律，而是造成这一切的无形无象、至虚至灵的宇宙本根。""道"，就是道教的最高信仰，道教的至尊。

总而言之，"道"在古文典籍中的使用，作为专用概念的延用和发展，乃是理解《老子》一书何以有"道"这个概念，何以存在"天之道""人之道"与"天道"和"道"的矛盾差异。

帛书校勘本
道部五

　　天地不仁，以万物为刍①狗；圣人不仁，以百姓为刍狗。
　　天地之间，其犹橐②籥③与？虚而不渴④，动而俞出。
　　多闻数穷，不如守于中。

传世王弼本
五章

　　天地不仁，以万物为刍狗；圣人不仁，以百姓为刍狗。
　　天地之间，其犹橐籥乎？虚而不屈，动而愈出。
　　多言数穷，不如守中。

帛书译文

　　天地没有仁爱之心，将万物当作抱养来的小狗（任其自生自灭）。圣人没有仁爱之心，将百姓当作抱养来的小狗（任其自生自灭）。
　　天地之间（大气层），不就像个大（皮囊）风箱吗？虚怀但不会纠结一团，推动起来（气体）便会鼓之而出。
　　博学多闻且抖擞用尽（四面应对），不如持守中间。

● 解字

　　①刍。"刍"（芻）是会意字，甲骨文作"㧖"金文作"芻"，从双又从双屮：构形源自用手拔草。"刍"的本义为揪扯饲草。《说文》释为"刍，刈草也"。"刍"作名词，通常指喂养牲口的饲草，此义由转注后的"萏"字所继承。"刍"又是雏的声义旁，表示由蛋孵化而出的小鸡（鸟类不像胎生动物由母亲直接生出，禽鸟繁殖要经过蛋的过渡并孵化在草窝中）。"雏"因而有幼鸟义。"刍狗"即雏狗，也就是从他人那里抱养回来的小狗。"刍狗"在此指趴伏在草窝中的小狗。

　　②橐。"橐"是会意字，金文作"橐"，从束从石

从口:"束"表棍囊,"石"表如石块的重物,构意源自盛装重物的口袋。"橐"的本义为有底的口袋。

③籥。"籥"是"龠"的本义转注字。"龠"字从△从𠭥,△为倒口,𠭥为排箫的象形。构意源自用口吹奏编连的乐管,即排箫。在"龠"的上部增添一个"竹"旁,使创设出转注字"籥",承继初文的排箫义。"橐籥"指古代的鼓风皮橐及其接管。

④淈。"淈"是形声字,从水屈声:"水"为类旁,表示与水流有关;"屈"为声义旁,表声且表盘曲在坑陷之中义。"淈"的本义指被卷入旋涡之中而沉没。

● 句读

天地不仁,以万物为刍狗;圣人不仁,以百姓为刍狗。

译文:天地没有仁爱之心,将万物当作抱养来的小狗(任其自生自灭)。圣人没有仁爱之心,将百姓当作抱养来的小狗(任其自生自灭)。

"刍狗"一词,以往学者将其释解为草扎成的狗,认为这是祭祀使用之物。实际上,"刍"的构形源自用手揪扯青草,本义为揪断青草。"刍"又是"雏"字的声义偏旁。"刍狗"即雏狗,乃是从母狗那里抱养来的小狗。《庄子·天运》云:"夫刍狗之未陈也,盛以箧衍,巾以文绣,尸祝齐戒以将之;及其已陈也,行者践其首脊。苏者取而爨之而已。"文中的"刍狗"指从母狗那里取来,巫祝用为驱邪(不是祭祀)的小狗——装在筐箧中,束以绸带。使用(陈列)已毕,走动者便会踩在小狗的头和身上。躺在地上装死且苏醒过来的小狗,则会取而爨(焚烧)之。一幅绝对真实的生活画卷。

如果圣人用草扎的狗来驱邪,而不忍心用活狗,那么,这位圣人一定是位"仁者"。否则,他要"不仁",则一定要用真狗。

此节应与《老子·德部四十四》"天道无亲,恒与善人"一节相互参证。

注意,《老子》的"不仁"与"弗"是相辅相成的。没有特殊关爱,也没有过分的残害。

天地之间，其犹橐籥与？虚而不淈，动而俞出。

译文：天地之间（大气层），不就像个大（皮囊）风箱吗？虚怀但不会纠结一团，推动起来（气体）便会鼓之而出。

周生春先生将此节译为："天地之间，不正像风箱一样吗？其中空虚，但（蕴藏的风却）不可穷尽，愈动而风愈多……周先生认为，淈的词义为："竭，穷尽"。

多闻数穷，不若守于中。

译文：博闻多学且抖擞用尽（四面应对），不如持守中间。

此句是前节"虚而不淈，动而俞出"的结语。"数穷"一词，可解释为把浑身精力抖擞用尽，也可释解为把计策用尽。结合后文的"守于中"可以译为"四面应对"。

● 随感

此章分三节。三节三层意思，几乎没有多少关连。

一、"天地不仁""圣人不仁"是针对孔子的"仁者爱人"有感而发。

《老子》认为，天地和圣人都遵循"道"，顺应自然，无欲、无亲，更没有仁爱——从古至今，多数人认为，山河草木禽兽都是有生命的东西，他们都是为了让人存活而由一个主宰者特意安排的。自然界或主宰者（天帝）对人有一种特别的关爱。《老子》则反对这种万物有神论，强调"人法地，地法天，天法道，道法自然"，其间没有什么仁爱，也没有目的性的意图。

"天地不仁"尚可理解，也有哲学上的进步意义。但是，比附而出的"圣人不仁"则让人无法理喻。《老子》的这一判定，衍生出了"愚民、杀畸、设大匠"的残暴必然，导致法家学派"法条"的刻薄，即法家的"寡恩"。钱钟书《管锥编》云："求合乎天地不仁之德，以立身接物，强梁者必残酷而无慈悯，柔者必脂韦而无羞耻。黄老道德入世而为韩非之刑名苛察。基督教神秘主义而致用为约瑟甫神父之权贼阴谋。岂尽末流之变本忘源哉？或复非迹无以显本尔。《史记·韩非传》早曰：'其极惨礉少恩，皆原于道德之意。'"

这就是说，法家人物的刻薄寡恩，根源在于《老子》的"愚民、不仁、杀畸"之类的教唆之中。中国历史上的帝王残暴，有其地域文化上的原因，但公开宣扬残暴不仁，并为残暴不仁做出理论辩护者，《老子》是中国第一、世界第一。

二、天地之间犹如橐籥，内里是流动的大气，当这个大风箱伸张时，"虚而不淈"，即虚怀但不会纠结一团。当这个大风箱收缩时，便会"动而俞出"，即推动起来将内中的气鼓之而出。

天地一张一缩，大气充盈于其中，似乎在说"天地不仁"。似乎又在解说人对地球大气层的认识。

三、"多闻数穷，不若守于中"，又是一层意思，与前两节没有什么直接关联。似乎是说皮囊虚怀，但似乎又不是。此乃《老子》"虚静无为"思想的又一种表述："守中"便是无为、无欲。"守中"便是"居无为之事，行不言之教"。

这一节的"多闻数穷"句，可参见《老子·德部十》"是以圣人不行而知，不见而名"。参见《德部十一》："为学者日益，闻道者日敩之又敩，以至于无为，无为而无以为。

《老子》一书的写作技巧，便是将那些常人看来是"反动、不仁、寡恩"，甚至违背人性人情的话语分散开来，夹在一些常人看不明白的哲理信条之中。或混淆视听，或遮人耳目，但让寡恩君王一看便心领神会。此章可为例证之一。

《老子》对"有国者"真是关怀备至啊！这就是唐玄宗李隆基、宋徽宗赵佶、明太祖朱元璋、清世祖康熙，四大君王都要写一本老子注释本的原因所在。

帛书校勘本 道部六	传世王弼本 六章
浴神不死，是谓玄牝。玄牝之门，是胃天地之根①。 绵②绵呵其若存，用之不堇。	谷神不死，是谓玄牝。玄牝之门，是谓天地根。 绵绵若存，用之不勤。

帛书译文

> 欲望之神不死，这就是（因为有了）脐带延伸而连接的女阴。（代代维系的）女阴之门，这就是天地（万物）的根本。绵绵不绝地代代永存啊，尽管（女阴的）使用并不勤。

● 解字

①根。"根"是"跟"的假借字。"跟"字从足艮声，本义指人的脚后跟。"根"借"跟"的形、音、义，以"木"置换本字的"足"，表示树木向下之根。

②绵（緜）。"绵"是会意字，金文作"🧵"，从糸从帛："糸"表蚕丝，"帛"表布帛。绵便是蚕在无折角平面上吐丝形成的一块帛。引申后，又有柔软义，又有连续不断义，即绵绵不绝。

● 句读

浴神不死，是胃玄牝。玄牝之门，是胃天地之根。绵绵呵其若存，用之不堇。

译文：欲望之神不死，这就是（因为有了）脐带延伸而连接的女阴。（代代维系的）女阴之门，这就是天地（万物）的根本。绵绵不绝地代代永存啊，尽管（女阴）使用并不勤。

此节"天地"一词，似指天地万物的。

● 随感

此章关键词语是"玄牝"和"浴神"。

"玄牝"一词，古往今来的学者皆释作女性生殖器，即产门。但严格讲，玄的本义为脐带，代指由脐带相连，女生女代代不断的产门。牝的本义为母牛，可理解为单个的产门。玄牝则是顺延向下的无数产门。由于"玄牝"维系着血缘族群的代代相承，《老子》把悠远、玄妙归之于它，把"天地之始，天地之母"归之于它。

浴神应解作"欲望之神"，即动物和人类的情欲发动。即《礼运》："饮食男女，人之大欲存焉"。

此节的另一关键处是词语省略：天地之根中省略了"万物"一词。老子认为天地之所以能维系且恒久，"以其不自生也"。所以，玄牝之门，乃是天下万物的根源。草生草，木生木，禽兽生禽兽，包括人类自身的生产，天下万物都由雌性所生。但是，天地又由道生出。所以，一切都是原始之母（道）的后代产物。

"用之不堇"中省略了作为主体的玄牝之门。从物象场景讲，动物只在每年特殊季节发情交配。原始生活状态下的氏族群团也只在特定季节进行两性交合，所以用之不勤。今天的人们已将性当作欢娱的工具或交换之物，勤之又勤。时过境迁，这是今天的人们难以推测和想象的。

《老子》论道，最爱拿母亲和产门作比喻，如道是"天地母""万物之母""天下之母""既得其母，以知其子"等。此处"玄牝、浴神"旨在揭示天地和万物由谁生出。

《老子》一书为什么要多处反复论述"道"及"道生天地万物"？原因只有一个，"道"要从前人的道路、道行、道理等词项中升华，并且凌驾在"天之道"和"太一神祇"之上，取代华夏文化的天帝和荆楚文化的太一，并由此脱胎换骨创造出一个唯一的一元神教。如此做来，确实不易。多加阐释，亦在情理之中。

帛书校勘本
道部七

天长地久。天地所以能长且久者，以其不自生也，故能长生。
是以圣人退①其身而身先，外②其身而身先，外其身而身存。
不以其无私③舆？故能成其私。

传世王弼本
七章

天长地久。天地所以能长且久者，以其不自生，故能长生。
是以圣人后其身而身先；外其身而身存。
非以其无私邪？故能成其私。

帛书译文

天和地长久存在。天地之所以能够长久存在，凭借着它们不生育（下一代的天和地），所以能够永久存在。

因此，圣人把自己的身体倒退在后面而成为领先者，把自己的身体置之（纷争）外面而成为领袖，将身体置之外面而得到保存。

不就是凭借着他的不自私吗？所以能够成就他的私（占有民众）。

● 解字

①退。"退"是"艮"的本义转注字。"艮"为会意字：上为目标字根"日"，下为倒置的"止"，构意源自人的倒退而行（艮的古音读若tui）。在"艮"的左边增添"辵"旁，使创设出转注字"退"，承继"艮"字的本义，即倒退。

②外。"外"是会意字，从夕从卜："夕"表月亮；"卜"以占卜时，由这边烫炙由另一边裂纹表示那一边义。"外"的构意源自此处云彩遮蔽月亮，但月光从云彩边缘透射到远方大地。"外"的本义为那一边，引申泛指外面。

③私。"私"是"厶"的本义转注字。"厶"字甲

骨文作"&"，构形源自猎捕禽兽的绳套。由谁布置绳套，套住的禽兽便归谁所有彰显出私有义。当华夏民族从半牧猎半农耕进入全面农耕后，人们在初文"厶"的左边增添"禾"旁，以谁种的庄稼便归谁所有，表示劳动产品的归属权，即私有。

● 句读

天长地久。天地所以能长且久者，以其不自生也，故能长生。

译文：天和地长久存在。天地之所以能够长久存在，凭借着它们不生育（下一代的天和地），所以能够永久存在。

此节"长生"一词，应释为"生过一次便永久存在"，即"道生一，一生二（天地），二生三（动物、植物和人），三生万物"。

今天的人大体上会认为，《老子》的这一判定是在本末倒置，因果倒错：天长地久，是因为它们不自生？实质上，《老子》用这一判定来演释天地由道（或太一）而生，天地不能生出第二个天地，所以天地必须永久。

天下万物皆自生：草生草，木生木，人生人，禽兽生禽兽，所以不能长生，所以会"物壮则老，丕道蚤已"。

周生春先生将此节译为："天长地久。天地所以能长久存在，是因为它们（自然地存在着）不为自己而生存，所以能长久"。此话听起来怪怪地。

是以圣人退其身而身先，外其身而身先，外其身而身存。不以其无私舆？故能成其私。

译文：因此，圣人把自己的身体倒退在后面而成为领先者，将自己的身体放置（纷争）外面而成为领先者，把自己的身体置之外面而得到长久存在。不就是凭借着他的不自私吗？所以能够成就他的私（占有国土和民众）。

此节旨在述说尊道贵德的有国者，即圣人无为，既不争先，又不处于纷争之中；而且不聚集财富，因此，无小私而成其大私。

这一章中的两节文字，一节讲天地"故能长生"，一节讲圣人"故能成其私"。两者之间似乎并无逻辑关系。但从目的论上来说，又有某些相似性：天地的目的是"长生"，侯王的目的是"成其私"，即《德部二十二》："有国之母，可以长久。是胃深根固氐，长生久视之道也"。

● 随感

《老子》一书虽处处言说无为、无欲，但终极目的却旨在干政，为侯王们或有国者，也就是《老子》理想中的圣人出谋划策。在《老子》"道佑我王"的教导中，所谓圣人，只要"退其身，外其身"便能达到无私境地，进而占有或拥有民众。

《老子》的伟大，在于他知晓治大国的秘诀在于从何种层面上把民众和国土看作自己的所有物？是当作财货，还是当作刍狗？是退其身还是外其身？不就是在小私和大私的层面上如何处置和应对民众吗？

朕即国家，国家即朕。这就封建社会的治国核心。但是，这一教条与民主社会毫无干系——民主社会认为，天下是天下人的公器，不论在何种层面上，把天下视为私器，必将为天下人所唾弃。

帛书校勘本
道部八

上善如水，水善利①万物而有静。居众人之所亚，故几②于道矣。

居善地③，心善渊，予善天。言善信，正善治，事善能④，动善时⑤。

夫唯不争，故无尤⑥。

传世王弼本
八章

上善若水。水善利万物而不争，处众人之所恶，故几于道。

居善地，心善渊，与善仁，言善信，正善治，事善能，动善时。

夫唯不争，故无尤。

帛书译文

> 最高等级的善如同水（之就下），水善于滋润万物且沉静处之。居处众人所厌恶（的低洼处），所以几乎（通达）于道的质性。
>
> 居处善于（选择）地方，心胸善于像渊般沉静，给予时要像天（下雨下雪时无私）。说话善于诚信，为政善于治理，处事善于使用才能，行动善于掌握时机。
>
> 只因为这般不争，所以没有闪失咎祸。

● 解字

①利。"利"是会意字，金文作"𥝢"，从禾从刀（勿），本义指用金属镰刀收割庄稼。"利"的本义为劐过，又有锋利义。引申后，又有利害、利益义。"利"在此处指有利于。

②幾。"幾"（几）是会意字，从戍从双幺："戍"表斧钺挥舞，"幺"则表示脐带的传承。"幾"的构意源自斧钺砍杀同一氏族人口（使其血缘中断），"幾"的本义为不断砍杀。引申后，又有所剩无几义，又由此引申出危殆及隐微义。

③地。"地"是会意字，从土从也："土"表土块，也表（能够生育的）女阴。"地"便是能够生育草木的土地。引申后，又指地方。

④能。"能"是象形字，金文作"![字形]"，构形源自狗熊。"能"的本义为狗熊，此义由转注后的"熊"字所承继，"能"则由狗熊会爬树能游泳能两足立起行走等，表示引申而出的才能义。

⑤时。"时"（時）是形声字，从日寺声；"日"为类旁，表示与太阳运行有关；"寺"为声义旁，表声且表持拿义。"时"便是某一段能够利用把握的时光，引申泛指时间。又由此引申出时机义。

⑥尤。"尤"是指事字，甲骨文作"![字形]"，乃是在表示手型的"又"字上方增添一撇，以字素标注的方法，表示这根手指的肿胀生脓。"尤"的本义由转注后的"肬"、"疣"二字所承继，"尤"则表示引申后的持异义。

契文　金文　小篆　楷体

● 句读

上善如水，水善利万物而有静。居众人之所亚，故几于道矣。

译文：最高等级的善如同水（之就下），水善于滋润万物且沉静处之。居处众人所厌恶（的低洼处），所以，几乎（通达）于道的质性。

此节文中，两个"善"字的词义不同。"上善如水"一语源出战国时代的孟子。孟子认为，人性之向善，就像水往低处流一样，是自然而然的事情（人性之善也，犹水之就下也）。人没有不向善的，水没有不往低处流的（人无有不善，水无有不下）。在这个问题上大家都一样，就连尧舜也没有什么两样（尧舜与人同）。这就是孟子人性本善的基本观点。"上善如水"乃"人性之善也，犹水之就下也"的缩略句（或称之为断章取义）。所以，此句应该补译为：上善犹如水之就下也。

"水善利万物而有静"一句，传世本作"水善利万物而不争"。相比之下，传世本自然差劣一些。水怎能不争？水会淹没良田，水会溺毙人命，水会冲刷土壤挟裹泥沙而下。显而易见，水沉静处于凹陷之处更符合古人的生活经验。

"水善利万物"中的善作善于、能够讲。"上善如水"句中的善作善良、美善讲。不仅两个善字词义不同，前句"上善若水"与后句"水善利万物而有静"词义也不在同一层面上。有理由认为，先有"水善利万物而有静"一句，后来有人缀加上了"上善若水之就下也"。后来，又有人将其截尾，这才有了现今的句式。

《老子·德部三十三》"善为士者不武，善单者不怒，善朕敌者弗与，善用人者为之下"。其中的善均作善于、能够讲。

"故幾于道"一句，可参见《德部四十三》："天下莫柔弱于水，而攻坚强者莫之能朕，以其无以易之也。"参见《德部二十九》："江海所以能为百浴王者，以其善下之也。"参见《道部二十四》："大国者，下流也"。

居善地，心善渊，予善天。言善信，正善治，事善能，动善时。

译文：居处时要善于（选择）地方，心胸善于像渊般沉静，给予时要善于像天（下雨下雪时无私）。说话善于诚信，为政善于治理，处事善于使用才能，行动善于掌握时机。

此节后边四句疑为后人续貂，理由有二：其一，"言善信，正善治，事善能，动善时"不符合《老子》无为无欲，守中持静，不敢为天下先的信条；也不符合《老子》绝圣弃知，绝仁弃义，绝巧弃利的思想。其二，此节前三句均与水有关联，后边四句夹在上下文中不伦不类，只要删掉此节或删掉后边四句赘文，上下文意豁然贯通。

夫唯不争，故无尤。

译文：只因为这般不争，所以没有闪失咎祸。

此节话语紧接第一节。言说水居处众人厌恶的低洼之处，柔弱而无形，以至于"天下之大归于水"——《老子》将水的"有静"与"无争"归之于水的自然流行，即水向低处行。在老子眼中，水是最善于将特质和功能一体化的。因此，水是"道法自然"的最佳典范。也因此，水是"道贵低下、道贵柔弱、道贵守静"的典范。

● 随感

"上善若（如）水"一句，自古解读便大相径庭。为什么上等的善良就像水一般，难道人们不知"水火无情"，不知晓水的伤害性及祸患性在火之上吗？谁敢相信，此话源自孟子，而且被人截掉了尾巴！

传世本不知水的"有静"与"不争"源自观照时的不同角度，妄改前句"有静"为"不争"。静字何以缺了半个字，便成了"争"字。"有静"怎么被改为"不争"。

此章彰显帛书本的优胜（有理由认为，传世王弼本传承自帛书乙本，"不争"一语当从帛书乙本的"有争"错讹而来）。读者可参见高明先生《帛书老子校注》

如果此章解读不谬。那么，便可以证明《老子》一书应在《孟子》之后！

帛书校勘本 道部九	传世王弼本 九章
揃①而盈之，不若其已；掜②而允③之，不可长葆④也。 金玉盈室，莫之能守也；贵富而骄⑤，自遗咎也。 功遂身退，天之道也。	持而盈之，不如其已；揣而锐之，不可长保。 金玉满堂，莫之能守；富贵而骄，自遗其咎。 功遂身退，天之道也。

帛书译文

> 　　双手持拿（太多）而掉落下来，不如将其中的放置（下来一些）。用力将手中之物拉伸变长，不可长久保持（这种状态）。
> 　　青铜礼器和玉器充满居室，是没有办法守护的。富贵者心里骄傲便是自取祸患啊。
> 　　功业完成便隐匿形迹（不居功、不把持、不咄咄逼人），（合乎）天之道。

● 解字

①揃。"揃"是"植"的假借字。"植"字从木直声，本义为栽植树木时将树木立起。"揃"字以手置换本字的木旁，表示用手扶持物体。"揃"与"持"字音通意近，可作持拿讲。

②掜。"掜"为形声字，从手短声："手"为类旁，表示与手有关；"短"为声义旁，表声且表短而不长义。"掜"便是将手中之物拉长（古音读若dun）。"掜"与"扽"互为异构体。

③允。"允"是会意字，金文作"𠃌"，从厶从人（儿），构意源自让他人用绳索牵拉而行。"允"的本义为允诺。文中用

甲骨文　金文　小篆　楷体

为拉伸。

④葆。"葆"是形声字，从艹保声："艹"为类旁，表示与草本植物有关；"保"为声义旁，表声且表保护义。"葆"便是对种植出的谷物刻意保护，不让禽兽糟害。保与葆词义相近。"保"的本义是保王，即西周时期的周公太保。"葆"则由对植物的保护，引申泛指一般意义上的保护。

⑤骄。"骄"（驕）是形声字，从马乔声。"马"为类旁，表示与马的行为有关；"乔"为声义旁，表声且表高而曲伸义。"骄"便是马将头高高昂扬一边，不与牵马人相沟通。"骄"的本义为骄傲。

● 句读

揁而盈之，不若其已；掘而允之，不可长葆也。

译文：双手持拿（太多）而掉落下来，不如将其中的（物品）放置（下来一些）。用力将手中之物拉伸变长，不可长久保持（这种状态）。

《管子·白心》曰："持而满之，乃其殆也。名满于天下，不若其已也。"可为参证。

金玉盈室，莫之能守也；贵富而骄，自遗咎也。

译文：青铜礼器和玉器充满居室，是没有办法守护的。富贵（权势）者心里骄傲，便是自取祸患啊。

此节文句类同《左传·哀公十一年》："盈必毁，天之道也。"

功遂身退，天之道也。

译文：功业完成便隐匿形迹（不居功、不把持、不咄咄逼人），（合乎）天之道。

● 随感

此章乃《老子》"道佑我王"思想的进一步阐述。尽管此章的立意并不高，甚至有些俗套。

"揸盈，允抈，金玉满堂，居功自傲"是君王们的本性，也是春秋战国时代的贵族风尚。老子立足"物极必反""物壮必老"这一天道法则，否定并批判一股道走到底的侯王惯性，宣扬"功遂身退，天之道也"这一教条。河上公对此章注曰："大富当赈贫，贵当憐贱，而反骄恣，必被祸患也。"

查阅秦汉以后的中华历史，有几个君王做到了"功遂身退"？《老子》对侯王们的谆谆教诲何以落空？

帛书校勘本
道部十

戴①营②袙③抱一④，能毋离⑤乎？
槫⑥气至柔，能婴儿乎？脩除玄监⑦，能毋有疵⑧乎？
爱民栝⑨国，能毋以知乎？
天门启⑩阖⑪，能为雌乎？
明白四达⑫，能毋以知乎？
生之畜之，生而弗有，长而弗宰也，是胃玄德。

传世王弼本
十章

载营魄抱一，能无离乎？
专气致柔，能婴儿乎？
涤除玄鉴，能无疵乎？
爱国治民，能无知乎？
天门开阖，能为雌乎？
明白四达，能无为乎？
生之畜之，生而弗有，为而不恃，长而不宰，是谓玄德。

帛书译文

戴上（鬼脸）面具，聚集魂魄而浑然一体，能够（与鬼魂）不分离吗？团气而至达柔顺，能像婴儿（精气充和）吗？涂抹玄粉在青铜镜上，能够没有（遮掩）瑕疵吗？

关爱民众使国家久存，能够不凭借知识吗？产门开启又闭阖，能够成为雌性吗？头脑明白（知识）通达，能够不凭借（这些）知识吗？

生长草木养育禽兽，生出它们而不据有，让其长大而不宰杀（收割），这就是玄德。

● 解字

①戴。"戴"是"異"（异）的音转转注字。"異"字金文作""，构形源自双手将铜脸壳戴在脸上。在"異"的上方增添"戈"旁，使创设出音转转注字"戴"，承继"異"的"戴"在脸上义，"異"则表示分化而出的离异义。

②营。"营"（營）是形声字，从宫炏声："宫"为类旁，表示与声音回荡有关；"炏"为声义旁，表声且表环绕一团义。"营"的本义指在荒地上所开辟的集市房屋或大棚。引申为营造、营房等义。

③袥。"袥"是"魄"的假借字。"魄"为会意字，从鬼从目标字根白，构意源自归返回来的魂（魂为离去之魄）。"袥"借"魄"的形、音、义，以"示"置换本字的"鬼"，以创设出的假借字"袥"，表示通过祭祀可使之离去或归返的魂魄。"戴营袥"犹言戴上脸壳聚集魂魄，源自古代的驱鬼（傩戏）或作法事时的情形。

④一。"一"是"壹"的简省体。"一"是象形字，构形源自手势语"一"，即握拳后将食指伸出。"一"的本义为数目字"一"。这里的"一"是"壹"字的简写。

"壹"是会意字，小篆作"壹"。从壶从吉："壶"为青铜壶的象形描摹；内中的"吉"，构形源自男根充血后的勃起，在此表示内里盛满了液体。"壹"的本义为满满一壶，可用为大写的"一"字，也可表示抽象意义上的整体性满溢，即充盈的整体。

⑤离。"离"（離）是会意字，甲骨作"🔲"，从隹从离："隹"表鸟禽，"离"表有柄网具的扣下。"离"的本义为网具扣下后鸟禽的飞散离去。引申泛指离开、离别。

⑥榑。"榑"是"専"（专）的本义转注字之一。"専"字从叀从寸，本义指纺线用的纺砖。在"専"的左边增添"木"旁，便创设出转注字"榑"，表示木头做的纺砖。引申后，又有旋转使之一团义。"榑"与"团"音近意通。

⑦监。"监"（監）是会意字，甲骨文作"🔲"，构意源自一人张目在水盆上观看自己的面容。"监"的本义

由转注后的"鑒"（鉴）字所承继，"监"则表示分化而出的监视义。"监"在此表示铜鑒（鉴），即上古时代的青铜镜。

⑧疵。"疵"是形声字，从疒此声："疒"为类旁，表示与疾病有关；"此"为声义旁，表声且表由公母禽兽交尾引申出的磨蹭义。"疵"便是过度磨蹭显露出的瘢痕。引申泛指瑕疵。

⑨栝。"栝"（栝）是"活"（活）的假借字，"活"则是"昏"的本义转注字。"活"的本义为流动并发出声响的河水，引申泛指活泼，又引申出死活义。"栝"借"活"的形、音、义，以"木"置换"水"旁，以创设出的假借字"栝"，表示一棵树木长久活着。"栝"与"活"在死活义上相通。此处"栝国"即"活国"，犹言使一个国家长久活着。此章"栝"字词义与《德部三十八》"勇于敢则杀，勇于不敢则栝"略有不同。

⑩啟。"啟"（启）是会意字，金文作"啟"，从户从攴从口，构意源自将门户打开，"启"的本义为开启。

⑪阖。"阖"（闔）是形声字，从门盍声："门"为类旁，表示与门户有关；"盍"为声义旁，表声且表闭合义。"阖"便是将门户关闭起来。

⑫达。"达"（達）是会意字，从十从羊从辶："十"表直行前往，"辶"表路上行走。"达"的构意源自羊群在路上行走，"达"的词义有二：一是显达，即彰显；二是通达。四达即四方通达。

● 句读

戴营祐抱一，能毋离乎？槫气至柔，能婴儿乎？脩除玄监，能毋有疵乎？

译文：戴上（鬼脸）面具（聚集魂魄）而浑然一体，能够不分离吗？团气而至达柔顺，能像婴儿（精气充和）吗？涂抹玄粉在青铜镜上，能够没有（遮掩）瑕疵吗？

本节每一问句皆为反问，不答之答皆为否定。

"榑气至柔，能婴儿乎？"可与《老子·德部十八》"含德之厚者，比于赤子"一节相互参见。

爱民栝国，能毋以知乎？天门启阖，能为雌乎？明白四达，能毋以知乎？

译文：关爱民众使国家久存，能够不凭借知识吗？产门开启又闭阖，能够成为雌性吗？头脑明白（知识）通达，能够不凭借（这些）知识吗？

此节"爱民栝国，能毋以知乎"一句，应是后人添足。《老子·道部五》已明确说道："天地不仁，以万物为刍狗；圣人不仁，以百姓为刍狗。"在此又何以要爱民？

帛书《老子·德部二十八》云："古之为道者，非以明民也，将以愚之也。夫民之难治也，以其知也。故以知知国，国之贼也；以不知知国，国之德也。"如此，"爱民栝国"何以要凭借知识呢？此句"能毋以知乎"，与下文"能毋以知乎"完全相同，显系后人添足。去掉此句后，全文文从理顺，贯通而下。

"天门"一词，古今各家注解不一。河上公注曰，天门谓鼻孔。苏辙说："天门者，治乱废兴所从出也。"林希逸说："天门，即天地间自然之理也。"陈鼓应说："天门喻感官。"

"天门启阖，能为雌乎"，文中的"门"应指产门，即雌性生殖器。禽兽母体（包括上古时代的部族女性），因发情或生产而开启生殖之门。发情或生产完毕，使会关闭生殖之门，此为启阖。所以"天门"应解读为生殖之门。为雌即成为雌性。此节文句，言简意赅。与《道部六》："玄牝之门，是胃天地之根。绵绵呵其若存，用之不堇"。遥相呼应。

本节句式是反问句，不答之答皆为肯定。

生之畜之，生而弗有，长而弗宰也，是胃玄德。

译文：生长草木养育禽兽。生出它们而不据有，让其长大而不宰杀（收割），这就是玄德。

此节文句重见于《老子·德部十四》。此节文意与本章其他文句不通，疑为传世本五十一章错简重出。

● 随感

《老子》一书多处讲"绝学弃知"，讲到"以知知国，国之贼也"，讲到"圣人不仁，以百姓为刍狗"。此处突然冒出什么"爱民栝国，能毋以知乎？明白四达，能毋以知乎"，为什么会这样？以下结论二者必居一：一是《老子》一书乃多人著作，各吹各的号，各唱各的调，立论不同而自相矛盾。如果有人以为《老子》一书笃定为一人所写，此人必须回答，《老子》一书何以有多处互相矛盾之语句。二是此处文句不是真正的老子所言，乃后人不懂装懂妄自以狗尾续貂。或者，为了凑够九九八十一章，而拼凑出来八十之外的一章。

帛书校勘本
道部十一

卅①楅②同一毂③，当其无，有车之用也。
埏④埴⑤而为器，当其无，有埴器之用也。
凿⑥户牖⑦，当其无，有室之用也。
故有之以为利，无之以为用。

传世王弼本
十一章

三十辐共一毂，当其无，有车之用。
埏埴以为器，当其无，有器之用。
凿户牖以为室，当其无，有室之用。
故有之以为利，无之以为用。

帛书译文

三十根辐条齐凑到一个车毂上，当它们（辐条和车毂）不独自存在时，便有了马车的使用。

和泥拉坯制作器皿，当它们（粘泥）不存在时，便有了陶器的使用。

开凿窗洞，安装窗版，当它们（窗孔和窗板）不存在时，便有了屋室的使用。

所以，有了独立物件时便有了利用之物，当失去独立物件后，便有了可用之物。

● 解字

①卅。"卅"是同体会意字，以三个十字的并列会意，表示三十之数。"卅"与"廿"（表示二十之数）都是同体会意字。

②楅。"楅"是"辐"的异构体，也是"辐"的假借字。"辐"为形声字，从车（車）畐声："車"为类旁，表示与马车有关；"畐"为声义旁，表声且表充满义。"辐"便是马车车轮上的辐条

（充满车轮毂内里）。"楅"借"辐"的形、音、义，以"木"置换本字的"车"旁。表示古代马车用木料制作的辐条。

③毂。"毂"（轂）是形声字，从车㱿声："车"为类旁，表示与马车有关；"㱿"为声义旁，表声且表外坚内空义。"毂"便是马车车轮上的车毂。《六书故》"轮之中为毂，空其中。辐所毂也，辐凑其外"。"卅楅同一毂"乃是说三十根轴条齐凑到一个车毂上。

④㷍。"㷍"是形声字，从土然声："土"为类旁，表示与土有关；"然"为声义旁，表声且燃烧义。"㷍"的本义为煅烧用的土料，即专为烧陶所抟和的黏土。

⑤埴。"埴"是形声字，从土直声："土"为类旁，表示与土有关；"直"为声义旁，表声且表直立向上义。"埴"便是制陶时将黏土拉伸向上，即俗语中的的拉坯，"㷍埴"犹言和泥拉坯。

⑥鑿。"鑿"(凿)是"𢻰"的本义转注字，"𢻰"则是"䇂"的增符会意，"䇂"字从辛从凵，外加上面表示击打的四个点，本义为木工用的凿子。在"䇂"的右边增添表示击打的"攴"，便创设出增符会意字"𢻰"，承继初文的凿子义。在"𢻰"下增添"金"旁，便创设出二次转注字"鑿"。"䇂、𢻰、鑿"为繁简不同的古今字。现今，人们又用"凿"为"鑿"的简化字。

⑦牖。"牖"是"甫"的本义转注字，"甫"字从户甫声，本义指像吊桥一般的门户（向外放下而开启）。在"甫"的左边增添"片"旁，便创设出转注字"牖"，承继初文的吊桥般门户义。引申后，又特指木板制作的中式窗户（可向上推开向外放下而开启的交窗）。

● 句读

卅楅同一毂，当其无，有车之用也。燃埴而为器，当其无，有埴器之用也。凿户牖，当其无，有室之用也。

译文：三十根辐条齐凑到一个车毂上，当它们（辐条和车毂）不独自存在时，便有了马车的使用。和泥拉坯制作器皿，当它们（黏泥）不存在时便有了陶器的使用。开凿窗洞，安装窗版，当它们（窗孔和窗板）不存在时，使有了屋室的使用。

故有之以为利，无之以为用。

译文：所以，有了独立物件时便有了利用之物，当没有了独立物件后，便有了可用之物。

零部件是可利用的，没有了零部件时，便呈现出整体物件的功用。这便是《老子》的"有、无"观，这便是《老子》的"利用"观。此节可参见《老子·德部四》："反也者，道之动也；弱也者，道之用也。天下之物生于有，有生于无。"参见《老子·德部四》："道冲而用之，有弗盈也"。

● 随感

对《老子》有无观的讨论，古往今来可谓热闹。由于没有把握住每个字的本义及它们在文句中的具体使用，更由于后人主观上潜藏着一种故意，即谁夸大，谁更形而上，谁便解读得更无错这么一条竞赛规则。因此，对《老子》"天下万物生于有，有生于无"以及"故有之以为利，无之以为用"的释解便成了众说纷纭之处。例如，陈鼓应先生将此章译为："三十根辐条汇集到一个毂当中，有了车毂中空的地方，才有车的作用。揉合陶土做成器具，有了器皿中空的地方，才有器皿的作用。开凿门窗建造房屋，有了门窗四壁才有房屋的作用。所以'有'给人便利，'无'发挥了它的作用。"

冯友兰说："《老子》所说的'道'，是'有'与'无'的统一，因此它虽然是以'无'为主，但是也不轻视'有'。它实在也很重视'有'，不过不把它放在第一位就是了。《老子》第二章说：'有无相生'。第十一章说：'三十辐共一毂，当其无，有车之用。埏埴以为器，当其无，有器之用。凿户牖以为室，当其无，有室之用。故有之以为利，无之以为用。'这一段话很巧妙地说明'有'和'无'的辩证关系。一个碗或茶杯中间是空的，可正是那个空的部分表示碗和茶杯的作用。房子里面是空的，所以才起了房子的作用，如果是实的，人怎么住进去呢？《老子》作出结论说：'有之以为利，无之以为用。'它把无用为主要的对立面。"（引自《老子哲学讨论集》第一一七页）。显而易见的是，陈说和冯说无法回答一个没有中空的物件，何以体现无，例如地球，例如一个馒头与一团面块。何况这一章的辞句没有"空"字及与"空"有关的文字，陈、冯二人何以杜撰出了一个"空"。

任继愈先生认为，"'无'这个概念具有'有'所不具备的实际存在，总称为无。无并非空无一物，它与'有'都具有总括分有的品格"，《老子》一书"对这个负概念给以特殊的名称，有时称之为'无'，因为它具有规律性，也称为'道'。无也是道，道也是无"。（引自《老子绎读》第六页）。任说不妥。道是一个先验存在物，所以道是一个有。道是无状、无象、无名的。所以，道又是一个无。无是无状、无象、无名的省略语。《老子·德部四》因此说："天下之物生出有，有生于无"。

《老子》的有无观是具象而有特定内涵的。天下万物生于有，只有天地生于无，即生于"无名"的道。读者可参见《老子·道部一》："无名，万物之始也；有名，万物之母也。"参见《道部七》"天地所以能长且久，以其不自生也，故能长生"。这一节"有之以为利，无之以为用。"则讲物的改变（老子举例之物均为人造物品），与"道（太一）生天地"及"道生一、一生二"的天地生成说毫无关系。

正如汉字"无"的构形来源一般。当一个人（大）手持松柏枝条围着篝火跳舞时，这便是"有"；当他把手中的松柏枝条抛到火堆中，化作一缕青烟时，这便是"無"。世上只有"有"变作了"無"，哪有什么无中生有！

从逻辑实证主义的角度讲，空泛的无中生有是毫无意义的诡辩。在《老子》的思绪中，只有作为无的道，生出了作为有的天和地！

帛书校勘本 道部十二	传世王弼本 十二章
五色①，使人目盲②；驰③骋④田⑤猎⑥，使人心发狂⑦；难得之货，使人行仿⑧。 五味⑨使人之口爽⑩，五音使人之耳聋⑪。 是以圣人之治也，为腹而不为目，故去罢而取此。	五色令人目盲；五音令人耳聋；五味令人口爽； 驰骋畋猎，令人心发狂；难得之货，令人行妨。 是以圣人为腹不为目，故去彼取此。

帛书译文

　　五种颜色晃动使人眼睛昏花看不见。驰骋畋猎使人情绪疯狂。难以获取的贵重物品，使路上行人（因逐利而）熙熙攘攘。
　　五种滋味齐备使人口中不爽快，五声音阶齐奏使人耳朵听不清楚。
　　所以圣人治理天下，只追求温饱而不纵情于色娱。因此，要弃除那个（为目）而择取这个（为腹）。

● 解字

①色。"色"与"危"为同源分化字，金文作"", 从厄从人，构意源自双手扼住一个人的脖子。"色"的词义由扼住脖子后的脸色变红变紫而来。"色"的本义为脸色，引申泛指颜色。五色指青、黄、朱、白、黑五种颜色。

②盲。"盲"是会意字，从亡从目："亡"表失去，"目"表眼睛。"盲"便是失去眼睛（珠）的人，引申指看不见。

③驰。"驰"是"池"的假借字。"池"为会意字，从水从氵，"池"的构意源自女人撒尿冲出一个坑（也为女阴的象形）。"驰"借"池"的形、音、义，以马置换本字的水，以新创设出的假借字"驰"，表示马从静止状态猛然奔跑起来。"驰"的本义为马的奔驰快跑。

④骋。"骋"是形声字，从马粤声："马"为类旁，表示与马匹有关；"粤"为声义旁，表声且表号角发声义。"骋"便是马像号角声一般飞快奔跑（声到马到）。"骋"是"驰骋"一词的词素，"驰骋"是双音节复合词。

⑤田。"田"是象形字，构形源自分划成块的田野。"田"的本义有二：一是畋猎时的划块包围，即畋猎，此义由转注后的"畋"字所承继；二是划块分别耕作的田地。

⑥獵。"獵"（猎）是会意字，从犬从巤："犬"表猎犬，"巤"表小型动物（鼠）的逃窜。"猎"的本义为畋猎，由猎犬追赶小动物引申出风中獵獵义。"田猎"是双音节复合词。

⑦狂。"狂"是会意字。金文作"𤝜"，从犬从坒："犬"为"狗"的象形；"坒"表王率领族众前行。"狂"的构意源自一群狗的奔跑。"狂"的本义为疯跑，引申后又有狂妄义。

⑧仿。"仿"是形声字，从人方声："方"为会意字，甲骨文作"𠂤"，从刀从穿通字根"冂"。"方"的本义为直对向前砍下，引申指前方方向。在"方"的左边增添"人"旁，便创设出形声字"仿"，表示人的直对前行。"行仿"一词犹言道路上直行向前，即为了逐利，路上行人熙熙攘攘。

⑨味。"味"是形声字，从口未声："口"为类旁，表示与人嘴有关；"未"为声义旁，表声且表未来义。"味"便是放入口中尔后才能得知的味道。"五味"即酸、甘、苦、辛、咸五种味觉。

⑩爽。"爽"是会意字，从大从双爻："大"为伸臂站立之人，"爻"为阻止字根。"爽"的构意源自不可挠抓人的腋窝。"爽"的本义有二：一是由抓挠胳肢窝而生发出的爽快义；二是由抓挠胳肢窝而生发出的不爽、不可义。"口爽"犹言口中感觉不爽快。轮番品味酸甘苦辛咸五味，或者把五味一次放入口中，自然给人不舒服的感觉。

⑪聋。"聋"（聾）是会意字，金文作"🔲"，从龙从耳："龙"表蟒蛇，"耳"表耳朵及听觉。"聋"的构意源自蛇类爬行动物既没有耳朵也没有听觉。"聋"的本义指耳朵听不到，引申指耳聋。

● 句读

五色，使人目盲；驰骋田猎，使人心发狂；难得之货，使人行仿。

译文：五种颜色晃动使人眼睛昏花看不见。驰骋畋猎使人情绪疯狂。难以获取的贵重物品，使路上行人（因逐利而）熙熙攘攘。

传世本"行仿"一词作"行妨"。陈鼓应译作"伤害操行"，整句对译为"稀有货品使人行为不轨"。

传世本显然要逊于帛书本。

五味使人之口爽，五音使人之耳聋。

译文：五种滋味齐备使人口中不爽快，五声音阶齐奏使人耳朵听不清楚。

上节有"五色使人目盲"，下节有"为腹而不为目"。从上下文的衔接来看，此节文句乃后人画蛇添足。如果《老子》最初原文一次性使用了"五色、五味、五音"这类五行词语，那么《老子》这一部分的作者便应在邹衍之后，或者在庄子之后（抄自《庄子》一书）。《庄子·天地》"且夫失性有五：一曰五色乱目，使目不明；二曰五声乱耳，使耳不聪；三曰五臭薰鼻，困惾中颡；四曰五味浊口，使口厉爽；五曰趣舍滑心，使心飞扬。此五者，皆生之害也。"况且，此节两句中各有一个多出的"之"字，句式与上节截然不同。

陈鼓应将"五味使人之口爽"译为"饮食厌饫会使人舌不知味"。对译得似乎过于轻薄。

是以圣人之治也，为腹而不为目，故去罢而取此。

译文：所以圣人治理天下，只追求温饱而不纵情于色娱。因此，要弃除那个（为目）而择取这个（为腹）。

此节"为腹而不为目"一句，后人解读颇丰：蒋锡昌说，"老子以腹代表一种简单清静之生活，以目代表一种巧伪多欲，其结果竟致目盲……耳聋……口爽……发狂……行妨之生活。明乎此，则为腹即为无欲之生活，不为目即不为多欲之生活"。

林语堂的英译本说"腹指内在自我（the inner self），目指外在自我或感觉世界"。

此节应与《老子·道部三》"是以圣人之治也，虚其心，实其腹"一节相互参证。乃是"虚其心，实其腹"的再次阐释。

● 随感

由"圣人之治"一句，可知此章仍是"道佑我王"诸多说项的进一步阐述。

《论语·子路》篇有："事不成，则礼乐不兴；礼乐不兴，则刑罚不中。"《论语·阳货》篇有："宰我问：'三年之丧，期已久矣。君子三年不礼，礼必坏；三年不乐，乐必崩。'"

《老子》这一章针对的是儒家所提倡的"礼乐御射"。可谓有感而发，有的之矢。

研读此节，可参证《老子·德部一》对儒学批判："失德而句仁，失仁而句义，失义而句礼。""前识者，道之华也，而愚之首也。"

帛书校勘本
道部十三

弄①辱若惊，贵大患②若身③。
何胃弄辱若惊？弄之为下也。得之若惊，失之若惊，是胃弄辱若惊。
何胃贵大患若身？吾所以有大患者，为吾有身也。及吾无身，有何患？
故贵为身于④为天下。若可以橐天下矣？爱以身为天下，女⑤可以寄⑥天下矣？

传世王弼本
十三章

宠辱若惊，贵大患若身。
何谓宠辱若惊？宠为下。得之若惊，失之若惊，是谓宠辱若惊。
何谓贵大患若身？吾所以有大患者，为吾有身，及吾无身，吾有何患？
故贵以身为天下，若可寄天下；爱以身为天下，若可托天下。

帛书译文

伺弄（手上）伤口如同受到大的惊吓，夸大忧虑如同身体受（到不治之）伤。

什么是"弄辱若惊"？伺弄伤口（自怜自爱）已是下等作为。因得到而心惊不安，失去时又心惊不安，这就叫作"弄辱若惊"。

什么叫作贵大患若身？我之所以有大患，因为我有身体（并珍爱身体），及至我没有身体（或不珍爱身体），还有什么忧患呢？

所以，（有人）夸张说爱惜身体是为了天下。此何以（心中）盛装（囊括）天下？爱惜并凭借身体是为天下，你为何凭此寄居于天之下。

● 解字
①弄。"弄"是会意字，金文作"弄"，上为穿通字根"壬"，下为双

手之形"収"。"弄"的构意源自两只手的手指互相穿插。"弄"的本义为把玩,引申指玩弄。

②患。"患"是形声字,从心串(毌)声:"心"为类旁,表示与心有关;"串"为声义旁,表声且表贯穿义(串、毌二字为同源分化字)。"患"便是贯穿于心久久不去的那种感觉。引申后,又有惧怕义。

③身。"身"是指事字,甲骨文作"",构意源自一个怀孕的女人。金文作"",在大肚女人的大腿根部增添一撇,以字素标注的方式,指示人的躯干。"身"的本义为人的躯干,即腿部以上、脖子以下除了四肢的部分。引申后,又泛指人的身体。"身"的古音读若chen,与"伸"同一音系。

④于。"于"是指事字,乃是在源自牛角号的"丁"上增添一撇,以字素标注的方式表示口发吁声并吹气(甲骨文有一款写作"",右旁乃肚腹鼓出之形)。"于"的本义为吹气而出,此义由转注后的吁字所承继。"于"则表示引申而出的由此及彼义,多用为虚词中的连词。

⑤女。"女"是象形字,甲骨文作"",构形源自双手交胸且跪踞的女子。"女"的本义为女人。由先秦时期的王权母系制引申出第二人称义,即你们(后来写作汝)。"女"在用作第二人称时读作ni,与"尔"(你)的读音相同。

⑥寄。"寄"是"倚"的假借字,"倚"则是"奇"的本义转注字。"倚"的本义为缺失一条腿的人依赖枴杖(或木腿),即倚仗。"寄"借"倚"的形、音、义,以"宀"置换本字的"人"旁,以创设出的假借字"寄",表示倚仗(寓居)他人屋室,即寄托。

● 句读

弄辱若惊，贵大患若身。

译文：伺弄（手上）伤口如同受到大的惊吓，夸大忧虑如同身体受（到不治之）伤。

帛书本与传世本一字之差："弄辱"与"宠辱"的释解已成天壤之差。"辱"在文中用为侮辱、羞辱，还是用为将自己的手腕割伤？此乃释解的关键。"贵大患"一词中的"大"应是"贵大"还是"大患"？在帛书本未面世时，学者们的解读自然是公说公有理，婆说婆有理。

"弄辱若惊，贵大患若身"乃是一句古语，《老子》称引而加以阐发。旧注囿于"宠辱"之说，妄忖《老子》原义，由此可见小学之大之根本也。

何谓弄辱若惊？弄之为下也。得之若惊，失之若惊，是胃弄辱若惊。

译文：什么是"弄辱若惊"？伺弄伤口（自怜自爱）已是下等作为。因得到而心惊不安，失去时又心惊不安，这就叫作"弄辱若惊"。

此节应是后人添加。原本是后人对前节文字的释读，后边的后人又将其掺入正文。

帛书甲、乙本均没有"宠为上，辱为下"一句，郭店竹简本也无。

《论语·述而》章云："子路曰：'子行三军则谁与？'子曰：'暴虎冯河而死无悔者，吾不与也；必也临事而惧好谋而成者也。'"孔子惜身，可作此节的注脚。《老子》认为，"人法地，地法天，天法道，道法自然"。人的生存和寿命都是"道"安排妥定的。一个人爱惜身体，珍爱自己是无法改变道（天命）的安排的，即死生由道，宠辱无惊。

此节是针对孔子而言的吗？

何胃贵大患若身？吾所以有大患者，为吾有身也。及吾无身，有何患？

译文：什么叫作贵大患若身？我之所以有大患，因为我有身体（珍爱身体），及至我没有身体（不珍爱身体），还有什么忧患呢？

此节同前节，应是后人添足。原本是讲解者的自我解答，后人的后人不识掺入正文之中。《老子》思脉，有"无为、无欲"以及无状、无象，此处又多出个"无身"。何以无身？没有源自自然的身体还有什么，还讲什么"为腹不为目"，讲什么"实其腹，虚其心"。

故贵为身于为天下，若可以橐天下矣?爱以身为天下，女可以寄天下矣?

译文：所以，（有人）夸张说爱惜身体是为了天下。如此何以（心中）盛装（囊括）天下？爱惜并凭借身体是为了天下，你为何凭此寄居于天之下。

传世本此节文句多有不同，帛书甲、乙本完全相同。《庄子·在宥篇》云："故贵以身於为天下，则可以托天下；爱以身於为天下，则可以寄天下。"可证帛书本的优胜。

文中两处"可以"均作何以讲。

注意："贵为身于为天下"的主角是显尊显贵的侯王们，与百姓无涉。

任法融先生讲解此节为："自以己身为尊贵，其心志趋攀于高贵名显之境者，犹若把自身寄给了天下；自以己身为重爱，其意念沉溺于名利地位之地者，等于将自身托付于天下。此两者皆不合道，非长久之计。"

此节可参见《德部十九》："故不可得而亲也，亦不可得而疏；不可得而利，亦不可得而害；不可得而贵，亦不可得而贱。故为天下贵。"

● 随感

此节应是老子有感而发，针对的是《礼记·哀公问》："孔子述言曰：'古之为政，爱人为大。不能爱人，不能有其身；不能有其身，不能安土；不能安土，不能乐天；不能乐天，不能成其身。'……公曰：'敢问何为成身？'孔子对曰：'不过乎物。'"

此章应与《老子·道部七》"是以圣人退其身而身先，外其身而身先，外其身而身存"相互参证。

此章应与《老子·德部七》"名与身孰亲？身与货孰多？得与亡孰病"相互参证。

《老子》之道处处以批判孔孟之道而自居。显而易见，《老子》一书应在《论语》和《孟子》之后。但为了证明《老子》学说更古更悠远，更具权威性，又有人编造出了孔子向老子问道的故事。中国的历史道统证实了顾颉刚先生的判定：新鬼大，旧鬼小。《老子》与孔子谁先谁后？也脱不开新鬼大、旧鬼小这一法则。

帛书校勘本
道部十四

视①之而弗见，命②之曰微；听③之而弗闻，命之曰希；捪④之而弗得，命之曰夷。

三者不可至计⑤，故捆⑥而为一。

一者，其上不谬⑦，其下不忽⑧。寻⑨寻呵不可命也，复归于无物。

是胃无状之状⑩，无物之象，是胃沕⑪望⑫。

隋而不见其后，迎而不见其首。

执今⑬之道⑭，以御⑮今之有，以知古⑯始，是胃道己⑰。

传世王弼本
十四章

视之不见，名曰夷；听之不闻，名曰希；搏之不得，名曰微。

此三者不可致诘，故混而为一。

其上不曒，其下不昧。绳绳不可名，复归于无物。

是谓无状之状，无物之象，是谓惚恍。

迎之不见其首，随之不见其后。

执古之道，以御今之有。能知古始，是谓道纪。

帛书译文

（道）视而不可见，命名曰隐微之微；听而不可闻，命名曰稀少之希；抚摸而不可获得，命名曰捆缚之夷。

这三者不可分开计数，所以捆束合并为太一（即混沌充满之壹）。

盈溢之（太）一啊，向上升扬不会漫无边际，向下降落不会入而不见；寻找啊！寻找啊！不可以命令它（走出来），反而复归于没有（物形）。

所以说（道）是无状之状，无物象的象，这就是忽然顿悟（出的道）。

跟随其后不见它的后背，相迎而遇不见它的面首（头脸）。

挚拿现今之"道"，凭此驾驭现今的所有，凭此知晓远古的开始，这就叫作（道的）捆束为一（即太一）。

● 解字

①视。"视"为形声字,从见示声:"见"为类旁,表示与观看有关;"示"为声义旁,表声且表祭祀义。"视"便是祭祀时对祖先神灵的专注观望,即以目注视。

②命。"命"是"令"的本义转注字。"令"是会意字,甲骨文作"会",从卩从倒口,构意源自对跪跽之人发号施令。在"令"的左下方增添口,便创设出转注字"命",承继初文的发号施令义。

③听。"听"(聽)是聼的本义转注字。"聼"为会意字,金文作"𦔻",构意源自一个人跑来大声呼喊众人。"聼"的本义为让他人听到。在初文的左下方增添"壬"字,便创设出转注字"聽",承继初文的本义。

④捪。"捪"是形声字,从手昏声:"手"为类旁,表示与手的动作有关;"昏"为声义旁,表声且表太阳落下义。"捪"便是用手按压使之平展。《说文》释为:"捪,抚也,一曰摹也。"

⑤计。"计"(計)是会意字,从言从十,构意源自口中计数时每十个为一个整体单位,即一五一十地计数。"计"的本义为计数。

⑥囷。"囷"是"束"的增符会意字。"束"为象形字,甲骨文作"𣎵",构形源自两边扎口的棍囊。"束"的本义为扎束、束缚,在"束"字外框再增添一个"囗",强调"束"的多个物品捆扎为一义。"囷"的本义为捆束到一起。

⑦谬。"谬"(謬)是形声字,从言翏声:"言"为类旁,表示与话语有关;"翏"为声义旁,表声且表鸟禽扑扇翅膀义。"谬"的本义为说话不着边际,即一说便说到边际以外。引申泛指谬误、差错。"其上不谬"犹言向上升扬但不会漫无边际。

⑧忽。"忽"是形声字，从心勿声："心"为类旁，表示与心有关；"勿"为声义旁，表声且表刀的捅进拔出义。"忽"便是心跳的忽上忽下。"其下不忽"，犹言向下捅入不会入而不见。

⑨寻。"寻"（尋）为会意字，甲骨文作"𠂇"，构意源自伸展双臂丈量长度。金文作"𡬧"，上为又下为寸，中间是表示穿通的工和表示回旋的口。"寻"的本义为丈量长度（古代一寻为八尺，约合160厘米—168厘米）。引申后又有寻找、寻觅义。

⑩狀。"狀"是会意字，从爿从犬："爿"表木板立起，"犬"为狗的象形。"狀"便是狗将前腿立起，拟似人的两腿站立。"狀"的本义为状态，引申指形状。

⑪汹。"汹"是会意字，从水从勿。"勿"字甲骨文作"𠃓"，从刀从八，构意源自刀的两边舞动。在"刀"的左边增添表示血液流淌的"水"，表示捅入再拔刀而出时的血液忽然喷出义。

⑫朢。"朢"（望）是会意字，金文作"𦣠"，从臣从月从壬：臣表向上观看的眼睛；月表月亮，壬为站立在土堆上的人。"朢"的本义为观看月亮，引申指向远处观望。"朢"在篆隶变革期间，因音形变为"望"。"汹朢"犹言猛然之间看到（领悟）。

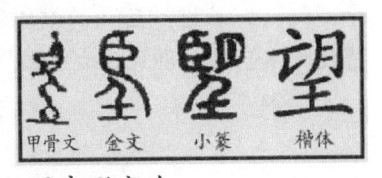

⑬今。"今"为指事字，甲骨文作"𠄎"。乃是在倒口"△"的下面增添一横，表示呻吟之声由此而出（今与曰互为镜像反射）。"今"的本义为呻吟，此义由转注而出的"吟"字所承继，"今"则表示引申而出的即时义，即现今。

⑭道。"道"是会意字，金文作"𩌥"，从彳从止从首，构意源自西周时期修筑的

259

从宗周镐京通往成周洛阳的周道。"道"的本义为对面可见他人面目的直通大道。"道"与"路"的区别在于："路"指由足走出来的小路，"道"为人工修筑的大道。在《老子》一书中，"道"为第一范畴，特指天地二者的母体，又指为圣人（得道明君）先验设定的必然运行之路。

⑮御。"御"是会意字，金文作"𧘲"，从彳从午从卩："彳"表道路上行走，"午"以脐带之形表示缰绳，"卩"乃跪跽之人的象形，整体字形构意源自车夫驾车而行。"御"的本义为驾驶马车，即驾驭。"御"的发声源自让马驻足时的命令语。

⑯古。"古"是会意字，从口从直出字根十："古"的构意源自从口中直说而出。古人不说谎言，凡说出的事皆为过去已发生过的事，由此引申出古代义，"古"的本义由转注后的"詁"字所承继。

⑰纪。"纪"（紀）是"己"的本义转注字。"己"为象形字，甲骨文作"己"，构形源自捆缚缠绕的绳索。由于初文用作商代十大氏族的名称及天干用字，遂在"己"的左边增添"糸"旁，以创设出的转注字"纪"，承继"己"的捆缚缠绕义。引申后，又有捆缚使之不动义，即纪律之"纪"。

● 句读

视之而弗见，命之曰微；听之而弗闻，命之曰希；捪之而弗得，命之曰夷。三者不可至计。故困而为一。

译文：（道）视而不可见，命名曰隐微之微；听而不可闻，命名曰稀少之希；抚摸而不可获得，命名曰平滑之夷。这三者不可分开计数，所以捆束合并为太一（即混沌充满之意）。

此节阐述《老子》对"道"的感性认识：视而不可见，听而不可闻，摸而不可得。此节可参考《老子·道部一》："道，可道也，非恒道也；名，可名也，非恒名也……"《老子·道部二十一》"道之物，唯朢唯汹，汹呵，朢呵，中又象呵；朢呵，汹呵，中有物呵"，参证《老子·道部四》"湛呵！似或存，在帝之先"。"渊呵！似万物之宗"。

《老子》一书中的"道"是一种先验的感悟之物。第一，不能用逻辑推导或追溯而出；第二，不能用任何物体和现象给予实证。所以，《老子》的"道"不具备科学真理价值。就像今天有人说，在宇宙之外还有一个更大的宙宇，这个宙宇在137亿光年之先，在宇宙之外，你永远也看不见……

注意，此处的"一"，乃是"太一"词的截头句。道就是太一，太一就是道。一个是其名，一个是其字。读者可参见《老子·德部二》："昔之得一者，天得一……"。

一者，其上不谬，其下不忽。寻寻呵不可命也，复归于无物。

译文：盈溢之（太）一啊，向上升扬不会漫无边际，向下降落不会入而不见。寻找啊！寻找啊！不可以命令它（走出来），反而复归于没有（物形）。

是胃无状之状，无物之象，是胃汹朢。

译文：所以说（道）是无状之状，无物象的象，这就是忽然顿悟（出的道）。

隋而不见其后，迎而不见其首。执今之道，以御今之有，以知古始，是胃道己。

译文：跟随其后不见它的后背，相迎而遇不见它的面首（头脸）。挚拿现今之"道"，凭此驾驭现今的所有，凭此知晓远古的开始。这就叫作（道的）捆束为一（即太一）。

此节可参见《老子·道部二十五》："有物昆成，先天地生。萧呵，漻呵，独立而不孩。"

● 随感

本篇是老子对"道"的描述。道，在老子的视域中是既存在而又不可揣摩的。它似有若无，若无却在。人们看不到它的形状，摸不到它的实体，听不到它的声音，跟在其后而不知，相遇而不见。这正说明道是一个先验存在，是老子感悟而出的一个玩意，是一个信仰中的道。在《老子》看来，尽管"道"这个玩意不可证明它的存在，但仍可以"挚今之道，以御今之有，以知古始"。

这一章似乎是在解释"道"何以又称之为"太一"。因为视听不到，又无法触摸，因为无状无象无名，只好捆束起来，笼统称之为太一。《吕氏春秋》因而说："道也者，至精也，不可为形，不可为名，强为之名，谓之太一"。

《老子》的"道"有三要素：一是无象无状无名；二是最为原始，可为天地之母；三是在天帝之……《老子》之道就是太一，乃是一个信仰之物。围绕这三点，20世纪后半段的中国哲学家，开始了对《老子》之"道"是唯物主义，还是唯心主义的大争辩。最后的结果，大家可想而知：谁也不能否定对方，更不可能确证己方。

帛书校勘本
道部十五

古之善为道者，微眇玄达，深不可志。夫唯不可志①，故强为之容。曰：

与②呵，其若冬涉水；犹③呵，其若畏四夐④；严⑤呵，其若客；涣⑥呵，其若凌⑦泽⑧；沌⑨呵，其若朴；湷⑩呵，其若浊⑪；泚⑫呵，其若浴。

浊而静之，徐⑬清。女以重之，徐生。

葆此道不欲盈。夫唯不欲盈，是以能斃⑭而不成。

传世王弼本
十五章

古之善为道者，微妙玄通，深不可识。夫唯不可识，故强为之容：

豫兮若冬涉川；犹兮若畏四邻；俨兮其若容；涣兮若冰之将释；敦兮其若朴；旷兮其若谷；混兮其若浊。

孰能浊以静之徐清？孰能安以久动之徐生？

保此道者，不欲盈。夫唯不盈，故能蔽不新成。

帛书译文

古时候善于效仿道的人，精微深远而玄通四达，深沉而不可辨识。因为这是不可辨识的。所以，勉强为他们（仿效道者）描述容貌。曰：

手拉手（小心谨慎）啊，如同冬天踏冰过河；醉犬直行（不理会召唤）啊，如同畏惧四邻；恭敬严肃啊，出行如同宾客；涣散啊，如同湖泊中冰块的解冻；纯朴啊，如同刚刚裂解出的木板；浑浊啊，如同春天融冰后四淌的水流；汹涌粗壮啊，如同峪水奔流。

将混浊之水静置，会慢慢地清澈。你将此种下，会慢慢地长出。

保有此道者不欲求盈余。正因为不欲求盈余，所以能够遮护（为道者）而彰显成就。

● 解字

①志。"志"是会意字,金文作"🉐",从止从心,构意为奔向远方的心愿。"志"的本义是心中愿望。引申后,又有标志义,此义由后造形声字"誌"字所承继。

②與。"與"(与)是会意字,金文作"🉐",从臼从廾从与,构意源自两人四只手编连成井字型(抬举他人),"与"的本义由转注后的"举"字所承继,与则表示引申而出的相与义。

③猶。"猶"(犹)是会意字,金文作"🉐",从犬从酋,构意源自狗吃酒糟醉后不听指挥(猶、猷二字为同源分化字)。"猶"的本义为依然如此。此节的"猶"字和"與"字同现今的"犹豫"一词。

④吝(㗊)。"吝"是会意字,金文作"🉐",从文从口(帛书吝字从文从双口):"文"为母牛生殖器,"口"表母牛肛门。"吝"的本义有二:一是由母牛生殖器不再发情(如同肛门只排泄)生发出的吝啬及杀掉可惜义。二是由母牛生殖器与肛门的共处生发出的相邻义。"四吝(㗊)"犹言四邻。

⑤严。"严"(嚴)是会意字,金文作"🉐",构意源自击打使之嚎哭的孩子,"严"的本义为严厉。

⑥涣。"涣"(渙)是形声字,从水奂声:"水"为类旁,表示与水流有关;"奂"为声义旁,表声且表应声而出义。"涣"便是水的喷射而出,引申泛指涣散。

⑦凌(淩)。"凌"是"陵"的假借字。"陵"为会意字,构意源自砍掉一只脚后倚仗一只木腿行走的人。"凌"借"陵"的形、音、义,以"冫"置换分化而出的"阝"旁,表示向下垂挂的冰凌。又指融冰化水,沿冰凌滴下。

⑧泽。"泽"（澤）为形声字，从水睪声："水"为类旁，表示与水有关；"睪"为声义旁，表声且表捉拿义。"泽"便是被围堵而没有出口的水泊，即池泽。

⑨沌。"沌"是"纯"的假借字。"纯"字从糸屯声，构意源自一根从头至尾的蚕丝（长度约500米）。纯的本义为纯粹。"沌"借"纯"的形、音、义，以"水"置换本字的"糸"，以新创设的"沌"字表示纯净之水。引申泛指纯净。

⑩渹。"渹"是"蠢"的假借字。"蠢"字从䖝春声，本义指春天苏醒后四处爬动的虫子。"渹"借"蠢"的形、音、义，以"水"置换本字的"䖝"旁，表示春天到来由冰雪融化而流淌向下的混水。"渹"与"混"音近义通。

⑪浊。"浊"（濁）是会意字，从水从蜀，构意源自拍打毛毛虫后从虫子身上流出的绿水。"濁"的本义为毛毛虫身上挤出来的绿水。引申泛指混浊。

⑫洴。"洴"是形声字，从水莊声："水"为类旁，表示与水有关；"莊"为声义旁，表声且草木粗壮义。"洴"的本义为水流越来越大。

⑬徐。"徐"是会意字，从彳从余："彳"表道路，"余"表雨伞，构意源自下雨时持伞者在路上的缓步行走。"徐"的本义为缓步而行，引申泛指徐缓，犹言慢慢地。

| 甲骨文 | 金文 | 小篆 | 楷体 |

⑭褩。"褩"是"敝"的本义转注字。"敝"为会意字，甲骨文作"𣃔"，构意源自击打物品上覆盖的布帛上的灰尘，引申泛指遮蔽。在"敝"的下部增添"衣"旁，便创设出转注字"褩"，承继初文的以衣遮蔽身体义。褩与蔽互为异构体。

| 甲骨文 | 小篆 | 楷体 |

● 句读

古之善为道者，微眇玄达，深不可志。

译文：古时候善于效仿道的人，精微深远而玄通四达，深沉而不可辨识。

老子多处讲"无为"，即不去仿效他人他物，唯有此处讲"为道"，即"效仿道"。也就是说，唯有道可效仿，其他（包括仁、义、礼）皆不可仿效。

夫唯不可志，故强为之容。曰：与呵，其若冬涉水；犹呵，其若畏四叟。严呵，其若客；涣呵，其若凌泽；沌呵，其若朴；湷呵，其若浊；滰呵，其若浴。

译文：因为这是不可辨识的。所以，勉强为他们（仿效道者）描述容貌，曰：手拉手（小心谨慎）啊，如同冬天踏冰过河；醉犬直行（不理会召唤）啊，如同畏惧四邻；恭敬严肃啊，出行如同宾客；涣散啊，如同湖泊中冰块的解冻；纯朴啊，如同刚刚裂解出的木板；浑浊啊，如同春天融冰后四淌的水流；汹涌粗壮啊，如同峪水奔流。

此节用具象场景来比喻学道之艰难以及为道者的行为举止。

浊而静之，徐清。女以重之，徐生。

译文：混浊之水静置，会慢慢地清澈。你将此种下，会慢慢地长出。

葆此道者不欲盈。夫唯不欲盈，是以能斃而不成。

译文：保有此道者不欲求盈余。正因为不欲求盈余，所以能够遮护（为道者）而彰显成就。

此处"不成"应是"丕成"，即彰显成效。类同《德部一》"不德"，《德部十八》"不道"，《德部十五》"不棘"。

"是以能斃而不成"一句，传世本作"能蔽不新成"，词义已经大相径庭。原因在于后来学者不识"不、丕"二字的由来。

《老子》其他章节中有"不德、不道、不棘"，此处又有"不成"。四个"不"字均为"丕"字的简省，应译作"彰显而出"。

任继愈先生依据传世本，将此句译成："正因为不求满盈，看似保守，却不断取得成功。"似为不妥。

陈鼓应先生将此节译为："保持这些道理的人，不肯自满。只因他不自满，所以能去故更新。"如此译法，已离原文太远了。

● 随感

老子将学道的微眇玄达，用生活中的可感现象加以比附——冬涉水，畏四邻，其若客，沌若朴，湉若浊，泩若浴。六种现象的排比，皆在用可感形象说明"葆此道者不欲盈""是以能斃而不成"。

阅读此节可参见《德部三十二》："我恒有三琛。市而琛之：一曰兹，二曰检，三曰不敢为天下先。"为道者呈现出的是容貌肃穆，内心收敛，行为保守，故有上述六种现象。

帛书校勘本
道部十六

至虚极①也，守静督②也。万物旁③作，吾以观其复也。

天物秡④秡，各复归于其根。归根曰静，静是胃复命。复命常也，知常明也。不知常芒，芒⑤作凶⑥。

知常容，容乃公⑦；公乃王，王乃天；天乃道，道乃久。没身不殆。

传世王弼本
十六章

致虚极，守静笃。万物并作，吾以观复。

夫物芸芸，各复归其根。归根曰静，静曰复命。复命曰常，知常曰明。不知常，妄作凶。

知常容，容乃公，公乃王，王乃天，天乃道，道乃久。没身不殆。

帛书译文

至达虚无的顶点，恪守清静和审视。万物在周边生长，我将观看它们（万物）的往复循环（生死）。

天下万物来来往往，各自回返到自己（生长而出）的根部，这就叫作归返天命。归返天命应是常规，知晓常规便会明白（道）。不知晓常规，锋芒外露（便会）乍现出凶险。

知晓常规下的包容，包容才能公正。公正才能为王，为王便是遵循天命。天命便是道，（执）道才能长久。（道）沉没隐藏但不会（寻找）不见。

● 解字

①極。"極"（极）是"亟"的本义转注字。"亟"为会意字，甲骨文作"𠄟"，从人从两极字根"二"，构意源自人长高时的极限，即到达一定高度后不再长高。金文作"亟"，增添表示双手挥舞一圈的"口"和抓拿的"又"。"亟"的本义为极限。在"亟"的左边增添表

甲骨文	金文	小篆	楷体

示支撑的"木",便创设出转注字"极",承继初文的极限,即极点义。

②督。"督"是形声字,从目叔声:"目"为类旁,表示与眼睛有关;"叔"为声义旁,表声且表傲落义(即一下一下地用手指指点)。"督"的本义为用目光不断地监视,即监督。文中用为审视。

③旁。"旁"为会意字,金文作"㝵",从凡从方,构意源自屁味的四散开来。"旁"的本义指中心以外的四周(旁的发声也来自屁声)。

④纭。"纭"是"魂"的假借字。"魂"字从鬼云声,本义指灵魂像云彩一般离去并飘散。"纭"借"魂"的形、音、义,以示置换本字的"鬼"旁,表示祭祀时魂魄的纷纷归来及离去。"纭纭"犹言纷纷来去(今作纷纭)。

⑤芒。"芒"是形声字,从艸亡声:"艸"为类旁,表示与草本植物有关;"亡"为声义旁,表声且表看不见的毛刺义。"芒"便是草本植物茎叶上的尖刺,即芒刺。

⑥凶。"凶"是会意字,金文作"㐫",从凵从×:"凵"为坎陷的象形,"×"表覆盖。构意源自有覆盖物遮盖的陷阱。"凶"的本义为凶险之地,引申泛指险恶。凶与吉互为反义词。

⑦公。"公"是会意字,甲骨文作"㕣",从八从表示铜锭的口。"公"的构意源自切分铜锭,因而有公开义,有公正义,又有公共义。"容乃公"犹言容纳应该公正公开。

● 句读

至虚极也,守静督也。万物旁作,吾以观其复也。

译文:至达虚无的顶点,恪守清静和审视。万物在周边生长,我将观看它们(万物)的往复(生死)循环。

天物祮祮，各复归于其根。归根曰静，静是胃复命。复命常也，知常明也。不知常芒，芒作凶。

译文：天下万物来来往往，各自回返到自己（生长而出）的根部，这就叫作归返天命。归返天命应是常规，知晓常规便会明白（道）。不知晓常规，锋芒外露（便会）乍现出凶险。

《老子》此节重点在言说"归根""复命"，由此才能"至达虚极""没身不殆"。

本节有四个"复"字：观其复，复归于根，复命（复命用了两次）。"复命"犹言复归天命，此乃周人的天帝、天命观，由西周青铜器铭文中的"上天有命"一语升华而来。

"不知常芒，芒作凶"疑为后人续貂。这是在正面叙述中加进一段反面词语。

知常容，容乃公；公乃王，王乃天；天乃道，道乃久。没身不殆。

译文：知晓常规下的包容，包容才能公正。公正才能为王，为王便是遵循天命。天命便是道，（执）道才能长久。（道）沉没隐藏但不会（寻找）不见。

此节可参证《老子·道部二十五》："道大，天大，地大，王亦大。国中有四大，而王居其一焉。"

"没身不殆"又见《老子·德部十五》："既知其子，复守其母，没身不殆。"为何两处各有一句"没身不殆"？此处"没身不殆"是缀文吗？

● 随感

孔子曾云"五十而知天命"。孔子的天命，董仲舒解读为"命者，天之所生命生人也"。《老子》的天命则是"道"的"复命"，即一切复归于天道。因为有了"归根曰静，静是胃复命"，故有"知常容，容乃公；公乃王，王乃天；天乃道，道乃久"的排比而下。

老子的"复命常也"又见于道部三十章："物壮而老，胃之不（丕）道，不（丕）道蚤已"。也就是说，天下万物来来往往，各自都要归返到自己生长而出的根部。彰显出来的天命（道）早已存在了。

天命就是道，道就是天命。所以"天法道、道法自然"。

帛书校勘本	传世王弼本
道部十七	十七章

帛书校勘本　道部十七

大①上，下知有之；其次，亲誉②之；其次，畏之；其下，母之。
信不足，安有不信。
犹呵！其贵言也。
成功遂事，而百姓胃我自然。

传世王弼本　十七章

太上，不知有之；其次，亲而誉之；其次，畏之；其次，侮之。
信不足焉，有不信焉。
悠兮，其贵言。
功成事遂，百姓皆谓：我自然。

帛书译文

最上边的统治者，下边（民众）知晓有他。次一级（的统治者），百姓亲近并赞誉他。再次一级（的统治者）百姓畏惧他。最下边（的小官吏）百姓常常侮辱他。

（统治者）诚信不足，于是我们有了不信任。一直如此啊！统治者们（应该）贵重自己的言语。

事情成功完毕后，百姓说我们（为政者）顺其自然。

● 解字

①大。"大"是象形字，甲骨文作"🧍"，构形源自两合氏族互婚制时期，由对方氏族走来的成年男子。"大"的本义为成年男性，"大"的发声来自成年男性走来时的脚步声。引申后，泛指大小的大，又由此引申出最大义（后人增符作太，音变为tài）。"大上"，犹言最最大。在此指最高统治者。

②誉。"誉"（譽）是形声字，从言舁声："言"为类旁，表示与话语有关；"舁"为声义旁，表声且表抬举义。"誉"便是用话语抬举他人，引申泛指誉论，又有声誉义。"亲誉之"犹言亲近并赞誉他。

● 句读

大上，下知有之；其次，亲誉之；其次，畏之；其下，母之。

译文。最上边的统治者，下边（民众）知晓有他。次一级（的统治者），百姓亲近并赞誉他。再次一级（的统治者），百姓畏惧他。最下边（的小吏），百姓常常侮辱他。

此节省略"有之、亲誉之、畏之、母之"的主语和宾语，即作为主语的"百姓"，以及作为前置宾语的"我"，即统治阶层。也就是说，这一章的第一节与最后一节（成功遂事，而百姓胃我自然）浑然一体。

这一节翻成白话则是：最上层的侯王，百姓知道他；次一层的宰相或总理，百姓亲近赞誉他；再次一级的郡县长官，百姓害怕他们，即通常所说的灭门知县；最下边的小官小吏，百姓侮辱他。

傅佩荣依据传世本将此节译作："最好的统治者，人们不知道有他的存在；次一等的，人民亲近他，并且称赞他；再次一等的，人民害怕他；更次一等的，人民轻侮他。"可备为一说。

帛书本与传世本此节有差别，一个是"大上，下知有之"。一个是"太上，不知有之"。显而易见，传世本的曲解错讹源自后人的传抄。

信不足，安有不信。犹呵！其贵言也。

译文：（统治者）诚信不足，于是我们有了不信任。一直如此啊！统治者们应贵重自己的言语。

此节旨在阐述，在上的统治者应该言而有信，发号施令要少要慎重。一旦说出，一定要遵守诺言，即"贵言"。河上公注曰："君信不足于下，下则应之以不信而欺君也。"

此处"安有不信"句式同《道部十八》"安有仁义、安有大伪、安有孝兹、安有贞臣"。

成功遂事，而百姓胃我自然。

译文：事情成功完毕后，百姓说我们（为政者）顺其自然。

此处"我"即第一节的前置宾语。"百姓"乃第一节的主语。

《论衡·寒温篇》："夫天道自然，自然无为。"帛书《老子·道部二十五》："人法地，地法天，天法道，道法自然。"自然即自然而然，犹言自由自在，自作自为。此节的言外之意是说，凡事之成功，都非刻意"为之"所为,而是自然天成。此处的"遂事",即事遂,指侯王之国的长生久存。

● 随感

本章分为三节,三节互不相关。

第一节讲从古到今都存在的一种政治现实:百姓感受最深的是基层官吏,最瞧不上眼的也是基层官吏。

第二节似乎应归入下一章,与"智慧出,安有大伪"等句式相提并论。何以错文在此?

第三节突兀而出,上下文意不关连。应该挪在下一章的最后,作为《道部十八》的结语。

帛书校勘本	传世王弼本
道部十八	十八章

| 故大道废①，安有仁义；知慧②出，安有大伪③；六亲不和，安有孝兹；国家④阋⑤乱，安有贞⑥臣。 | 大道废，有仁义；智慧出，有大伪；六亲不和，有孝慈；国家昏乱，有忠臣。 |

帛书译文

> 大道废弃，于是（我们）有了对仁义的追求；智慧显现，于是有了虚伪效仿；六亲不和，于是有了孝顺和慈爱；国家昏乱，于是有了讲真话的谏臣。

● 解字

①废。"废"（廢）是会意字，从厂从發："厂"为反转字根，發表标枪投掷而出。"废"的构意源自标枪没有击中目标（落在地上）。"废"的本义为作废，引申指废弃。

②慧。"慧"是形声字，从心彗声："心"为类旁，表示与心思有关；"彗"为声义旁，表声且表扫帚清扫义。"慧"便是内心澄清。"知慧"为双音节复合词，现今作"智慧"。

③伪。"伪"是形声字，从人为声："人"为类旁，表示与人有关；"为"是声义旁，表声且表仿效义。"伪"便是仿效他人的言行，即伪装。引申后，又有虚伪、伪善义。

④家。"家"是会意字，甲骨文作"𧱏"，从宀从表示公猪的豕，构意源自王权母系制时期，走婚男子晚上前往欲住宿的女人居屋。"家"的

本义为接待走婚男子的女人居屋。引申后泛指家庭。

⑤闵。"闵"是形声字,从心问声:心为类旁,表示与心思有关。"问"为声义旁,表声且表询问义。"闵"便是质问、怀疑自己的想法。"闵"的本义为心思昏乱。闵乱即紊乱。

⑥贞。"贞"(貞)是会意字。甲骨文作"貞",上为卜卦的"卜",下为龟甲的象形描摹。"贞"的本义为卜问吉凶。引申后,又有实话实说义。"贞臣"犹言说真话而不说假话的臣子,即直言谏臣。

● 句读

故大道废,安有仁义;知慧出,安有大伪;六亲不和,安有孝兹;国家闵乱,安有贞臣。

译文:大道废弃,于是(我们)有了对仁义的追求;智慧显现,于是(我们)有了虚伪效仿;六亲不和,于是(我们)有了孝顺和慈爱;国家昏乱,于是(我们)有了说真话的谏臣。

帛书本比传世本多出一个"安"字。该如何读?老子是在批判社会现实,还是在批判儒学的仁义和孝慈?

此章紧承前一章,故有"安有"句的相同句式。传世本删掉此章"安"字,源自后学不知"安"字的多项词义。

● 随感

先秦诸子一致认为,自己生活在乱世。至于世道为什么乱,大家看法不一。孔子认为是大家都不讲"周礼",统治阶级失去了仁爱之心。《老子》则与之观点不同。国家如此昏乱不堪,乃是"大道"废弛的结果,是缺少明道侯王的结果,是"为学者日益"的结果,六亲不和是鼓吹礼仪(孝慈)的结果。在《老子》所幻想的无知、无欲、无为的"小国寡民"社会中,自然不会出现这些反常现象。

究其原因,大道废、智慧出、六亲不和、国家闵乱都是因为孔孟儒学的鼓吹和有所作为。所以,便有了下一章的"绝圣弃知、绝仁弃义、绝巧弃利",这才有了"民复孝慈,盗贼无有"。

帛书校勘本 道部十九	传世王弼本 十九章
绝聖弃知，而民利百倍；绝仁弃义，而民复孝兹；绝巧弃利，盗贼无有。 此三言也，以为文①未足，故令之有所②属③：见素④抱朴，少私而寡欲，绝学无忧。	绝圣弃智，民利百倍；绝仁弃义，民复孝慈；绝巧弃利，盗贼无有。 此三者以为文不足。故令有所属：见素抱朴，少思寡欲。

帛书译文

> 弃绝（不用）圣贤抛弃智慧，民众利益增加一百倍；断绝（不用）仁爱抛弃礼仪，民众重新找回孝慈；断绝技巧抛弃锐利（的工具），盗贼才能消除。
>
> 以上三句话，凭借它们作为文字（格言）未能足备（完整）。所以，颁布下列三条使之有所从属：
>
> 显现并热爱素朴，少一些私心和欲望，断绝学习（使之）没有忧虑。

● 解字

①文。"文"是象形字，甲骨文作"𐅀"，构形源自母畜（牛）发情时的生殖器（文与闻同一音系）。"文"的本义为发情时的母畜（牛）生殖器（可用为吝、产、紊等字的构字符号）。由母牛生殖器发情时的变色及流出黏液，引申出纹路及文彩义。又由纹路引申出文字义。

②所。"所"是会意字，从匹从斤："匹"表一块石头断分为二，斤表斧斤。"所"的构意源自将一物断分为两半以为双方凭据。"所"的本义为之所以（要这

样做）。由手持凭据经过关卡验查，引申出过所义。"有所属"犹言有匹配归属。

③属。"属"是形声字，从尾蜀声：尾为类旁，表示与动物尾巴有关；"蜀"为声义旁，表声且表尺蠖类毛毛虫义。"属"便是由尾巴形态划分动物或虫子的类属。

④素。"素"是会意字，金文作"𤔔"，构意源自从蚕茧上缫出的蚕丝。"素"的本义有二：一是由未经染色生发出的白素义。二是由一直都是这样缫丝生发出的平素义。"见素"即显现出素朴。"见素抱朴"犹言显现素朴，不作修饰。

● 句读

绝圣弃知，而民利百倍；绝仁弃义，而民复孝兹；绝巧弃利，盗贼无有。

译文：弃绝（不用）圣贤抛弃智慧，民众利益增加一百倍；断绝（不用）仁爱抛弃礼仪，民众重新找回孝慈；断绝技巧抛弃锐利（的工具），盗贼才能消除。

这三句话形成梯级差度，含有退而求次的意味。乃是对前章"大道废，安有仁义；智慧出，安有大伪；六亲不和，安有孝兹；国家阇乱，安有贞臣"的解答。

此节文中的"绝"字，按字面意义上讲，应是断绝。但从文义上讲，可译为"不用"。

此节有两个"利"字。绝巧弃利中的"利"应释解为锐利的工具。不可皮相地识读为利益之利。奇巧淫技与锐利工具才能匹配，因为它们会产生投机取巧、少劳多得或不劳而得的结果，故有盗贼出没。陈鼓应先生将此句译作："抛弃巧诈和货利，盗贼就自然会消失。"

此三言也，以为文未足，故令之有所属：

译文：以上三句话，凭借它们作为文字（格言）未能足备（完整）。所以，颁布下列三条使之有所从属：

"以为文未足"中的"未足"与"不足"不同。此处之"未"类同未央宫之未，同后章"其未央哉"。

陈鼓应将此节译作："这三者全是巧饰的，不足以治理天下，所以要使人有所归属。"此译显然不妥。文与巧饰无关，"文未足"不是"不足以治理天下"。

见素抱朴，少私而寡欲，绝学无忧。

译文：显现并热爱素朴，少一些私心和欲望，弃绝学习（使之）没有忧虑。

此三句与上节三条互相对应：见素抱朴对应的是绝巧弃利；少私而寡欲对应的是绝仁弃义；绝学无忧对应的是绝圣弃知。

《老子》一书多有成对出现的文句（古人称之为骈句）。一为正面述说论断，一为反面述说结果，如本章和前面十八章，还有《道部》二十二和二十三章等。

传世本将"绝学无忧"一句划归二十章之首，显系错误。近人高亨已从章句说予以驳斥："绝学无忧与见素抱朴、少私寡欲句法相同。若置在下章，为一孤立无依之句，其说一也。'足''属''朴''忧'为韵，若置下章，与韵不谐，其说二也。'见素抱朴，少私寡欲，绝学无忧'文意一贯，若置在下章，则与文意互不相关。其说三也。（汉人）'老子'分章多有乖戾，决非原书之旧。"

● 随感

如果今天有人倡导废除教育，消灭文化，弃绝仁爱。你会认为这个人是疯子吗？两千年前的老子，提出"绝圣弃智，绝学无忧"，提出"虚其心，实其腹"的小国寡民构想，提出"圣人不仁，天道无亲"等反（智化）文明、反进步、反仁爱的口号。时人是否将他当作疯子？答案显然是否定的。那么，我们要问，为什么人们不把老子当成疯子反而当作圣人？是《老子》一书真有实用价值，还是我们这个民族有嗜痂之癖。《老子》之流究竟是国之德，还是国之贼？

如果《老子》是在创建一个宗教，一个与当时社会巧妙对立的宗教系统，此番说法又有何不可？

如果《老子》是在教导君王们如何统治封建专制王国。如此讲来，何以没有价值。

帛书校勘本
道部二十

唯①与呵②,其相去几何?美与亚,其相去何若?人之所畏,亦不可以不畏人。

朢呵,其未③央才④!众人巸⑤巸,若乡于大牢⑥,而春登台。

我博焉未垗⑦;若婴儿未咳⑧。纍⑨呵,似无所归。

众人皆又余⑩,我独遗。我愚人之心也!湷湷呵。

鬻⑪人昭昭⑫,我独若閟呵。鬻人察察,我独閩⑬閩呵。

沕呵,其若海。朢呵,若无所止。

众人皆有以,我独顽⑭以鄙⑮。吾欲独异于人而贵食⑯母。

传世王弼本
二十章

绝学无忧。

唯之与阿,相去几何?美之与恶,相去若何?人之所畏,不可不畏。

荒兮,其未央哉!众人熙熙,如享太牢,如春登台。

我独泊兮,其未兆;如婴儿之未咳;累累兮,若无所归。

众人皆有馀,而我独若遗。我愚人之心也哉!沌沌兮。

俗人昭昭,我独昏昏。俗人察察,我独闷闷。

澹兮,其若海。飂兮,若无止。

众人皆有以,而我独顽似鄙。我独异于人,而贵食母。

帛书译文

唯唯诺诺与大声呵斥,它们(在一个人身上)相差有多远?美好与(令人)厌恶的行为(在一个人身上)相距有多远?众人所畏惧者,亦不可以不畏惧(众人)吧。

远望啊,未知中央之所在。众人熙熙攘攘的好乐之情,如同共饗太牢,以及春天登台郊游。

我(用有柄兜网)捕捉大雁,未能跳起;如同婴儿,不会吐痰。

(跟从者)一长串啊,好像没有归宿。众人都有伞,我独自遗失了伞。我这颗愚人之心啊,在蠢蠢欲动。

卖家心中清清楚楚,我们独自疑惑不定啊。卖家有条不紊,我们独自慌乱不安呵。

猛然一瞥,好像大海一般。细细观望啊,好像没有(停止的)边缘。

众人都有所凭借,我独自顽皮又无知。我欲独自与他人不同,依然倚重自己的乳母。

● 解字

①唯。"唯"是"隹"的本义转注字。"隹"为象形字，金文作"𠁥"，构形源自树上鸣叫的鸟禽。在青铜铭文中表示"这一个"。如"隹王十年"，即这个王的第十年。在"隹"的左边增添"口"，便创设出转注字"唯"，承继初文的"这一个"义。引申后，又用来表示人的应答，即唯诺之唯。

②呵。"呵"是"何"的假借字。"何"字金文作"𠂇"，乃是一个增符会意字，构意源自肩扛戈矛的兵士列队行走。"何"的本义由转注后的荷字所承继，何则表示引申而来的从哪里来，到哪里去，即作为疑问代词"相去几何"的何。"呵"借"何"的形、音、义，以"口"置换本字分化而出的"人"，以创设出的假借字"呵"，表示喝叱义。"唯与呵"犹言唯诺与呵斥。注意，假借字"呵"与形声字"呵"（啊）的造字方式及词义完全不同。

③未。"未"是象形字，甲骨文作"未"，构形源自满月后被抱出来的胎儿。"未"的词义有二：一是由以后一定能长大生发出的未来义。二是由不知是男孩还是女孩生发出的未知义。"未足"犹言未来充足。

"未"字在《道部》十九、二十四章均有出现，此章有"未央、未兆、未咳"三个词项。

④才。"才"是"𢦏"的书写简省体。"𢦏"字金文作"𢦏"，从才从戈，构意源自戈啄人身，使人发出惨叫声。"𢦏"的本义为惨痛时的叫声，此义由转注后的"哉"字所承继（𢦏则成为汉字形声系统的声义偏旁）。"哉"的常用义为表示感叹的语气词。

⑤妃。"妃"是会意字，金文作"妃"，从臣从巴；"臣"为母亲乳房的象形，"巴"表婴儿。"妃"的

构意源自婴儿在母亲怀中吃奶，本义为蛹动，此义由转注后的"熙"字所承继。"㕨㕨"犹言熙熙攘攘。金文《齐侯盘》："用旂眉寿，万年无疆，它它㕨㕨。男女无期，子子孙孙，永保用之。""它它㕨㕨"一词，形容人们洋溢着欢乐气氛。

⑥牢。"牢"是会意字，甲骨文作"🐂"，构意源自圈养驯化野牛的地牢（一种有坡道的地牢）。"牢"的本义为地牢，引申后又有牢固义。大牢即太牢。词义源自上古时代人们用自己饲喂的活牛祭祀祖先神祇而不用捕猎的死兽祭祀（也含有什么时候想祭祀什么时候便祭祀的意思在内）。春秋时期，太牢一词是指牛、羊、豕三牲俱全的祭祀。《左传·桓公六年》："以大子生之礼举之。接以大牢。卜士负之，士妻食之。"

⑦䠆。"䠆"是"跳"的异构体，也是"兆"的本义转注字。兆字隶书作"𠂇"，构意源自一个人跳过壕沟而逃跑不见。"兆"的本义由转注后的"跳"、"逃"二字分别承继。"䠆"是"跳"的异构体，本义为跳过土壕沟。"未䠆"犹言未能跳过壕沟。

⑧咳。"咳"是"刻"的假借字。"刻"为会意字，从亥从刀，构意源自用刀具在窟窿里挖出一块。"咳"借"刻"的形、音、义，以"口"置换本字的"刀"，表示从胸腔里咳出声音或咳出一口痰。"未咳"犹言未能咳出。引申后，又指口中发出干笑声。"未咳"即未能干笑（咳也可视作从口亥声的形声字，本义为孩子发出的无词义意义的语音）。

⑨累。"累"（纍）是"靁"的假借字。"靁"字金文作"🌧"，构意源自雷声滚滚而来。"纍"借"靁"的形、音、义，以"糸"置换本字的"雨"，表示用绳索系连拉升（或降下）多个东西。"纍"的词义有二：一是多个东西系连一串，即果实累累之累；二是疲惫，此处之"累"犹言心中没有目标跟在众人之后。词义类同《论语》中孔子之"纍纍若丧家之狗"。

⑩余。"余"是指事字，甲骨文作"🌲"，乃是在

雨伞的把柄处增添一横，标示手的持拿。"余"的本义为雨伞。引申后，又用为单数第一人称。"又余"即有余，犹言手中有伞。

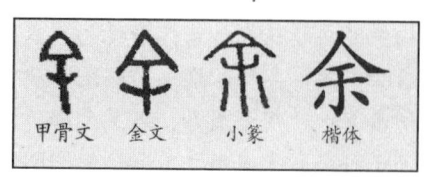

⑪鬻。"鬻"为会意字，金文作"鬻"，从鬲从米从弜，"鬲"为陶鬲，"弜"表蒸汽上升。"鬻"的构意源自用米熬粥。"鬻"的词义有二：一是米粥（省形后即为粥字）。《荀子·富国》："冬日则为饘鬻。"二是由专一熬粥人生发出的"卖"义。如《礼记·曲礼》："君子虽贫，不鬻祭器。""鬻人"犹言卖货的商人。

⑫昭。"昭"是会意字，从日从召："日"表太阳，"召"表召唤。"昭"的本义为太阳光照耀，此义由转注后的"照"字所承继。"昭"则表示引申而出的显现在阳光下义，即昭然若揭。

⑬阒。"阒"（閴）是会意字，从门从虫："门"以门户之形表示柜门或箱门，"虫"表爬虫。"阒"的构意源自打开柜门后内里的虫子受到光照和惊吓而慌乱爬行。"阒阒"犹言慌乱爬行。"察察"与"阒阒"互为反义词。

⑭顽。"顽"是形声字，从页元声："页"为类旁，表示与脸面有关；"元"为声义旁，表声且表人头义。"顽"的构意源自狗（或小孩）以头脸在人身上磨蹭。"顽"的本义为顽耍，引申指顽皮。

⑮鄙。"鄙"是会意字，从啚从邑："啚"表禾谷垛子，"邑"表村邑，"鄙"便是都邑外边专一农耕的村庄。"鄙"的本义为边鄙，引申后又有鄙陋义。此处"鄙"字指没见过世面也无学识的人。

⑯食。"食"为会意字，金文作"食"，上为倒口，下为食簋之形。"食"的本义为吃食，又用为名词，表示食物。食母犹言乳母，即奶妈。

282

● 句读

唯与呵，其相去几何？美与亚，其相去何若？人之所畏，亦不可以不畏人。

译文：唯唯诺诺与大声呵斥，它们（在一个人身上）相差有多远？美好与（令人）厌恶的行为（在一个人身上）相距有多远？众人所畏惧者，亦不可以不畏惧（众人）吧。

这是一段对人细加观察而后得出的极具哲思的话语。众人所畏惧者难道不畏惧众人吗？这是在说权贵和侯王们吗。

望呵，其未央才，众人熙熙，若乡于大牢，而春登台。

译文：远望啊，未知中央之所在。众人熙熙攘攘的好乐之情，如同共飨太牢，以及春天登台郊游。

我博焉未垗；若婴儿未咳。纍呵，似无所归。众人皆又余，我独遗。我愚人之心也！湷湷呵。

译文：我（用有柄兜网）捕捉大雁，未能跳起；如同婴儿，不会吐痰。（跟从者）一长串啊，好像没有归宿。众人都有伞，我独自遗失了伞。我这颗愚人之心啊，在蠢蠢欲动。

鬻人昭昭，我独若闷呵。鬻人察察，我独闽闽呵。

译文：卖家心中清清楚楚，我们独自疑惑不定啊。卖家有条不紊，我们独自慌乱不安呵。

"鬻人"应解读为"卖家"，读若yù，传世本作"俗"字，已失《老子》本义。

陈鼓应先生依据传世本将此节译作："世人都光耀自炫，唯独我暗暗昧昧的样子。世人都精明灵巧，唯独我无所识别的样子。"什么是暗暗昧昧的样子，什么是无所识别的样子？倘若陈先生还在人世，一定请陈先生演示这两种样子。

汹呵，其若海。望呵，若无所止。

译文：猛然一瞥，好像大海一般。细细观望啊，好像没有（停止的）边缘。

众人皆有以，我独顽以鄙。吾欲独异于人而贵食母。

译文：众人都有所凭借，我独自顽皮又无知。我欲独自与他人不同，依然倚重自己的乳母。

● 随感

本章中间四段，原本是一首诗（与楚辞相似）。此乃后人加塞，夹在论说文"经"体之中，不伦不类。删掉后边那首诗，将本章前边一节独自呈现，乃原初《老子》本经所在。

这首诗与下一章的诗句应一并删去。或者将两章中经文合为一体，即将"食母"与"众父"合并一处。诗是诗，文是文，分别自处。

正因为这是一首诗，所以注家们的解读大相径庭。正因为是一首诗，帛书本与传世本多有字句不同。可以说，有多少注家，便有多少貌似正确的解读，包括本人的解读在内。

这首诗是什么时间加进来的，加塞者想要表现什么，去掉这首诗是否影响《老子》思脉的完整性？有待后人细加分析。

帛书校勘本	传世王弼本
道部二十一	二十一章

<table>
<tr><td>

孔①德之容，唯道是从②。
　　道之物，唯望唯沕。沕呵，望呵，中③又象呵；望呵，沕呵，中有物呵。
　　幼④呵冥⑤呵，其中有请⑥呵；其请甚真，其中有信。
　　自今及古，其名不去，以顺众⑦父⑧。吾何以知众父之然也？以此。

</td><td>

孔德之容，惟道是从。
　　道之为物，惟恍惟惚。惚兮恍兮，其中有象；恍兮惚兮，其中有物。
　　窈兮冥兮，其中有精；其精甚真，其中有信。
　　自今及古，其名不去，以阅众甫。吾何以知众甫之状哉？以此。

</td></tr>
</table>

帛书译文

　　涌流之德的容颜，唯有道是它跟从的（主体）。道这个物体，唯有观望唯有猛然领悟。猛然之间闪现啊，内中有道的形象。观望中任其闪现，内中有道的实体啊。

　　男根啊女阴啊，其中有情呵。它们的情十分真，内中包含诚信。

　　从现今推及远古，道的名称未曾离去。以此顺应像诸多舅父般的万物。吾何以知晓万物的由来，原因在此。

● 解字

①孔。"孔"是会意字，金文作"𠃉"，构意源自婴儿啜吸乳房中的乳汁。"孔"的本义为乳房上的小孔，引申泛指小窟窿。又用为形象词，表示喷射而出。"孔德"犹言由此流出之德。《诗·小雅·鹿鸣》："我有嘉宾，德音孔昭。"秦石鼓文中也有"孔庶"一词。其中的"孔"均表示涌流而出。河上公注"孔，大也"，只是一种猜测，毫无文字学考证。注意：《老子》一书中有"孔德"，还有玄德、

恒德、广德、建德等词语。

②從。"從"是从的增符会意字。"从"字甲骨文作"𠨍",以两个人的并列表示相互跟从,也表示由此前往他处。金文作"從",在"从"的左边增添表示道路的"彳",表示行走的"止",遂有增符会意字"從"字的创设。"從"的本义有二:一是随從、跟從。二是由此开始,即從前、從此。"從"字现今简化为"从"。

③中。"中"是依托象形字,甲骨文作"𠁩",构意源自氏族住地广场上的旗杆,"中"的本义为中心。后期金文作"中",构意为从孔洞中心穿通而过。"中"的本义乃是中间,"中又象呵"犹言中间有形象啊。

④幼。"幼"是会意字,金文作"𢆯",从幺从力,构意源自男孩的小生殖器。"幼"的本义为幼小（稚弱）。

⑤冥。"冥"是会意字,金文作"冥",从冖从日从廾,构意源自伸开双腿等待生产的产妇（或等待性交的女性）。"冥"的本义为幽冥,即黑糊糊的一块且通往深远的女祖。"幼呵冥呵"犹言男根啊女阴啊,或译作"爹啊娘啊"。

⑥请。"请"是"情"的假借字。"情"字从心青声："心"为类旁,表示与心的反应有关;"青"为声旁,表声且表悄然而生义。"情"便是心中生出的关爱之情。"请"借"情"的形、音、义,以"言"置换本字的"心"旁,以创设出的假借字"请"表示用言语诉说关爱之情。引申后,又用为请求义。"有请"犹言有情。《庄子·在宥》："天道有情有信,无为无形,可传而不可受,可得而不可见。"

⑦众。"众"（衆）为会意字,甲骨文作"𠱛",

286

上为目标字根"日",下为三个行走之人。"众"的本意指奔向同一目标的许多人。引申泛指很多人,即众多。

⑧父。"父"为依托象形字,金文作"✗",在又的上方增添男根之形。"父"的构意源自与母亲发生两性关系的人,"父"的本义为父亲。"众父"指青铜铭文中的"诸父",即姑舅子女互嫁互娶时代(即西周昭穆互婚时期)的众多舅父。

● 句读

孔德之容,唯道是从。道之物,唯望唯沕。沕呵,望呵,中又象呵;望呵,沕呵,中有物呵。

译文:涌流之德的容颜,唯有道是它跟从的(主体)。道这个物体,唯有观望唯有猛然领悟。猛然之间闪现啊,内中有道的形象。观望啊,闪现啊,内中有道的实体啊。

此节言说道与德的相互衬托展现,德唯道的马首是瞻。其中的"象"指德之容,其中的"物"指道之物。道与德,分而为二,合而为一。

幼呵冥呵,其中有请呵;其请甚真,其中有信。

译文:男根啊女阴啊,其中有情呵。它们的情十分真,内中包含诚信。

此节以男根与女阴比附道与德之间的真诚相通。犹言道德交媾衍化出天、地、人,即"道生一,一生二,二生三,三生万物"。

陈鼓应先生将此节译作:"那样的深远暗昧,其中却有精质,那样的暗昧深远,其中却是可信验的。"

此节似乎应是前一章楚辞中的一段。删掉此节并不影响本章文意的完整性。

自今及古,其名不去,以顺众父。吾何以知众父之然也?以此。

译文:从现今推及远古,道的名称未曾离去,以此顺应像诸多舅父般的万物。吾何以知晓万物(舅父)的由来?原因在此。

此处"众父"与上一章"食母"相互对应。

此节文句应与《老子·道部十四》相互参阅："执今之道，以御今之有，以知古始，是胃道已。"可参证《道部一》："无名，万物之始也；有名，万物之母也。"《老子》遥想（推及）上古，皆从现今出发。

● 随感

《老子》在本章中描述了道与德的关系：德是道的衍化，是道的随从。尽管道是如此的恍恍惚惚，似有若无，但细细领悟，还是能够把握的。

从"幼呵冥呵"一句始，到"其中有信"句，乃后人加塞。文句类同上节的楚辞诗歌。删掉这首诗，文句连贯而下，乃《老子》本义。此章"众父"一词与上章"食母"遥相呼应。

若谁有兴趣将《老子》一书中的诗句析出，重新编排，归入楚辞之中，则功莫大焉。

帛书校勘本 道部二十二	传世王弼本 二十四章
炊者不立。自视者不章①，自见者不明，自伐②者无功③，自矜④者不长。 其在道也，曰：粽⑤食赘⑥行。物或亚之，故有欲者弗居。	企者不立，跨者不行；自见者不明，自是者不彰，自伐者无功，自矜者不长。 其在道也，曰：馀食赘行。物或恶之，故有道者不处。

帛书译文

> 炊食燃柴者不可站立（烟会刮向面部）。自视者（内省到的事物）无法彰显，独自一人看到的事物无法明达；自我惩罚者没有功绩，自我骄矜者不会长久。
>
> 从"道"的要求来讲，叫作吃剩的饭和多走的冤枉路。道之物或许厌恶它们。所以，有欲（学道）的人不以此自居。

● 解字

①章。"章"是会意字，金文作 ，从辛从日，构意源自受到锐器击打后因疼痛而呻吟。"章"的本义有二：一是彰显，此义由转注后的彰字所承继；二是章节，即呻吟声的一段。"自视者不章"犹言自我内视者感觉到的事物不能彰显。

注后的现字所承继，"见"则表示引申而出的看见义。

②伐。"伐"是会意字，甲骨文作 ，从人从戈，构意源自将戈啄向他人头颅，"伐"的本义为杀伐。引申后，又有征伐义。此处之"伐"乃罚的同音替代。

③功。"功"是形声字，从力工声："力"为类旁，表示与力气有关；"工"为声义旁，表声且表穿通而过义。"功"便是用力穿通而过。"功"的本义

为成功，即完成了。引申后，又有功劳义。"自伐者无功"犹言自我惩罚的人没有功劳。

④矜。"矜"是"吟"的假借字，"吟"则是"今"的本义转注字。"吟"的本义为人在痛苦时的呻吟。"矜"借"吟"的形、音、义，以"矛"置换本字的"口"，以创设出的假借字"矜"，表示将呻吟声抛向对方，即有意夸张自己的痛苦，让对方听到。"自矜者不长"犹言自我骄矜的人不会长久。

⑤粽。"粽"是"餘"的异构体。"餘"是形声字，从食余声："食"为类旁，表示与器皿中的食物有关；"余"为声义旁，表声且表雨伞撑开义。"餘"便是器皿中的食物堆积如伞顶状，引申泛指物之多餘。"粽食"即餘食，犹言剩下的多餘食物。

⑥赘。"赘"是会意字，从敖从贝，两根会意："敖"表连续击打，"贝"表货贝。"赘"的构意源自敲去海贝背部的高出部分，使之成为货贝。"赘"的本义为敲除贝壳的多余处，引申后，泛指多余无用之物。"赘行"犹言无用的行程，即多走的冤枉路。

● 句读

炊者不立。自视者不章，自见者不明，自伐者无功，自矜者不长。

译文：炊食燃柴者不可站立（烟会刮向面部）。自视者（内省到的事物）无法彰显，独自一人看到的事物无法明达，自我惩罚者没有功绩，自我骄矜者不会长久。

此节"炊者不立"一句乃后人添足：其一，"炊者不立"后面的四句，句式齐整，衍为偶数。其二，"炊者不立"与后边四句文意无关。传世本增添"跨者不行"以为骈文，显系后人缀加。妄改"炊者不立"为"企者不立"，更失生活真实性。

"自视者不彰，自见者不明；自伐者无功，自矜者不长"。这四句既是生活中的大实话,又是对生活的思辨。内省到的图象无法彰显,自我惩罚者没有功绩。这样的事是今日的时髦学者想都想不到的。自我骄矜者一定不会长久!

此节释文古今未能统一,诸多释家让人"麻夷非是"。任继愈将"自见者不明"识读为"专靠自己的眼睛反而看不分明"。傅佩荣对译为"局限于所见,就看不明白"。

"伐、矜"二字的解读更是莫衷一是。傅佩荣认为是"仗持自己的人,无法领导"。《玉篇》:"伐,自矜曰伐。"《书·大禹谟》:"汝惟不矜,天下莫与汝争能;汝惟不伐,天下莫与汝争功。"《正字通》解释为:"矜,'骄矜',自负貌。"骄矜即《说文》中的鶌鶋。本指鸟儿之间的献媚炫耀,转指人的故作显摆。

其在道也,曰:粽食赘行。物或亚之,故有欲者弗居。

译文:以上几点从"道"的要求来讲,叫作吃剩的饭和多走的冤枉路。道之物或许厌恶它们。所以,有欲(学道)的人不以此自居。

此节文句中的"物"指前一章的"道之物"。"物或亚之,故有欲者弗居"一句可能是前章错简,或许应移在本章最前?

本节的"有欲者",传世本作"有道者"。除本节外,帛书《老子·道部三十一》的"有欲者"传世本也作"有道者",帛书《老子·道部一》有"恒无欲、恒有欲"词句,说明这是一类特指的人。

● 随感

此章应与下一章相互参证,以备完整理解"不自视,故章;不自见也,故明;不自伐,故有功;弗矜,故能长"。因为它们原本是一段完整的经体辞章,后人为分章而硬性拆分,又依断分后的章节而画蛇添足。表面上看,这般作为似乎让各章分段标出、大意明白,但却曲解了《老子》的本义。

注意:帛书本的二十二章、二十三章、二十四章,分别对应于王弼本的二十四章、二十二章、二十三章。从各章节内容的顺延而出讲,帛书本要优于王弼本。尽管帛书本已存在着错简、续貂和删改,但仍然比传世本好上许多。

帛书校勘本
道部二十三

曲①则全②，枉③则正；洼④则盈，檞则新⑤；少⑥则得，多则惑⑦。是以圣人执一为天下牧⑧。

不自视，故章；不自见也，故明；不自伐，故有功；弗矜，故能长。夫唯不争，故莫能与之争。

古之所胃曲全者，几语才，诚⑨全归之。

传世王弼本
二十二章

曲则全，枉则直，窪则盈，敝则新，少则得，多则惑。是以圣人抱一为天下式。

不自见，故明；不自是，故彰；不自伐，故有功；不自矜，故长。夫唯不争，故天下莫能与之争。

古之所谓"曲则全"者，岂虚言哉！诚全而归之。

帛书译文

> 弯曲则能全部进入，矫枉则会正对目标；洼陷下去就能充盈，遮蔽则能保持白新；少取则能获得，多种选择则会迷惑。因此，明道君王握持太一（道）而成为天下的州牧（主宰）。
>
> 不自视的人，所以彰显；不是独自一人看见者，所以能够明达；不是自我惩罚的行为，所以有功劳；不骄矜者，所以能长久。正因为不争，所以没有与他相争（者）。
>
> 古代所谓"曲则全"这些话，乃所剩无几的古语啊，诚恳地全部归还给你。

● 解字

①曲。"曲"是象形字，金文作"LU"，构形源自编连起来的箩筐（同形分化为曲、匚二字）。曲的本义为箩筐向下凹曲，引申泛指弯曲、曲折。

②全。"全"是会意字，从入从壬，构意源自针（或尖锐之物）的全部捅入。"全"的本义为全部，即没有剩余。

③枉。"枉"是形声字，从木王（㞷）声："木"为类旁，表示与树木有关；"㞷"（王）为声义旁，表声且表前往一处义。"枉"便是树木的干枝因为有遮蔽而向一边偏斜生长。引申后泛指偏斜。

④洼。"洼"是会意字，从水从圭，构意源自挖土使之成为可积水的洼地。"洼"的凹地义由转注后的窪字所承继，"洼"则表示引申后的水洼义。"洼则盈"犹言洼陷下去便会充盈（积水）。

⑤新。"新"是"亲"的本义转注字。"亲"字从辛从木，金文作"𣓀"，构意源自用凿子将原木裂解为板。"亲"的本义为从旧原木到新木板的呈现。在"亲"的左边增添与"辛"同一意义的"斤"，便创设出转注字"新"，承继初文的新旧之新义。

⑥少。"少"是指事字，甲骨文作"⩗"，乃是在三点或小字下边增添一撇，以字素标注的方式，标示三件物品分配，必有多有少。也表示小物越分越少。"少"的本义为不多，少与多互为反义词。

⑦惑。"惑"是形声字，从心或声："心"为类旁，表示与心有关；"或"为声义旁，表声且表两边义。"惑"便是心中不知该走向哪一边，即迷惑。

⑧牧。"牧"是会意字，甲骨文作"𤘗"，从牛从攴，构意源自手持棍杖放牧牛群。"牧"的本义为放牧，又由放牧牛羊引申指管理百姓的官长，即州牧之牧。

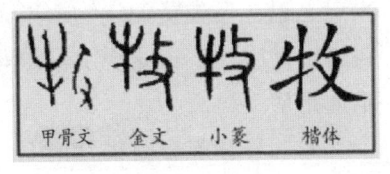

⑨诚。"诚"是形声字，从言成声："言"为类旁，表示与言语有关；"成"为声义旁，表声且表砍杀完成义。"诚"便是把话说到底，不再更改。"诚"的本义为诚恳，即诚心诚意。

● 句读

曲则全，枉则正；洼则盈，獘则新；少则得，多则惑。是以圣人执一以为天下牧。

译文：弯曲则能全部进入，矫枉则会正对目标；洼陷下去就能充盈，遮蔽则能保持白新；少取则能获得，多种选择则会迷惑。因此，明道君王握持太一（道）而成为天下的州牧（主宰）。

"曲则全"到"多则惑"乃是古代的格言（后文因此有"古之所胃曲全者，几语才"的点题）。朱谦之《老子校释》说："曲则全为古语，《孙子·九地篇》：'善为道者，以曲而全。'即其明证。《庄子·天下篇》论老子曰：'人皆求福，己独曲全，曰苟免于咎。'即出此章。"

古往今来，六条格言的解读千人千面。任继愈将此对译为"委屈反能保全，弯曲反能伸直，卑下反能充盈，敝旧反创新奇，少学反有收获，贪多反增困惑"，陈鼓应将此译为"委曲反能保全。屈就反能伸展，低洼反能充盈，破旧反能生新，少取反能多得，贪多反而迷惑"。

文中的"执一"一词，后学多有跟进，如《管子·心术》："执一之君子，执一而不失，故君万物。"《韩非子·扬权》："故圣人执一以静，使各自命，令事自定。"《荀子·尧问》："执一无失。"《吕氏春秋·有度》："先王不能尽知，执一而万物治，使人不能执一者，物惑之也。"先贤们认为，所谓"执一"，便是"执守道这个唯一"。盖言道是唯一，道是至上。这与唯一神论相通——道是唯一真谛，德则唯道是从。

本书导读部分曾讲到帛书《德部二》"得一"原初来自"太一"。此处"执一"即"侯王得一以为天下正"的另行释解，应与"太一"神教有关。细加追究，将太一删削为一，将"太一"改换为"道"，使一个宗教神祇成为哲学上的本原，是怎么走过来的，现在已知之甚少。

不自视，故章；不自见也，故明；不自伐，故有功；弗矜，故能长。

译文：不自视的人，所以彰显；不是独自一人看见的，所以能够明达；不是自我惩罚的行为，所以有功劳；不骄矜者，所以能长久。

此节可参见前一章："自视者不章，自见者不明，自伐者无功，自矜者不长。"

如何对待《老子》这一节的文句复出现象？将其视作错简而移位，抑或当作后人为解读而添足混入而删汰？

本人以为，此节纯粹是后人的添足续貂。将前章已出文字，颠倒一下，硬生生地充塞进来。

任继愈先生将此节译为："不专靠自己的眼睛，所以看得分明；不自以为是，所以功过清楚；不自己夸耀，所以有功；不自高自大，所以当首领。"任先生将讨伐之伐译作夸耀，让长久之长成了首领。这是汉字学功力不足，还是有意这样塑造《老子》？

夫唯不争，故莫能与之争。

译文：正因为不争，所以没有与他相争（者）。

古之所胃曲全者，几语才。诚全归之。

译文：古代所谓"曲则全"这些话，乃所剩无几的古语啊，诚恳地全部归还给你。

"曲全"即今日"委曲求全"的原初版本。乃前文"曲则全"的缩略语。"诚全归之"即诚恳地全部归还给你。中国语文的最大特色之一，便是缩略语。不论有意为之还是无意而为，缩略语都是判读古文时的难题。

● 随感

本章旨在告诫侯王们，如何打造出一副"外圣内王"的样子，以为天下牧。而且用的是生活中的大实话，流传千古的格言。

《老子》一书的高明之处，便在于让有权有势、理应刚强逞能的侯王们修炼出一种百毒不侵的"九阴白骨爪"，以为"天下牧"。以"不为"而做到大有作为。

《老子》对侯王不厌其烦，谆谆教诲。一方面将"道"置放于最大最先最高的神祇之位，以"道"命令你这样做，并且给予严厉告诫。此处又借用"古语"格言来劝诫教诲，可谓关怀备至啊。

帛书校勘本
道部二十四

希言自然：飘①风不冬朝，骤雨不冬日。孰为此？天地而弗能久，又兄②于人乎？

故从事而③道者，同于道；德者，同于德；失者，同于失。同于德者，道亦德之；同于失者，道亦失之。

传世王弼本
二十三章

飘风不终朝，骤雨不终日。孰为此者？天地尚不能久，而况于人乎？

故从事于道者，道者同于道；德者同于德；失者同于失。同于道者，道亦乐得之；同于德者，德亦乐德之；同于失者，失亦乐得之。信不足焉，有不信焉。

帛书译文

用很少的语言述说自然而然之事：狂风不会由晚上刮到早晨，暴雨不会下一整天。是谁造成这种现象？天地都不能持久（一种行为），又何况人呢？

所以，跟从并奉事于"道"的人，同在一条道路上。得到者，得到的德行是相同的；丢失者，丢失的德行也相同。有共同德行者，道亦会驾驭他们；同样，失去德行者，道亦会丢失他们。

● 解字

①飘。"飘"是形声字，从艹飘声："艹"为类旁，表示与草叶有关，"飘"为声义旁，表声且表风吹上升义。"飘"便是风将柴草叶片吹向空中。"飘风"犹言狂风，即能将柴草吹向空中的大风。

②兄。"兄"是会意字，从口从人，构意源自能够说话的大男孩，引申指兄长。用为汉字象形字根则表示走来说话义，如兑、况、祝、说等字中都有兄。"有兄"即"又况"，犹言又何况（况、侃为同源分化字：况表说出的情况，侃表说了许多）。

③而。"而"是象形字，金文作"而"，构形源自男子嘴上的胡须。"而"的本义由转注后的"耏"字所承继，"而"则表示由胡须刮后仍会生出的转折义，即而且。此处的"而"用为连接词，"从事而道"即从事于道。也可不译出，类同前句"天地而弗能久"。

● 句读

希言自然：飘风不冬朝，骤雨不冬日。孰为此？天地而弗能久，又兄于人乎？

译文：用很少的语言述说自然而然之事：狂风不会由晚上刮到早晨，暴雨不会下一整天。是谁造成这种现象？天地都不能持久（一种行为），又何况人呢？

"自然"一词译作后来才有的大自然，还是译作"道法自然"之自然？笔者认为应译为自然而然，或者译为自古皆然。

故从事而道者，同于道；德者，同于德；失者，同于失。同于德者，道亦德之；同于失者，道亦失之。

译文：所以，跟从并奉事于"道"的人，同在一条道路上。得到者，得到的德行是相同的；丢失者，丢失的德行也相同。有共同德行者，道亦会驾驭他们；同样，失去德行者，道亦会丢失他们。

● 随感

此章显而易见的是，帛书本简略而明确，不像传世本那样绕来绕去把自己绕了进去。

"同于德者"以下四句，王弼本作："同于道者，道亦乐得之；同于德者，德亦乐得之；同于失者，失亦乐得之。"四句十六个字变成了六句二十六字。王弼对此节文句注曰："言随其所行，同而应之。"这似乎重复了前一节的意思，并且三者都是"乐得之"，又有何"得失"

之辩？

帛书本四句通畅无阻，所谓"德者"，是指"万物得之于道者"。"同于德者"犹言有共同德行的人，即修德者；"同于失者"犹言同样失去德行的人，即失德者，也就是《老子·德部一》所指称的："上德不德，是以有德；下德不失德，是以无德。"

在《老子》看来：有德之人珍惜自己的禀赋，按照人的禀赋及本性去生存，去行动。失德之人恰相反，处处去仿效他人，将无为变成有为，结果使天生禀赋受到伤害，这便是"上德不德，是以有德；下德不失德，是以无德"的本义所在。

一个刻意去学习去仿效的人，如果知晓狂风不终朝，骤雨不终日，他还会刻意去坚持学习和仿效吗？

帛书校勘本
道部二十五

有物昆①成，先天地生。萧②呵，漻③呵！独立而不玹④，可以为天地母。

吾未知其名也，字⑤之曰道。吾强为之名曰大。大曰筮⑥，筮曰远⑦，远曰反。

道大，天大，地大，王亦大。国中有四大，而王居其一焉。

人法地，地法天，天法道，道法自然。

传世王弼本
二十五章

有物混成，先天地生。寂兮，寥兮，独立不改，周行而不殆，可以为天地母。

吾不知其名，字之曰道。强为之名曰大。大曰逝，逝曰远，远曰反。

道大，天大，地大，王亦大。域中有四大而王居其一焉。

人法地，地法天，天法道，道法自然。

帛书译文

有物滚动而成，先于天地而出生。萧索啊，寂寥啊！（此物）独自站立而不会更改，可以成为天地的母亲。

我未能知晓它的自名，为它取字叫作"道"。我勉强为它取个小名叫作"大"（一）。大（一）叫作"筮"（时空无限广泛），筮叫作"远"，远亦叫作"反"。

道是大的，天是大的，地是大的，侯王也是大的。邦国中有四大，而侯王是其中之一。圣人仿效的是地，地仿效的是天，天仿效的是道，道仿效的是自己。

● 解字

①昆。"昆"是会意字，甲骨文作"𣅔"，从日从比："日"表太阳，"比"表偕同回家。"昆"的构意源自太阳在天际（由东向西）的滚动，"昆"

的本义为滚动（此义由转注后的"辊"字所承继）。

②萧。"萧"（蕭）是形声字，从艹肃声："艹"为类旁，表示与草本植物有关；"肃"为声义旁，表声且表深邃义。"萧"便是草木因高密而呈现出深邃状，即萧索。

③漻。"漻"是形声字，从水翏声："水"为类旁，表示与水有关；"翏"为声义旁，表声且表（翅膀）抖晃义。"漻"便是水面因风吹而抖晃。引申后，又有寂寥义。

④玹。"玹"是"刻"（古言读kei）的假借字。"刻"字从亥从刀，本义为用刀剜刻。"玹"借"刻"的形、音、义，以"玉"置换本字的"刀"，表示用刀剜刻玉器（让一块石头变成一件器物）。"玹"与"改"音通意近，二者都有改变原貌义。

⑤字。"字"是会意字，从宀从子，构意源自家中生育出的子女，即第二代。"字"的本义为尚未成人仍居处家中的子女。由一个人的乳名引申，又指由姓名派生出的字号，即其他人称呼一个人所用的称谓。

在中国传统文化中：姓由血缘继承而来，名用为自称，字则用为他人呼叫。如毛泽东，姓毛名泽东，字润之。毛泽东在自报姓名或签署文件时，一概使用毛泽东或泽东，不可使用毛润之或润之。别人在称呼他时，可称呼毛润之或润之，不可称呼毛泽东或泽东。

⑥筮。"筮"是会意字，从巫从竹："竹"表占卜用的竹制算筹，"巫"表四面穿通。"筮"便是用筹策算卦，占卜未来和他处之事，即卜筮。此处"筮"犹言时空的无限广延。

⑦远。"远"（遠）是"袁"的本义转注字。"袁"字从衣从圆形字根口，构意源自人心不停转动（想到很远处）。在"袁"的左下方增添"辵"旁，便创设出转注字"遠"，承继初文的辽远义。引申泛指空间距离大。远与近互为反义词。

● 句读

有物昆成，先天地生。萧呵，漻呵！独立而不孩，可以为天地母。

译文：有物滚动而成，先于天地而出生。萧索啊，寂寥啊！（此物）独自站立而不会更改，可以成为天地的母亲。

"昆成"一词，传世本讹作"混成"，通常解读为"混沌之中自然生成"。此种解读似乎很有哲学韵味，但实际已经背弃了下面"大曰筮，筮曰远，远曰反"的内在规定，即滚动而行。

传世本的注家，大多将"反"识读为"返"。返，归也。返则周流不息。实际上滚动之物必为圆形，走到它的反面便是昆成。如此述说与上古先民对天的经验认识有关，太阳连同天空皆在人们的头顶滚动，故曰昆成。

"先天地生，可以为天地母"一句，可参证"道生一、一生二、二生三、三生万物"。

吾未知其名也，字之曰道。吾强为之名曰大。大曰筮，筮曰远，远曰反。

译文：我未能知晓它的自名，只知它的字叫作"道"。我又勉强为它取个小名叫作"大"（一）。大一叫作"筮"（时空无限广泛），筮叫作"远"，远叫作"反"（昆成即达反面）。

郭沫若先生依据《庄子·天下篇》"关尹老聃闻其风而悦之：'建之以常无有，主之以太一'"，认为"吾强为之名曰大"，应是"吾强为之名曰大一"的脱字句，天才地指明了《老子》之道与楚地太一神教的渊源。

与楚简《老子》丙组同出的《太一生水》一文中，也有"天地者大一之所生也。是以，太一藏于水，行于时，周而或始，以己为万物母……君子知此之谓道也。下，土也，而谓之地；上，气也，而谓之天；道也，其字也"等论述。可证道与太一原本是一名一字，原本指称同一事物。

这一节可与《老子·道部一》"道，可道也，非恒道也；名，可名也，非恒名也"相互参照。比较《老子·道部十四》"视之而弗见，名之曰微；听之而弗闻，命之曰希；捪之而弗得，命之曰夷"。

> 道大，天大，地大，王亦大。国中有四大，而王居一焉。人法地，地法天，天法道，道法自然。

译文：道是大的，天是大的，地是大的，侯王也是大的，邦国中有四大，而侯王是其中之一。圣人（王）仿效的是地，地仿效的是天，天仿效的是道，道仿效的是自己。

此节文中的"王"，后人妄改为"人"。尽失《老子》"道佑侯王"的主旨：后句"人"字乃圣人一词的有意脱漏。只有圣人可效法地，效法天，效法道。普通百姓则与天、地、道无关！这就是《说文解字》中，董仲舒说，孔子认为"王"字是一贯三为王。三者，天地人也。故而有天、地、王三大。

● 随感

《老子》一书多有对"道"的陈述。此篇与"视之而弗见，名之曰微"应为第一讲。"道，可道也，非恒道也；名，可名也，非恒名也。无名，万物之始也；有名，万物之母也"，应为第二讲。

"道生一，一生二，二生三，三生万物"应是此篇后一节的注脚。道生成了"有物昆成"下的太一，太一生二（天地）、二（天地）生三（动物、植物和人）。"所以有"道大，天大，地大，王大"之四大（圣人或王是人之大），所以有"人（圣人）法地，地法天，天法道，道法自然"的排列顺序。

"道大、天大、地大、王大"，四者并不在同一层面，而是顺延而下，一个比一个小。"国中有四大而王居一焉"，显然系后人加上的阿谀之词。

《老子》一书，费了这么多笔墨，又是比喻又是直陈，想告诉你"道"是什么。为什么要讲来讲去，难道"道"真的就那么难以明白吗？

要理解这一点，必须回归到《老子》的时代。在那个时代，大家心中原本已有道路之道、道理之道，又有用做规则、法则或主张的天之道。在人们的心目中，又有深根固柢的天帝、天命以及太一神祇。《老子》要凭空捏造或塑造出一个在太一、在天帝之上的道。从天之道、圣人之道、地之道形而上出一个囊括三者的道。所以不得不如此煞费苦心，不惜笔墨，劝你入彀。

《老子》之道，因而具有"先天地生""在帝之先"的特征，既要道生太一，又要名之曰大一。尽管如此，箍弄来箍弄去还是有支楞而出的马脚。

注意：《老子》之"道"是一个信仰之物，与天帝、太一同列：信则有，不信者则无。你不能追问为什么有，为什么无，更不能证明道的存在或不存在。中国道教协会会长任法融因而郑重申明："在现代，一些人根据西方哲学概念，把道解释成了物质、精神或规律。这些解释都不符合《老子》本义。'道'既不是有形的物质，也不是思虑的精神，更不是理性的规律，而是造成这一切的无形无象，至虚至灵的宇宙本根。"若把宇宙本根改为信仰本根，就更确实了。

帛书校勘本
道部二十六

重为轻根，静为趮君。是以君子冬日行，不远其甾①重。虽②有环③官④，燕⑤处⑥则昭若。

若何万乘之王，而以身轻于天下？

轻则失本，趮则失君。

传世王弼本
二十六章

重为轻根，静为躁君。是以君子终日行，不离辎重。虽有荣观，燕处超然。

奈何万乘之主，而以身轻天下？

轻则失根，躁则失君。

帛书译文

> 重是轻的根基，静是动的主宰。
>
> 因此，君子整日行路，不远离载物的辎重车。虽然有环绕在身旁的官尹，（让他们）像燕子成群绕飞一般的显著（即万乘之王不离辎重和部下）。
>
> 为何拥有一万乘兵车的君王，反而凭借自己的身体而穿行于天下呢？
>
> 轻浮妄动则会失去根基，趮动则会失去主宰。

● 解字

①甾。"甾"是会意字，从巛从由："巛"为"川"的变体，用为水流；"由"的构形源自漏斗。"甾"的构意源自水从孔洞或漏斗中不停流出，即俗语中的水滋出来了。"甾"又用为"辎"字的声义旁，表示车辆川流不息。"甾重"即辎重，犹言装载货物向指定地点运输的车队。

②虽。"虽"（雖）是形声字，从虫唯声："虫"为类旁，表示与昆虫有关；"唯"为声义旁，表声且表（鸟雀）鸣叫义。"雖"便是能够鸣叫，又能像鸟雀飞行的蝉。又由蝉能飞能鸣但终归是一只虫子，引申出虽然一词的转折义。

③環。"環"（环）是形声字，从玉瞏声："玉"为类旁，表示与玉器有关；"瞏"为声义旁，表声且表（心眼）旋转义。"環"便是外沿旋转一圈的玉環。引申后用为状态词，表示事物环裹一圈。

④官。"官"是会意字，金文作"𠂤"，从宀从𠂤，构意源自行猎或征伐途中用为休息的馆舍。"官"的本义由转注后的"馆"字所承继，"官"则表示引申而出的官府及官员义。"环官"犹言环绕一圈的官员。《左传·文公元年》："使为大师，且掌环列之尹。"此处"环官"词义同环尹。

⑤燕。"燕"是象形字，甲骨文作"𠂤"，构形源自中国北方地区春来秋去的燕子。"燕"的本义为燕子。

⑥处。"处"（處）是会意字，金文作"𠂤"，从虍从夂从几：虍为虎的省形，夂表收回的脚爪，几乃人的趴伏状。處便是像老虎趴卧一般悠闲而处。"燕处"犹言像燕子一般成群地在窝巢附近转圈。

● 句读

重为轻根，静为趮君。是以君子冬日行，不远其甾重。虽有环官，燕处则昭若。

译文：重是轻的根基，静是动的主宰。因此，君子整日行路，不远离载物的辎重车。虽然有环绕在身旁的官尹，（让他们）像燕子成群绕巢而飞一般的显著（即万乘之王不离辎重和部下）。

"重为轻根"，源自下边重上边轻才能牢固树立，脚跟踏实才能站稳。如果是头重脚轻，便会摇晃跌倒。"静为趮君"乃是说，能够静处休息，使体力恢复才能四处活动。如果长久活动而不休息，那么跌倒后便爬不起来了。也就是下边所谓的"轻则失本，趮则失君"。

此节"虽有环官"一句缺失主语，即下文中的"万乘之王"。

若何万乘之王，而以身轻于天下？轻则失本，趮则失君。

译文：为何拥有一万乘兵车的君王，反而凭借自己的身体而穿行于天下呢？轻浮妄动则会失去根基，趮动则会失去主宰。

《老子》此处似有所指。身轻于天下的万乘之王又是谁呢？是被秦国拘禁的楚怀王，还是死在巡视旅途中的秦始皇，还是被后人尊为"素王"的孔夫子，那个周游天下厄于陈蔡的孔老二？

此章的难点在于它有三个"君"字，还有三个"轻"字。"君子"为复合词，在《老子》一书中指君王、侯王。其他两个"君"字，词义已经抽象，应对译为主宰。

"轻"在"重为轻根"中应译作泛化（或抽象化）的轻、重。"轻则失本"中的"轻"应对译为轻率，即轻浮而不慎重的行为。《左传·襄公十八年》："齐侯驾，将走邮棠。太子与郭荣扣马曰：'师速而疾，略也。将退矣，君何惧焉？且社稷之主不可以轻，轻则失众。君必待之！'"

"以身轻天下"中的"轻"字，则应对译为甩掉部下独自"穿行"，"以身"即凭借着自己的身体。

● 随感

有人认为，这一章的"万乘之王"是在暗讽孔子这位"素王"，周游列国却惶惶然如丧家之犬。你认为这是在暗讽知其不可为而为之的"素王"孔老二，还是给战国时代的"万乘之王"说项？

笔者认为，这一章的"万乘之王"应有具体所指：不是那个被秦人拘禁的楚怀王，便是死在巡视途被秦二世和赵高假诏的秦始皇帝。若何万乘之王，而以身轻于天下！

如此认识问题，关键点在于你敢不敢认可《老子》一书的最后完成，应在汉初儒道两家竞相向汉天子卖弄争宠之时。也就是"罢黜百家，独尊儒术"事由的开端。

帛书校勘本
道部二十七

善行者无达迹①，善言者无瑕②适③，善数者不用梼④筴⑤，善闭⑥者无关⑦籥⑧而不可启也，善结⑨者无纆⑩约⑪而不可解也。

是以圣人恒善，怵⑫人而无弃人；物无弃财⑬，是胃曳⑭明。

故善人，善人之师⑮；不善人，善人之资也。不贵其师，不爱⑯其资，虽知乎大迷⑰，是胃眇要⑱。

传世王弼本
二十七章

善行无辙迹，善言无瑕谪；善数不用筹策；善闭无关楗而不可开，善结无绳约而不可解。

是以圣人常善救人，故无弃人；常善救物，故无弃物。是谓袭明。

故善人者，不善人之师；不善人者，善人之资。不贵其师，不爱其资，虽智大迷，是谓要妙。

帛书译文

善于行走者不会留下显著的脚迹，善于演说者不需要他人解说或翻译。善于计数者不需要使用算筹，善于关闭门户者不用关籥也不会让门户自行开启。善于捆缚者不要专用绳索也不会（让罪人）自己解脱。

因此，圣人长久友善（他人），救助人而不抛弃人。万物没有可抛弃其使用价值的，这就叫作拉曳到明亮处（即搞明白）。

所以，善人是善人的老师，不会友善的人是善人引以为戒的资本。不器重老师，不珍惜引以为戒的资本。虽然有知慧但却大迷不悟，这就叫作微妙深远。

● 解字

①迹。"迹"是形声字，从辵亦声："辵"为类旁，表示与道路行走有关；"亦"为声义旁，表声且表两边义。"迹"便是人或动物行走后留下的两行脚迹。

②瑕。"瑕"是"霞"的假借字。"霞"字从雨叚

声，本义指假助太阳而生成的朝霞、晚霞。"瑕"借"霞"的形、音、义，以"玉"置换本字的"雨"旁，表示红色的玉石。"瑕不掩瑜"犹言红色不会遮掩白净玉石的通透性。此节中的"瑕適"即假適，犹言翻译或对原话作出解释。

③適。"適"是"謫"的假借字。"謫"字从言啇声，本义指将话语一个接一个地传递下去。"適"借"謫"的形、音、义，以"辵"置换本字的"言"旁，表示各行一段路的传话人。

④榑。"榑"是形声字，从木尃声："木"为类旁，表示与木料有关；"尃"为声义旁，表声且表撒出一片义。"榑"便是撒出一片的筹策（小木棍）。

⑤桰。"桰"是形声字，从竹析声："竹"为类旁，表示与竹子有关；"析"为声义旁，表声且表剖分木料义。"桰"便是剖分出来的竹签或木筹。"榑桰"犹言筹策，即演算用的算筹。

⑥闭。"闭"（閉）为会意字，从门从才："门"为门户的象形描摹，"才"以围裹月经带表示闭合。"闭"的本义为门户关闭，引申泛指事物的闭合。

⑦关。"关"（關）是会意字，金文作"閈"，从门从丝从一横，构意源自从里面将门关闭起来（以木棍横持于门户上）。"關"的本义为关闭，引申后又指关卡。

⑧籥。"籥"是"龠"的本义转注字。"龠"为会意字，构意源自多节竹管编连在一起的一种管乐器。在"龠"的上方增添竹部，便创设出转注字"籥"。承继初文的竹管乐器名。"关籥"即关籥（钥），"关"指横的门闩。"籥"是"鑰"（钥）的异构体。古代又特指门闩上的直木机关，作用是固定门闩。

⑨结。"结"是会意字，从糸从吉："糸"表绳丝；"吉"表物体的勃起。"结"的构意源自用绳索编结縤带（使柔软的绳子勃硬起来）。"结"的本义

为编结。

⑩纆。"纆"是形声字,从糸黑声:"糸"为类旁,表示与丝绳有关;"黑"为声义旁,表声且表黑色义。"纆"的本义指黑色的绳索(古代拘索罪人用黑绳)。"纆"与"繹"互为异构体,今字写作"繹"。

⑪约。"约"是会意字,从糸从勺,构意源自用绳索绑系的勺子(只能在跟前饮用,不可端走)。"约"的本义指将一物系连在另一物上边的绳子,如節约、契约。"繹约"犹言束缚用的绳子。

⑫俅。"俅"是形声字,从心求声:"心"为类旁,表示与心情有关;"求"为声义旁,表声且表乞求义。"俅"的本义为心中很想他人前来解救。"俅"与"救"互为异构体。

⑬财。"财"是形声字,从贝才声:"贝"为类旁,表示与货贝有关;"才"为声义旁,表声且表包裹义。"财"便是包裹(收藏)起来的财货,引申泛指财产。

⑭曳。"曳"是会意字,金文作"",从白从弋,构意源自用手拉扯有尾绳的标枪(或指牵拉绳钩)。"曳"的本义为拉曳。

⑮师。"师"(師)是会意字,金文作"",从𠂤从帀:"𠂤"表坐在地上的屁股印,"帀"表从远处走回。"師"的本义指走回来的人群,引申指驻扎在某处的军队。又由军队的长官引申出师长义,引申出老师义。"善人之师"犹言善于做他人的老师,即善于传授知识给他人。

⑯爱。"爱"(愛)是会意字,隶书字体作"",从旡从𡉢通字根—从心从夊,构意源自一个人因依恋不舍而不愿离开。"爱"的本义为依恋。引申后又有爱护、爱戴等义。

⑰迷。"迷"是"睞"的假借字。"睞"字从目米

声，本义指眼中长了麦粒肿（或进入小灰沙）而看物不清。"迷"借"眯"的形、音、义，以"辶"置换本字的"目"旁，表示行走路途中对道路分辨不清，即迷惑。

⑱要。"要"是会意字，金文作"🔲"，构意源自双手搂抱女人。此形同源分化为"娄、要"二字。"要"的本义由转注后的"腰"字所承继，要则表示引申而出的需要、要求义。"眇要"即眇杳（遥），亦作杳眇、要妙。《上林赋》："颣杳眇而无见。"《淮南子·本经》："以穷要妙之望。""眇要"犹言微妙深远。

- 句读

善行者无达迹，善言者无瑕谪，善数者不用梼筴，善闭者无关籥而不可启也。善结者无缪约而不可解也。

译文：善于行走者不会留下显著的脚迹，善于演说者不需要他人解说翻译。善于计数者不需要使用算筹，善于关闭门户者不用关籥也不会让门户自行开启。善于捆缚者不要专用绳索也不会（让罪人）自己解脱。

陈鼓应将最后一句译作："善于捆缚的，不用绳索却使人不能解。"不用绳索怎么捆缚？

是以圣人恒善，㤅人而无弃人；物无弃财，是胃曳明。

译文：因此，圣人长久友善（他人），救助人而不抛弃人。万物没有可抛弃其使用价值的，这就叫作拉曳到明亮处（即搞明白）。

周生春先生将此节译为："因此圣人总是善于（顺乎自然以）埋怨和责备人，而没有摒弃人。万物没有可抛弃的东西。这叫作幽微、隐晦的明智"。此译不妥。

故善人，善人之师；不善人，善人之资也。不贵其师，不爱其资。虽知乎大迷，是胃眇要。

译文：所以，善人是善人的老师，不友善的人，是善人引以为戒的资本。不器重老师，不珍惜引以为戒的资本。虽然有智慧但却大迷不悟，这就叫作微妙深远。

陈鼓应先生依据传世本将此节译作："所以善人可以作为不善人的老师，不善人可以作为善人的借镜。不尊重他的老师，不珍惜他的借镜，虽然自以为聪明，其实是大迷糊。它真是个精要深奥的道理。"可备一说。

● 随感

行走无迹，言说要没缺失；计数不用筹策，闭门不用关钥，捆人不需专用绳索，善人要做老师（不要仅给钱财）。这样的话语像鼓吹"绝学弃智，绝巧弃利"的老子讲的吗？这样的老子应该叫孔子！

《老子》要天地不仁，圣人不仁。着力批判为学者日益，闻道者日败，何以又要"恒善"，何以又要"贵其师"？

《老子》一书有多处相互抵牾矛盾。这是因为，《老子》一书非一人所著，也非一时所著。故全文中不仅有高低之分，更有矛盾之处。那些尽力想抬高《老子》的人，尤其是那些妄图用《老子》作稻粱谋的人，有意将《老子》一书的矛盾处当作玄奥和深奥来讲。这些人是善人，是善人之师吗？

帛书校勘本
道部二十八

知其雄①，守其雌，为天下鸡②。为天下鸡，恒德不离③；恒德不离，复归于婴儿。
知其曰④，守其辱，为天下浴。为天下浴，恒德乃足；恒德乃足，复归于朴。
知其白，守其黑，为天下式。为天下式，恒德不贷；恒德不贷，复归于无极。
朴散则为器，圣人用则为官长。夫大制⑤无割。

传世王弼本
二十八章

知其雄，守其雌，为天下豀。为天下豀，常德不离，复归于婴儿。
知其白，守其黑，为天下式。为天下式，常德不忒，复归于无极。
知其荣，守其辱，为天下谷。为天下谷，常德乃足，復归于朴。
朴散则为器，圣人用之，则为官长，故大制不割。

帛书译文

知晓公鸡（是从鸡蛋孵化出的），守护住母鸡，天下便处处有了公鸡（的啼鸣）。仿效天下公鸡的五德，恒久的德行便不会离去。（因为）恒久的德行不离去，便回归于婴儿（一切源自天性）的状态。

知晓（原木上的纹路）目标，守护住（顺应着的）裂口，便有了天下处处可见的剖裂方法；顺应普天之下裂木为板（的方法），恒久的德行乃会充足。（因为）恒久的德行充足，便回归于朴质的状态。

知晓（刚刚裂解出的木板的）白皙，守护住（干燥原木）黑旧，这便有了天下（裂木为板）的范式。有了天下遵循的范式，恒久的德行便不会废弃。（因为）恒久德行不会废弃，便回归到没有极限的状态。

将木板分割后便有了各种器具。圣人使用（器具）便成为（人造之物）的主宰。但是大的制作（盖房子）却不需要切割（原木为木板）。

● 解字

①雄。"雄"是形声字,从隹厷声:"隹"为类旁,表示与鸟禽有关;"厷"为声义旁,表声且表(肱头肌)肌肉粗壮义。"雄"便是大腿肌肉发达的公鸡(公鸡时常用脚爪斗架或站在母鸡背上)。引申泛指雄性动物。

②鸡。"鸡"(雞)是会意字,甲骨文作"鷄","从奚从隹:"隹"为"鸡"的象形描摹(省形为隹);"奚"表绳索系连。"雞"便是用绳索系连正在驯化的原鸡。传世本改"鸡"为"谿",一字之差,形象尽失。

③離。"離"(离)是"离"的本义转注字。"离"字金文作"䍦",构形源自长柄猎网扣下后鸟禽飞散。在"离"的右边增添隹旁,便创设出转注字"離",承继初文的鸟禽离散义。引申泛指离开。

④曰。"曰"(白)是表示目标的汉字字根(未能独立成字),构形源自箭靶或识定的圆形目标。在汉字象形系统文字中,乃是"习、皆、众、鲁、晋、替、昌、普、曹、旻、暂、春、者、的、魄、拍、是、智、沓、皋"等众多会意字的通用构字符号。曰的本义为目标、目的(在汉代整理小篆文字时,未能独立成字)。目标字根"曰"与表示太阳的"日"、表示白色的"白",三者构形来源完全不同,在文字中的表意也完全不同。"知其曰(白)"犹言知晓其目标。

⑤制。"制"是会意字,从朱从刀:"朱"表砍伐树木,"刀"表刀具,"制"的构意源自用刀砍伐树木的枝条。"制"的本义为制止,引申为制裁,又引申为制造、制作。"大制"犹言大的制作。

● 句读

知其雄，守其雌，为天下鸡。为天下鸡，恒德不离；恒德不离，复归于婴儿。

译文：知晓公鸡（是从鸡蛋孵化出的），守护住母鸡，天下便处处有了公鸡（的啼鸣）。仿效天下公鸡的五德，恒久的德行便不会离去。恒久的德行不离去，便回归于婴儿（一切源自天性）的状态。

识读此节的关键在于将认识回复到上古时代的养鸡状态：先民饲养母鸡只是为了繁殖出公鸡（那时的母鸡一年只生二三十枚蛋），养公鸡则是为了知晓夜晚的时辰，以及天明时打鸣催促人起床出行。鸡在古代被赋之"五德"，即"头戴冠者，文也；足搏距者，武也；敌在前敢斗者，勇也；见食相呼者，仁也；守夜不时者，信也"（见《韩诗外传》）。古文字中有一大批以鸡的生活为原型的文字，如"崔、乌、携、鸣、於、凤、风"等字。先民养鸡时，通常捉住一只母原鸡，用绳拴系，任由野生的公原鸡与母原鸡踏蛋。这样，踏过蛋的母鸡所孵化的蛋便能生出个小公鸡。但是，一般人家只是到孵鸡者那里挑出一只小鸡，拿回家饲养长大，让其鸣啼，通常不会自己繁殖公鸡。所以有"知其雄，守其雌，为天下鸡"之说。

知其曰，守其辱，为天下浴。为天下浴，恒德乃足；恒德乃足，复归于朴。

译文：知晓（原木上的纹路）目标，守护住（顺应着）裂口，便有了天下处处可见的剖裂方法；顺应普天之下裂木为板（的方法），恒久的德行乃会充足。（因为）恒久的德行充足，便回归于朴质的状态。

除了必须知晓汉字字根中的目标符号"曰"之外，此节的关键在于知晓先民在没有金属锯的情况下，是如何裂木为板的：将挑选好的原木砍倒，长久放置使之干燥，然后在干燥后的原木上弹出直线，沿着直线打入石楔，使之裂缝，再沿着缝隙打入一块块石楔。这样，原木便会裂解为一块块木板。以裂木为板这一生活场景为原型的古文字也有一大批，如"相、力、协、新、朴"等。知晓这一生活原型，便知晓"知其曰，守其辱，为天下浴"在说什么！

知其白，守其黑，为天下式。为天下式，恒德不贷；恒德不贷，复

归于无极。

译文：知晓（刚刚裂解出的木板）白皙，守护住（干燥原木的）黑旧，这便有了天下（裂木为板）的范式。有了天下遵循的范式，恒久的德行便不会废弃。（因为）恒久德行不会废弃，便回归到没有极限的状态。

此节的重点在于理解白与黑，这是一对源自裂解而出的新板之白与陈放干燥原木之黑的比对。离开了生活的具象，何以有理论上的抽象？后世的士大夫们，尤其是那些四体不勤、五谷不分的江南才子们解读《老子》时，缺少的便是对黄土农耕文化经验常识的切实体验。因此，常常陷入门外文谈、隔靴搔痒。

因为有了生活体验，你便能知晓《老子》所说的都是一些大实话。正是这些大实话，彰显出生活的真实和法则的确定，即恒德。

陈鼓应先生将此节译作："深知明亮，却安于暗昧，作为天下的川谷。作为天下的川谷，常德才可以充足，而回复到真朴的状态。"如此对译似为不妥。什么叫作深知明亮却安于暧昧，什么叫作作为天下的川谷常德才可以充足？

朴散则为器，圣人用则为官长。夫大制无割。

译文：将木板分割后便有了各种器具。圣人使用（器具）便成为（人造之物）的主宰。但是大的制作（例如盖房子）却不需要切割（原木为木板）。

此节的言外之义，犹言"复归于朴""道法自然"。"大制无割"便是复归于朴、便是顺乎自然。

陈鼓应先生将此节译作："真朴的道分散成万物，有道的人沿用真朴，则为百官的道长。所以完善的政治是不割裂的。"最后一句乃是陈先生的发明，但什么是不割裂且完善的政治呢？你见过真朴的道分散成万物吗？《老子》的时代是否已有了道长？

《老子》一书旨在阐述"道法自然"。所谓自然而然，便源自生活中那些最真实、最纯朴的事，像陈先生这样背离生活而信口说来，已经陷入下德不失德，是以无德的境地。

● 随感

　　本篇句子多用顶真格重复句法，用层层剖白的方式，阐述圣人之"德"的并行不悖。传世本"常德不离、常德不忒、常德乃足"等皆止于一句，可能是后代抄写者有意删去。《庄子·天下篇》："知其雄，守其雌，为天下谿；知其白，守其辱，为天下谷。"语序与帛书本一致，可证传世本乃后人离开生活具象，在解不通时，故意淆乱语序而为之。

　　《老子》在这一章用两种生活实例向读者证明顺应自然便是常（恒）德。回归常德，便复归于人之本性的婴儿状态，即完成理想人（赤子）的塑造，最终"复归于婴儿、复归于朴、复归于无极"。

　　前几天，在公交车站有人塞给我一本小册子。公交车上闲来无事，顺手翻阅。原是一本基督徒劝世人入教的小册子。诸多说项，其中便有人信仰上帝后会怎么怎么样。大体上也是："复归于婴儿、复归于朴、复归于无极……"天下之教皆同之，这便是恒德不贷。

帛书校勘本
道部二十九

将欲取天下而为之，吾见其弗得已。夫天下神器也，非可为者也。为之者败之，执之者失之。

物或行，或隋，或热①，或吹②，或彊③，或䂳④，或陪⑤，或堕⑥。是以圣人去甚，去大，去诸⑦。

传世王弼本
二十九章

将欲取天下而为之，吾见其不得已。天下神器，不可为也。为者败之，执者失之。

故物或行或隋，或歔或吹，或强或羸，或挫或堕，是以圣人去甚，去奢，去泰。

帛书译文

> 想要获取天下而有所作为，我看他得不到什么。天下是神祇的器物，不是人可以有所作为的。想要有所作为者得到的是自身败坏，取得者一定会失去。
>
> （天下）万物有的前行，有的跟随；有的因晒而热，有的因吹而凉；有的强硬不可更改，有的磨剉而掉落碎屑；有的陪伴而长高，有的从高处堕落。因此，圣人去除美味食物，撤除宫室台榭，撤除声色犬马。

● 解字

①热。"热"（熱）是会意字，从埶从火，"埶"表用手握执，"火"表火种。"热"的构意源自手持燃柴，将此处火苗移往另一处。"热"的本义为火烤而热，引申泛指炎热。

②吹。"吹"是会意字，从口从欠，构意源自用口向孔洞中吹气。"吹"的本义为吹气。

③彊。"彊"是"畺"的增符会意字。"畺"字从双田从两个两极字根二，构意源自武力守护的四方田地。在"畺"的左边增添表示弓尺的"弓"，便创设出

增符会意字"疆",表示田地的疆界。"畺"的本义由转注后的疆字所承继,"强"则表示引申后的强硬义(即不可随意增改变动)。

④硃。"硃"是"剒"的假借字。"剒"字从刀昔声,本义指剒刀,又有用剒刀磨剒义。"硃"借"剒"的形、音、义,以"石"置换本字的"刀",表示用石头剒磨他物。

⑤陪。"陪"是"培"的假借字。"培"为形声字,从土音声,本义指用土围在植物根部。"陪"借"培"的形、音、义,以"阜"置换本字的"土"旁,以创设出的假借字"陪",表示陪伴义,即随着植物长高,土堆也越来越高。

⑥堕。"堕"是会意字,从隋从土,构意源自肉块跌落地上。"堕"的本义为跌落。又由跌落地上引申出毁坏义。

⑦诸。"诸"是形声字,从言者声:"言"为类旁,表示与言语有关;"者"为声义旁,表声且表火燃一片义。"诸"便是话语声此起彼伏嘈杂一片。"去诸"犹言撤除声色犬马。

● 句读

将欲取天下而为之,吾见其弗得已。夫天下神器也,非可为者也。为之者败之,执之者失之。

译文:想要获取天下而有所作为,我看他得不到什么。天下是神祇的器物,不是人可以有所作为的。有所作为者得到的是自身败坏,取得(天下)者一定会失去。

"取天下"一词在前面几章中均作"聚集天下之人聚取或诸侯小国",此处"取天下"只能译作"夺取天下",才能与"夫天下神器也"中的天下相一致。(二十九、三十、三十一章都有词义明确且一致的"天下"一词)《老子》秉承小国寡民,何以要夺取天下?何以要为之、执之、失之?由此判断,此节显系后人狗尾续貂。"神器"

一词在《老子》一书中仅见。"夫天下神器也"的语义更与《老子》思想不符！老子认为：天地、天帝以及天下皆是道的后衍，由道所生。如果道生一，一生二，二生三，三生万物，道之大何以有天下神器！由此判定，此节乃后人不知"道大、天大、地大、王大"而妄自续貂。

物或行，或隋，或热，或吹，或彊，或剉，或陪，或堕。是以圣人去甚，去大，去诸。

译文：（天下）万物有的前行，有的跟随；有的因晒而热，有的因吹而凉；有的强硬不可更改，有的磨剉而掉落碎屑；有的陪伴而长高，有的从高处堕落。因此，圣人去除美味食物，撤除宫室台榭，撤除声色犬马。

"物或行，或隋，或热，或吹，或彊，或剉，或陪，或堕"乃后人加塞，或错简乱行挪至此处。删除此处缀文，前后文意贯穿。尽管我们有理由认为此章前后文乃后人续貂。

《老子》有"三去"，孔子也有"三去"（即"去兵、去食、民无信不立"）。显然，这是一位后《老子》在模仿孔子，而且模仿的极其低劣。

● 随感

无论从文字风格，还是从主题立意上讲，此篇与前面各篇判若两人所作。完全是一篇游说君王，以图干政入仕者的嘴脸。只是游说的主题不同，立场不同罢了，游说者的才器差强人意罢了。《老子》是否将天下视作"神器"。若天下为"神器"，那么何以要"人法地，地法天，天法道，道法自然"？人们要遵循道，还是遵循神？

由此篇往下的各篇，完全是另外一种主题和文风。大体上可判定与前边各章非一人所作，也非一时所作。梁启超因而判定《老子》一书为战国后期作品。笔者认为，从"天下神器""为之者败之""执之者失之"的内涵讲，这段文字的背景似乎与秦末大起义或楚汉相争史实有关。

帛书校勘本
道部三十

以道佐①人主，不以兵②强于天下，其事好还③。师之所处，荆棘生之。善者果④而已矣，毋以取强焉。

果而毋骄，果而毋矜，果而勿伐，果而毋得已居，是胃果而不强。

物壮而老，胃之不道，不道蚤已。

传世王弼本
三十章

以道佐人主者，不以兵强天下，其事好远。师之所处，荆棘生焉。大军之后，必有凶年。

善有果而已，不敢以取强。果而勿矜，果而勿伐，果而勿骄。果而不得已，果而勿强。

物壮则老，是谓不道，不道早已。

帛书译文

凭借着"道"来辅佐国君的人（将帅），不依赖军队逞强于天下，战争是一件容易得到报还的事。军队所到之处，（人死灭）而荆棘生长。友善的人只求达到目的，不倚仗武力逞强啊。

（友善者）达成目的而不骄横，达成目的而不骄矜，达成目的而不肆意杀伐，达成目的而不占据（通过战争得到的东西）。这就叫作达成目的而不逞强。

万物壮大便会走向衰老，这就叫作"彰显而出的道"。彰显之道早已存在。

● 解字

①佐。"佐"是形声字，从人左声："人"为类旁，表示与人有关；"左"为声义旁，表声且表左手义。"佐"的本义为帮助，即搭上一只手协助他人干活。引申泛指辅佐。

②兵。"兵"是会意字，甲骨文作"𠦝"，从斤从

廾（收），构意源自双手握持斧斤。"兵"的本义为兵器，引申后又指军队。如《左传·隐公四年》："夫兵，犹火也，弗戢，将自焚也。"

③还。"还"（還）是形声字，从辵睘声："辵"为类旁，表示与道路行走有关；"睘"为声义旁，表声且表绕圈义。"还"便是绕了一圈又走了回来，即返还。"其事好还"犹言这件事容易得到报还，即战争中的相互报复。

④果。"果"是依托象形字，甲骨文作"🍐"，构形源自树上长满果子。金文作"🍎"，省去果形只留一个。"果"的本义为树木上结的果实。引申后，又指事物的结果。"善者果而已矣"，犹言善于用兵的人只求达到目的（不是为了军队逞强）。

● 句读

以道佐人主，不以兵强于天下，其事好还。师之所处，荆棘生之。善者果而已矣，毋以取强焉。

译文：凭借着"道"来辅佐国君的人（将帅），不依赖军队逞强于天下，战争是一件容易得到报还的事。军队所到之处，（人死灭）而荆棘生长。友善的人只求达到目的，不倚仗武力逞强啊。

此处"天下"同前章"将欲取天下而为之"中的"天下"一词。

果而毋骄，果而勿矜，果而勿伐，果而毋得已居，是胃果而不强。

译文：达成目的而不骄横，达成目的而不骄矜，达成目的而不肆意杀伐，达成目的而不占据（通过战争得到的东西）。这就叫作达成目的而不逞强。

《左传·宣公十三年》："楚庄王曰：'其为先君宫，告成事而已，武非吾功也。'此即果而勿强也。用兵而寓于不得已，是视胜犹不胜，不以兵强天下者也。"此文可参证《老子》"毋以取强焉"一句。

以现代新儒家自居的台湾学者傅佩荣将"果而勿矜，果而勿伐"译为"达成目的却不自负，达成目的却不夸耀"。"叫矜"或"骄

321

矜"一词至今仍在使用,"鸟儿鹓鹐"在现实中仍处处可见。将"矜"译作自负,只是大而无当的瞎猜。而将杀伐的"伐"译成"夸耀"更是谬之千里。

读者可参证《道部二十二章》:"自伐者无功,自矜者不长"。及《道部二十三章》:"不自伐,故有功;弗矜,故能长"。

物壮而老,胃之不道,不道蚤已。

译文:万物壮大便会走向衰老,这就叫作"彰显而出的道"。彰显之道早已存在。

"物壮而老,胃之不道,不道蚤已"一句又见《老子·德部十八章》。此处重出,应是附缀。

陈鼓应先生将此节译作"凡是气势壮盛的就会趋于衰败,这是不合于道的,不合于道很快就会消逝"。"丕道"被译作不合乎道,岂不滑稽?一字不识,全篇荒谬。

"不道"肯定不能译为"不合乎道",译为"不是道之所为"也不妥。看来,还是译作"丕道"好一些。这也符合《老子》一书中"不德、不道、不成、不棘"的一贯文法。

此节可与《老子·道部十六》"万物旁作,吾以观其复也。天物祎祎,各复归于其根"相互参证。《老子》认为"物壮则老,各复归于其根。归根曰命",这就是"道法自然",这就是货真价实的"不道"!

● 随感

此篇与前一章浑然一体,都讲"取天下"和"兵强于天下"。与前几章聚集天下小国和天下人的"取天下"完全不在一个层面上。具有真老子哲学韵味的话语,反而是重出缀文。因此判定,此文乃另一位后老子所作。

此章与《老子》一书的大多数篇章不仅文意不同,词语文句也粗浅许多。这里有太明显的游说君王,以入仕干政求取俸禄的意味。"以道佐人主"难道不是"有以为"吗?

笔者以为,著述前后这几章的是一位"兵家老子",是一位与原初老子不同的另一位后"老子"所添加的话语。

帛书校勘本
道部三十一

夫兵者，不祥之器也。物或恶之，故有欲者弗居。

君子居则贵左，用兵则贵右。故兵者，非君子之器。

兵者，不祥之器也，不得已而用之，铦①憽②为上，勿美也。若美之，是乐杀人也。夫乐杀人，不可以得志于天下矣。

是以吉事上左，凶事上右。是以偏将军居左，而上将军居右。言以丧③礼居之也。杀人众，以悲依立之，战胜，而以丧礼处之。

传世王弼本
三十一章

夫兵者，不祥之器。物或恶之，故有道者不处。

君子居则贵左，用兵则贵右。兵者不祥之器，非君子之器，不得已而用之，恬淡为上。胜而不美，而美之者，是乐杀人。夫乐杀人者，则不可得志于天下矣。

吉事尚左，凶事尚右。偏将军居左，上将军居右，言以丧礼处之。杀人之众，以哀悲泣之，战胜，以丧礼处之。

帛书译文

兵器，乃是不吉祥的凶器，万物都厌恶它。所以想活着的人不居处其中。君子居闲时看重左边（手），使用兵器者则看重右边（手）。所以，兵器不是君子们所喜欢的器物。

兵器，乃是不吉祥的东西，不得已才使用它。所以用后归堆深藏为上策，不可炫耀。如果炫耀，就是喜欢杀人。喜欢杀人的人，不可以得志于天下。

因此，喜庆的事以左方为上，凶丧的事以右方为上。副将军居处左边，上将军居处右边。这是说，（战争）要依丧礼的仪式来居处，杀人众多，更要以悲哀之心肃立，战胜敌人时要以丧礼处置。

● 解字

①铦。"铦"是"括"的假借字，"括"则是"活"的假借字。"活"（湉）的本义指清澈流动发出

声响的水流。"捃"借"活"的形、音、义,以"手"置换本字的"水",表示用手拥捧活水而饮用。引申泛指总括。

"銛"借"捃"的形、音、义、以"金"置换本字的提手旁,以新创设出的假借字"銛",表示用金属器具掬捧或兜括物品。"銛拢"为双音节复合词,词义为兜括归拢起来。

②憽。"憽"为形声字,从心龍声:"心"为类旁,表示与心思有关;"龍"为声义旁,表声且表蟒蛇盘曲一团义。"憽"便是将心思归拢起来。

③丧。"丧"（喪）是会意字,金文字体作"𠷔",从哭从亡,构意源自对失去亲人的哭嚎。"丧"的本义为失去（亲人）,引申指跟死人有关的事情。

● 句读

夫兵者,不祥之器也,物或亚之。故有欲者弗居。君子居则贵左,用兵则贵右。故兵者,非君子之器。

译文:兵器,乃是不吉祥的凶器,万物都厌恶它。所以想活着的人不居处其中。君子居处时看重左边（手）,使用武力者则看重右边（手）。所以,兵器不是君子们所喜欢的器物。

此处"兵器"一词指刽子手手中的凶器,还是指士兵手里的武器?从上下文意讲,似应是前者。

此节可参证《德部三十九》:"若民恒且必畏死,则恒又司杀者。"显而易见,此处之"兵",指的是司杀者手中的凶器。

此节话语的内涵是,君子们看书读竹简,需要左手持拿,所以君子们喜欢左边。使用兵器者则需用右手,所以刽子手们喜欢居处右边。

兵者,不祥之器也,不得已而用之,銛憽为上,勿美也。若美之,是乐杀人也。夫乐杀人,不可以得志于天下矣。

译文:杀人兵器,乃是不吉祥的东西,不得已才使用它。用后归堆深藏为上策，不可炫耀。如果炫耀，就是喜欢杀人。喜欢杀人的人，不可以得志于天下。

是以吉事上左，凶事上右，是以偏将军居左，而上将军居右，言以丧礼居之也。杀人众，以悲依立之，战朕，而以丧礼处之。

译文：因此，喜庆的事以左方为上，凶丧的事以右方为上。副将军居处左边，上将军居处右边。这是说，（战争）要依丧礼的仪式来居处。杀人众多，更要以悲哀之心肃立。战胜敌人时要以丧礼处置。

傅佩荣说："吉庆的事以左方为上，因为左方代表阳、生；凶杀的事以右方为上，因为右方代表阴、杀。上将军站在右边，因为上将军要发号施令，要进攻，要打仗。副将军大概要负责收拾残局，看看还有什么生还之人。所以必须站在左边。"如此解读尽显书呆子气，多了几分瞎编乱凑。

从上下文句分析，这一节似乎是续貂后的二次续貂。梁启超认为："偏将军""上将军"是战国晚期才有的官制。所以，此节文字必作于战国晚期或汉初。从语句内容分析这一节文句应是对前面文辞的注解，后人将其搀和进入了正文。

此处大讲红白事，又讲丧礼之执行，与开宗明义宣讲"夫礼者，忠信之泊，而乱之首也"的《老子》判若两人。此话原本应是宣讲周公之礼的孔子所讲。如果说此话出自原初老子之口，岂不成为咄咄怪事？

● 随感

此篇为后人增添，乃是在《老子》"无为""无欲"思想之后，再增添一个"无战"。出言者乃是有感而发，针对战国时代或楚汉相争时的吊民伐罪而宣扬反战——战争乃是丧事，以丧礼处之。这不仅内含人本主义，乃是孔子"君子远庖厨"思想的必然沿袭。当然，这些后人添加的话语要比原初的《老子》哲思粗浅得多。甚至，不符合战争的规则——战争的最高目的，便是消灭敌人的有生力量。在冷兵器或热兵器初期，战争就是杀人，杀掉对方的兵士，使之没有军人，便获得最终胜利。攻陷城池，占领土地都不是战争的最终目的——这就是范雎向秦始皇所推荐的战争目的论，也是毛泽东"消灭敌人有生力量"的人民战争格言。

  这一章的前半段讲的是刑杀，与《老子》的"杀畸"思想相仿。后半段讲战争，则与《老子》的"守雌""为下""聚天下"思想完全相左。这个《老子》的面目似乎有些过分慈爱，已不是讲天地不仁、圣人不仁的那个老子了。

  你认为一个讲喜庆之礼和凶丧之礼的"老子"，还是老子吗？这样的"老子"与前边的老子相差多远？

  道部二十九章、三十章、三十一章乃是一人所作，是一个不同于原初老子的后老子所作。细细比对，明眼人一眼便能看穿。

帛书校勘本
道部三十二

道恒无名。朴①唯小而天下弗敢臣②。侯王若能守之，万物将自宾③。

天地相合，以俞甘洛④，民莫之令而自均⑤焉。

始制有名，名亦既有，夫亦将知止，知止所以不殆。

卑⑥道之在天下也，犹小浴之与江海也。

传世王弼本
三十二章

道常无名，朴虽小，天下莫能臣。侯王若能守之，万物将自宾。

天地相合，以降甘露，民莫之令而自均。

始制有名，名亦既有，夫亦将知止，知止可以不殆。

譬道之在天下，犹川谷之于江海。

帛书译文

> 道恒久存在但没有名字，像原木上的裂口一般微小而天下不敢役使它。侯王如果能守护它，万物将自己顺服跟随。
>
> 天地交合以降雨露。民众没有谁命令他们，他们就会（按照天候）自己分配（劳力）。
>
> （侯王）设立初始的名分。百官的名分既然已经有了，亦将知晓自己的职责和权限。知晓权限所止，所以（名分）不会死亡。
>
> 阻拦道在天下的流布，犹如（阻拦）川峪之水流入江海。

● 解字

①朴。"朴"（樸）是"丵"的本义转注字。"丵"字从辛从四点（表敲击）从收，构意源自双手使用凿子或石楔，将原木开裂为木板（樸的发声来自木板开裂时的拟声）。在"丵"的左边增添"木"旁，便创设出转注字"樸"，承继初文的开裂出的木板义。又由初开木板的尚未加工引申出朴素、朴质义。"朴"在此处指劈分原木时上边裂出的裂口，犹

言道由此而出。"朴唯小"犹言道的溢出处这般幽微渺小。

在《老子》眼中，道无形无名，无时无处不在，无事无物不从，所以，可称为大。言其质素精微玄妙，视之而弗见，听之而弗闻，抚之而弗得，所以，可称之为小，或称之为朴。此乃一件事物的两个小名。参见《老子·道部二十五》："可以为天地母。吾未知其名也，字之曰道。吾强为之名曰大。"参见《老子·道部十四》："是胃无状之状，无物之象，是胃沕望。隋而不见其后，迎而不见其首。"

最近出版的《上海博物馆藏战国楚竹书》著录了一本道家著作，其首章云："恒先无有，厌、青、虚。厭，大厭；青，大青；虚，大虚。自厭不自忍，或作。有或焉有气，有气焉有有；有有焉有始，有始焉有往。"其中的"厭，大厭"即此节的"朴唯小"。

②臣。"臣"为象形字，甲骨文作"𦣞"，构形源自跪跽之人向上观看的眼睛。"臣"的本义为臣服，引申指君臣之臣。可用为动词，表示指使或役使。"弗敢臣"犹言不敢役使。

③宾。"宾"（賓）是会意字，金文作"𡩥"，从宀从亥从贝，构意源自王权母系制时期，男子因走婚而持贝前往女子住屋。"宾"的本义为宾客。

④洛。"洛"是形声字，从水各声："水"为类旁，表示与水有关；"各"为声义旁，表声且表走来义。"洛"便是降下来的雨水（"洛"是"落"的转注初文）。此字与表示陕西洛河的"洛"同构，但词义不同。

⑤均。"均"是"勻"的本义转注字。"勻"字从伸长之又，从表示铜锭的两点，构意源自将铜块剖分为二（任由他人挑选一块）。在"勻"的左边增添土

旁，便创设出转注字"均"，承继初文的均分义。

⑥卑。"卑"是会意字，金文作"畀"，上为源自盾牌的"甲"，下为左手之形。"卑"的构意源自左手握持盾牌一味防守而不进攻。"卑"的本义为卑微胆小。引申后，又有卑贱义，又有阻挡义。

● 句读

道恒无名。朴唯小而天下弗敢臣。侯王若能守之，万物将自宾。

译文：道恒久存在但没有名字，像原木上的裂口一般微小而天下不敢役使它。侯王如果能守护它，万物将自己顺服跟随。

此节与《老子·道部三十七》文句相近："道恒无名。侯王若能守之，万物将自化。化而欲作，吾将阗之以无名之朴。"尽管该节有后人翻作补缀的痕迹，但仍有助于理解"道大、朴小"这组"体用"概念：小朴为用，道大为体，因而有"道冲而用之"。

读者可参见《道部三十四》："万物归焉而弗为主，则恒无欲也，可名于小。万物归焉而弗为主，可名于大"。

天地相合，以俞甘洛，民莫之令而自均焉。始制有名，名亦既有，夫亦将知止，知止所以不殆。

译文：天地交合以降雨露。民众们没有谁来命令他们，他们就会（按照天候）自己分配（劳力）。（侯王）则需设立初始的名分。百官的名分既然已经有了，亦将知晓自己的职责和权限。知晓权限所止，所以（名分）不会死亡。

天地交合乃古代的原始思维。《荀子·礼论》："天地合而万物生，阴阳接而变化起。"《易·泰卦》："彖曰：天地交而万物通也；上下交而其志同也。"《礼记·郊特性》："天地合而后万物兴焉。"《史记·乐书》："天地欣合，阴阳相得，煦妪覆育万物。"《礼记·哀公问》："孔子曰：天地不合，万物不生。"《老子》是否也宣扬"天地交合而万物生"这种思想？

此节与前后节文意不同，删掉此节，全章文意贯通，一气呵成。

卑道之在天下也，犹小浴之与江海也。

译文：阻拦道在天下的流布，犹如（阻拦）小的川峪之水流入江海。

"卑道"一词，传世本作"譬道"，已失古文字组词之原则，词性不通。

"小浴"一词，传世本均作"川谷"。帛书整理小组认为，"小谷"一词见《墨子·亲士》："是故江河不恶小谷之满己也，故能大。"可证《老子》原作为"小谷"。

● 随感

将传世本与帛书本的此章文句相比对，不难看出，传世本要远逊于帛书本。

帛书校勘本 道部三十三	传世王弼本 三十三章
知人者知也，自知者明也；朕人者有力也，自朕者强也。 　　知足者富也，强行者有志也；不失其所者久也，死而不忘者寿也。	知人者智，自知者明。胜人者有力，自胜者强。 　　知足者富，强行者有志。不失其所者久，死而不亡者寿。

帛书译文

> 　　知晓他人（品行和心思）的人充满智慧，认识自身者非常明智。战胜他人者确有力量，战胜自我者一定强大。
> 　　知足的人能感觉到富裕，强力而行者其志必获。不丢失其由来者能够长久，死后被人们铭记不忘才算长寿。

● 句读

　　知人者知也，自知者明也；朕人者有力也，自朕者强也；知足者富也，强行者有志也；不失其所者久也，死而不忘者寿也。

　　译文：知晓他人（品行和心思）的人充满智慧，认识自身者非常明智。战胜他人者确有力量，战胜自我者一定强大。知足的人能感觉到富裕，强力而行者其志必获。不丢失其由来者能够长久，死后被人们铭记不忘才算长寿。

● 随感

　　本篇八句，实为四组，每组两句，前后语义转相递进。后边一句较前边一句递进一层：自知重于知人，自胜重于胜人，强行重于知足，死而不忘重于不失其所。自知、自胜、强行、死而不忘皆所重之。由此观之，《老子》之言是教唆人们去奋发有为，建功立业。然而，这却与

《老子》书中的"无为、无欲、守静、持雌、处下、不争先"相矛盾。此话显然是说给平民百姓的,也与《老子》通篇为"有国者"谋相矛盾。因此,可以十分肯定地说,此章为后人的添足。甚至可以断言,由《道部三十》开始,到此篇为止全部是后人续貂,或为后世某一兵家所为,或为一个如同孔子、孟子一般试图游说干政者所为。

帛书校勘本
道部三十四

道，渢①呵，其可左右也，成功遂事而弗名有也。

万物归焉而弗为主，则恒无欲也，可名于小。万物归焉而弗为主，可命于大。

是以圣人之能成大也，以其不为大也，故能成大。

传世王弼本
三十四章

大道泛兮，其可左右。万物恃之以生而不辞，功成不名有。

衣养万物而不为主，常无欲可名于小；万物归焉而不为主，可名于大。

以其终不为大，故能成其大。

帛书译文

道，像水面上的风呵，可向左向右任意刮过（无阻碍）。功成遂事（创生万物）而不占据名分。

万物归返啊（道）却不以己为中心，（道）恒久无欲啊，自名为小。万物归返啊（道）不以己为中心，可以让人称呼为大。

因此，圣人之所以能成其大任，是因为他不自恃伟大和尊贵，所以能成其大任。

● 解字

①渢。"渢"是形声字，从水风声："水"为类旁，表示与水有关；"风"为声义旁，表声且表气流义。"渢"便是在水面上可任意刮过的气流（没有阻碍）。《说文》无"渢"字，此字应为当时的"俗"字。"渢呵，其可左右也"，犹言道德如水面上的气流，任其东西南北而行无阻碍。

● 句读

道，汎呵，其可左右也，成功遂事而弗名有也。

译文：道，像水面上的风呵，可向左向右任意刮过（无阻碍），功成遂事（创生万物）而不占据名分。

这般话语，不是宣道者的讲述，而是学习者的感动话语。

万物归焉而弗为主，则恒无欲也，可名于小。万物归焉而弗为主，可命于大。

译文：万物归返啊（道）却不以己为中心，（道）恒久无欲啊，自名为小。万物归返啊（道）不以己为中心，可以让人称呼为大。

此节言说道像风一般流布，但不让万物聚拢在自己四周。因其无欲故自名为小，因其化生万物故为其取"字"为大。这乃是《老子》"朴小、道大"的体用观。参见《老子·道部三十二》"道恒无名。朴唯小而天下弗敢臣"。

是以圣人之能成大也，以其不为大也，故能成大。

译文：因此，圣人之所以能成其大（任），是因为他不自恃伟大和尊贵，所以能成其大任。

● 随感

郭沫若先生在《先秦天道之进展》一文中指"吾不知其名，字之曰道，强为之名曰大"一句后脱"一"字，当作"大一"。并认为，"所谓大一便是太一，是道"。郭店竹简出土后，学者们发现，与《老子》甲乙两组竹简简制及字体相同，并且系联在一起的《太一生水》，原本是一本完整的著述。上面不仅有"大一生水，水反辅大一，是以成天，天反辅大一，是以成地"之说，并且明确指出"天地者大一之所生也"。君子知此之谓道。"道也，其字也。"也就是说，道是大一的名，大一是道的字。显而易见，《老子》书中的"道大"说抄袭自太一神教的教谕。《老子》一书巧妙地割掉"大"字或删掉"一"字，便有了"道大"说和"执一"说。但此章此节何以又对应出一个"小"字？

此章显然是后人续貂。其一，道之"大"与圣人之"大"风马牛不相及。其二，道的"名"究竟是大还是小？道的字是"大"，还是道的名为"大"？

续貂者根本不知"道"与"太一"之间的关系。不仅制造出了"可名于小"。而且将"名于小""命于大"的原因都归之为"万物归焉而弗为主"。

帛书校勘本
道部三十五

执大象，天下往①，往而不害。
安平②太。乐与饵③，过客止。故道之出言也，曰：淡④呵，其无味也。视之不足见也，听之不足闻也，用之不可既也。

传世王弼本
三十五章

执大象，天下往。往而不害，安平太。
乐与饵，过客止。道之出口，淡乎其无味。
视之不足见，听之不足闻，用之不足既。

帛书译文

执拿道（大一）的形象，在天下前往。无论前往（何处）都没有祸害。

"道像"的居处平静而空阔，又有声乐和美食，所有的过客都会驻足止步。

所以，执大象（道）者说出这样的话：（道）淡薄啊，以至于无味，视之以至于看不见，听之以至于听不着，但使用起来却没有穷尽。

● 解字

①往。"往"是"㞷"的本义转注字，"㞷"字甲骨文作"𢓜"，从止从王，构意源自王率领族群前往某处，在㞷的左边增添彳旁，便创设出转注字"往"，承继初文的前往义。"天下往，往而不害"，犹言可以在天下前往（某处），（任意）前往都没有祸害。

②平。"平"是指事字，小篆字体作"平"，乃是在古代衡秤增添一横，强调人手的握持。"平"的本义为衡秤（天平），此义由转注后的"秤"字所承继，"平"则表示引申而出的平衡及平等义。"安平太"犹言居屋的平静和空大。

③饵。"饵"是形声字，从食耳声："食"为类旁，表示与食品有关；"耳"为声义旁，表声且表耳朵义。"饵"便是古代状如耳朵片的面食（今人称之猫耳朵）。由面块粘在鱼钩上钓鱼，引申出诱饵义。"乐与饵"犹言歌乐和美食。

④淡。"淡"是会意字，从水从炎："水"表液体水，"炎"表大火，构意源自由大火蒸馏出的水淡而无味。"淡"的本义为淡而无味。

● 句读

执大象，天下往，往而不害。

译文：执拿道（大一）的形象，在天下前往。无论前往（何处）都没有祸害。

此处"大"，即《老子·道部二十五》："吾未知其名也，字之曰道。吾强为之名曰大"中的"大"。执大象，即执握道的形象。

从楚简本《老子》丙组与《太一生水》原本为一书的情况看，此处"大"应为"大一"（或太一）。可译作"执握太一之象，可任由在天下前往"。

安平太。乐与饵，过客止。

译文："道像"的居处平静而空阔，又有声乐和美食，所有的过客都会驻足止步。

此节言"道"（或太一）吸引天下人的驻足止步，并归附于它。但其所指，应该是战国末期或汉初的太一神庙。这座让人"安平太，乐与饵"，让过客止步的太一神庙究竟在何处？

《史记》和《汉书》均记载汉武帝在长安东南郊修建了一座太乙神庙。战国时期的楚地应该有更多的太一神庙。

故道之出言也，曰：淡呵，其无味也。视之不足见也，听之不足闻也，用之不可既也。

译文：所以，执大象（道）者说出这样的话：（道）淡薄啊以至于无味。视之以至于看不见，听之以至于听不着，但使用起来却没有穷尽。

此节可与《老子·道部十四》"视之而弗见,命之曰微;听之而弗闻,命之曰希;捪之而弗得,命之曰夷"相比对,哪一章更优美,更有哲理?

● 随感

这已是续貂者在自卖自夸,一副劝世人加入"太一神教"的苦口婆心式宣教,已陷入《老子》首章所驳斥的"上礼为之而莫之应也,则攘臂而乃之"的境地。

后人将"太一神教"的"教谕"稍加改动塞入《老子》一书,或《老子》一书的某位作者有意改宗教神谕为哲学思脉,悲乎?喜乎?

由此可知,《老子》一脉何以产生了道教?当《老子》摄取宗教教谕为哲思后,最终必将自己交还给宗教。可谓一报必有一还。

帛书校勘本
道部三十六

将欲擒①之，必古张之；将欲弱之，必古强之；将欲去②之，必古与之；将欲夺③之，必古予之。是胃微明，柔弱胜强。

鱼不可脱于渊，国之利器不可以示④人。

传世王弼本
三十六章

将欲歙之，必固张之；将欲弱之，必固强之；将欲废之，必固兴之；将欲夺之，必故与之。是谓微明。

柔弱胜刚强。鱼不可脱于渊，国之利器不可以示人。

帛书译文

> 将要双臂合拢（搂抱他人），必须故意伸张双臂（像什么都不做的样子）。要使弓弦松弛，必须故意将弓弦绷紧。将要（使一个人）离开，必须故意（向这个人方向）靠近。将要抢夺（他人之物），必须故意（装出要）给予他。这便叫作幽微处透射出的光明，（这就是）柔弱胜过刚强。
>
> 鱼不可脱离渊潭，有国者的利器（谋略）不可以出示于他人。

● 解字

①擒。"擒"是形声字，从手禽声："手"为类旁，表示与人手有关；"禽"为声义旁，表声且表鸟禽将双翅合拢义。"擒"的本义为双手合拢。

②去。"去"是会意字，金文作"大"，从大从表示坑陷的凵。"去"的构意源自一个人跨过或绕过坑陷（或陷阱）。"去"的本义为离去。

③夺。"夺"（奪）是会意字，金文作"奪"，从衣从隹从寸，构意源自用手按住怀中掩藏的那一只鸟。"夺"的本义为夺路而逃。

④示。"示"是象形字，甲骨文作"示"，构形源

自上有肉块、旁边有血滴的祭祀台。"示"的本义为祭祀用的石台或木案。引申后，又有肉块呈现其上义，即出示。"示人"犹言出示于人。

● 句读

将欲擒之，必古张之；将欲弱之，必古强之；将欲去之，必古与之；将欲夺之，必古予之。是胃微明，柔弱胜强。

译文：将要双臂合拢（搂抱住他人），必须故意伸张双臂（像什么都不做的样子）。要使弓弦松弛，必须有意将弓弦绷紧。将要（使一个人）离开，必须故意（向这个人方向）靠近。将要抢夺（他人之物），必须故意（装出要）给予他。这便叫作幽微处透射出的光明，（这就是）柔弱胜过刚强。

此节应与《道部二十九》："将欲取天下而为之……"相衔接，则文句和思路浑然一气。

鱼不可脱于渊，国之利器不可以示人。

译文：鱼不可脱离渊潭，有国者的利器（谋略）不可以出示于他人。

此节是对上一节的总结：谋略乃是有国者的利器，谋略要藏而不露！陈鼓应认为"这是说权势禁令都是凶利之器，不可用来耀示威吓人民"。陈说不妥。

有学者认为，"国之利器"指一国之军队。此种判定与上边文意相脱节，显系臆测。此处的"国"字应解读为"有国者"。

● 随感

以往学者识读此篇，大多认为，《老子》是华夏民族的谋略家鼻祖，更是《韩非子·说材》"将欲败之，必姑辅之，将欲取之，必姑予之"等谋略思想的源泉。

也有人依据此篇，认为老子是相反而相成、相成而相反的辩证思想家，是《易经》思想的集大成者。

本篇与《道部二十九》"将欲取天下而为之"一节，以及三十、

三十一、三十二、三十三篇，皆为后人附缀之文。或者说是众多"老子"中的最后一个所作——这几篇言论散发着纵横家游说之意，散发着阴谋家的虚实作伪，散发着兵家征伐之说。《老子》一书遂由"人君南面之术"，堕落为将帅的统御计谋、宰相干政之说。

徐志钧先生认为，老子思脉与古代谋略术无关，他在《老子帛书校注》中说："本篇老子所说并非阴谋家言，是很明显的。公诸天下的大白话，是不可能含有阴谋教唆的，仅仅是顺其自然而已。何况，此数语皆上古流行之谚语，并非老子独创。"

1964年8月，毛泽东在一次谈话中说："我看老子比较老实，他说'将欲取之，必先予之'，要打倒你，先把你抬起来。搞阴谋，写在了书上。当然，阴谋也是智慧。"徐说与毛说哪个更近于事实？

《老子》所倡导的是阴谋论，还是阳谋论？读者自会分辨。正如笔者在前言所述，善良之辈、无欲之人在《老子》一书中学到的是无欲无为，他们在消极中等待物极必反，让强势者接受"天道"的惩罚。凶狠之人、有为之徒则在《老子》一书中学到权谋、残暴和伪装。《老子》一书的老辣，便在于它散而处之，大而化之，任后人各取所需，固执一端。

帛书校勘本
道部三十七

道恒无名。侯王若能守之，万物将自化。

化而欲作，吾将闐①之以无名之朴。

闐之以无名之朴，夫将不辱。不辱以静，天地将自正。

《道》，二千四百廿六。

传世王弼本
三十七章

道常无为而无不为。侯王若能守之，万物将自化。

化而欲作，吾将镇之以无名之朴。

无名之朴，夫亦将无欲。不欲以静，天下将自定。

帛书译文

> 道恒久存在而没有名分。侯王如果能持守道，万物将自生自灭（自我化育）。
>
> 万物死后将再次兴起时，我将铺填来自"道恒无名"的朴。
>
> 铺填出"尚未分化的道"，将不会遭到伤害。不受伤害凭借的是静，天地将会自己运行不息。
>
> 《道》部，文字共计二千四百二十六个。

● 解字

①闐。"闐"（閬）是颠的假借字。"颠"字从真从页，构意源自人头像匕勺的前端一样倾侧向下。引申泛指物体的颠倒。"闐"借"颠"的形、音、义，以"门"置换本字的"页"，表示将门板卸下，颠倒铺在地上。"闐"的本义为填在下边。

● 句读

　　道恒无名。侯王若能守之，万物将自化。化而欲作，吾将阗之以无名之朴。

　　译文：道恒久存在而没有名分。侯王如果能持守道，万物将自生自灭（自我化育）。万物死后再次兴起时，我将铺填来自"道恒无名"的"朴"。

　　此节传世诸本作"道常无为而无不为"。郭店楚墓竹简作"道恒无为也"。

　　"道恒无名"与《老子·道部三十二》文句相近："道恒无名，朴唯小而天下弗敢臣。侯王若能守之，万物将自宾。"两相比对，可证三十二章为后人补缀翻作而凑足八十一章。

　　传世本将首句改为"道常无为而无不为"。如果"无为"的本义是不去仿效。那么"无不为"的词义又是什么呢？强凑此章并瞎改文句者并不知道"为之而无不为"与"无为而无不为"的字面意义根本不同（详见《德部十一》"敳之又敳，以至于无为。无为而无以为"释解）。

　　"无名之朴"中的"无名"，与首句"道恒无名"中的"无名"相同。无名之朴的"朴"，犹言尚未生出天地时的那个没有名分的道。"道、朴、大、小"，乃是《老子》一书对道的不同称谓。

　　阗之以无名之朴，夫将不辱。不辱以静，天地将自正。

　　译文：铺填出"尚未分化的道"，将不会遭到伤害。不受伤害凭借的是宁静，天地将会自己运行不息。

　　此节重点文字的对译十分重要："化"，应译作教化，还是译作自生自灭？"阗"字译作镇守、镇压，还是译作铺填？辱字译作羞辱，还是译作自残？"以"字译作凭借，还是译作通往？"正"字译作由正常引申出的自我调节达到和谐安定，还是译作由征伐引申出的运行不息？

　　陈鼓应先生依据传世本将此节译作："用道的真朴来安定它，就不会起贪欲。不起贪欲而趋于宁静，天下便自然复归于安定。"

　　"不辱以静，天地将自正"一句，传世本作"不欲以静、天下将自定"。两相比对，不难看出，哪个要逊色一些？

帛书本此章与传世本何以差别甚大？两者为何都文意破碎？稍有思想的人便会问，杂凑之文怎能成为《老子》一书道部的"豹尾"？

《道》，二千四百廿六。

译文：《道》部，文字共计二千四百二十六个。

● 随感

帛书乙本后有字数尾题，甲本无。《道》部分的字数，实际上是2447字，尾题与实际计数相差21字。

《老子·德部》尾题"《德》三千卌一"，甲本也无。这是《德》部分的字数，实际上是3055字。尾题两项相加，共计5467字。但从核实的字数看，两部文字实际相加为5502字，多出原计数35字。由此可知，帛书《德》《道》二部尾题所证字数当为帛书所据抄写本原本所有，非为抄后之计数。

由此观之，《老子》一书的字数历经多次传抄，后人不断增添，这一现象在帛书本以前已经存在。仅凭字数的变迁，是否可证《老子》为众人所著，《老子》非一时一人所作？

帛书本之后，即八十一章分割后的诸通行本，为了凑成五千字的整数，则出现了删减文字的现象。这就是世传本比帛书本字数少的原因。